BASTEI
LÜBBE
TASCHENBUCH

Über den Autor:

Conor Grennan, geboren 1974, ging Ende 2004 auf Weltreise, auf der er unter anderem eine Hospitanz im Waisenhaus »Little Princess« in Nepal absolvierte. 2006 gründete er die Non-Profit-Organisation »Next Generation Nepal«, eine Stiftung, die versucht, verschleppten Kindern eine schulische Ausbildung zu ermöglichen und ihre Familien wiederzufinden. Seit ihrer Gründung hat die Organisation über 350 Familien wieder zusammengebracht. Conor Grennan lebt mit seiner Frau Liz, die er in Nepal kennengelernt hat, und seinem Sohn in New York.

www.nextgenerationnepal.com

CONOR GRENNAN

Die verlorenen Kinder von Kathmandu

Wie ich Nepals Familien wieder zusammenbrachte

Aus dem Englischen von
Jürgen Neubauer

BASTEI LÜBBE
TASCHENBUCH

BASTEI LÜBBE TASCHENBUCH
Band 60731

MIX
Papier aus verantwortungsvollen Quellen
FSC® C014496

1. Auflage: Januar 2015

Dieser Titel ist auch als E-Book erschienen

Vollständige Taschenbuchausgabe
der bei Eichborn erschienenen Hardcoverausgabe

Titel der englischen Originalausgabe: »Little Princess.
One Man's Promise to Bring Home the Lost Children of Nepal«

Für die deutschsprachige Ausgabe:

Titelillustration: © getty images/Chris Beall/Lonely Planet Images
Umschlaggestaltung: Guter Punkt, München
Satz: Greiner & Reichel, Köln
Gesetzt aus der Albertina MT 10/14˙
Druck und Verarbeitung: GGP Media GmbH, Pößneck
Printed in Germany
ISBN 978-3-404-60731-0

Sie finden uns im Internet unter
www.luebbe.de
Bitte beachten Sie auch: www.lesejury.de

Für Lizzie

Inhalt

Ein Hinweis zur Krise in Nepal

Im Bürgerkrieg, der Nepal von 1996 bis 2006 erschütterte, starben mehr als dreizehntausend Menschen. Die fatalen wirtschaftlichen Folgen forderten Hunderttausende weitere Opfer.

In den abgelegenen Landesteilen gingen die maoistischen Rebellen, die den Kampf gegen den König aufgenommen hatten, mit Einschüchterung und Gewalt gegen die Landbevölkerung vor. Sie entführten Kinder und zwangen sie dazu, auf Seiten der Rebellenarmee gegen die Regierung zu kämpfen.

Schlepper nutzten die Furcht der Dorfbewohner vor den Entführungen aus und versprachen den Familien, ihre Kinder in das sichere Tal von Kathmandu zu bringen, eine der wenigen Regionen, die sich noch nicht unter maoistischer Kontrolle befanden. Diese »Dienstleistung« ließen sie sich von den verarmten Familien teuer bezahlen. Doch die Schlepper betrogen die Familien und setzten die Kinder im Tal von Kathmandu aus, Hunderte Kilometer von ihrer Heimat entfernt. Diese Kinder, die zum Teil gerade einmal drei Jahre alt waren, wurden praktisch Waisen.

Bis heute werden mehrere Zehntausende Kinder vermisst.

Prolog

20. Dezember 2006

Es war bereits dunkel, als ich bemerkte, dass wir den falschen Weg genommen hatten. Das Dorf, das ich suchte, musste irgendwo auf dem Berg hoch über uns liegen. In meinem Zustand würde ich für den felsigen Pfad mehrere Stunden benötigen, vorausgesetzt, dass wir ihn in der Dunkelheit fanden. Meine beiden Träger und ich waren dreizehn Stunden ohne Pause gegangen. Im Nordwesten Nepals sind die Winternächte eisig kalt, und es gab keine Hütte und keinen Unterstand in der Nähe. Zwei unserer drei Lampen waren ausgebrannt. Schlimmer noch, die Region war eine Hochburg der maoistischen Rebellen, und nicht weit von hier war fast auf den Tag genau ein Jahr zuvor ein Kollege entführt worden. Das hätte ich den Trägern gern mitgeteilt, aber wir konnten nicht miteinander kommunizieren, denn ich sprach nur einige wenige Worte ihres Dialekts.

Erschöpft sank ich neben ihnen zu Boden. Ich zog den Reißverschluss meiner Jacke bis nach oben hin zu und verschränkte die Arme fest vor der Brust, um die Kälte fernzuhalten. Sechs Tage waren vergangen, seit ich mich von meinem Team getrennt hatte. Ich hatte meine Begleiter nach Hause in ihre Dörfer geschickt und ihnen gesagt, ich würde schon allein zurechtkommen. Mein Führer Rinjin wollte bei mir bleiben. Nur um sicherzugehen, dass der Hubschrauber tatsächlich kommt, hatte er gesagt. Ich hatte ihm versichert, dass alles in Ordnung war, und ihn gedrängt, mit den anderen zu gehen. Sie würden mehrere Tage brauchen, um zurück in ihre Dörfer zu kommen, und sie hatten ihre Familien vor fast drei Wochen verlassen. Rinjin hatte ein letztes Mal in den leeren Himmel geblickt, den Kopf über meine Sturheit geschüttelt und mir zum Abschied die Hand gegeben. Dann war er den anderen hinterhergelaufen, die bereits den Weg ins Tal angetreten hatten.

Ich durchsuchte meinen Rucksack nach Essbarem. Das Erste, was mir in die Hand fiel, war die Mappe mit meinen handschriftlichen Aufzeichnungen und den Fotos von Kindern, die in den vergangenen Jahren aus den Bergen verschleppt worden waren. Mit diesen Informationen hatte ich in den abgelegenen und nur zu Fuß erreichbaren Dörfern nach ihren Familien gesucht.

Unter einer zerknickten und vom Regen aufgeweichten Landkarte fand ich zwei Mandarinen. Es war der Rest unseres Proviants. Ich gab sie den beiden Trägern.

Ich fragte mich, was wohl passiert wäre, wenn ich mich nicht verletzt hätte. Oder wenn ich bei der Gruppe geblieben wäre. Oder wenn ich auf dem Berg auf den Hubschrauber gewartet hätte, der nicht kam. Aber das spielte jetzt keine Rolle mehr. Jetzt kam es nur darauf an, die Nacht zu überleben.

Die Kleinen Prinzen

1

Im Informationsmaterial für die freiwilligen Helfer in Nepal war von »Bürgerkrieg« die Rede gewesen. Als Amerikaner war ich allerdings davon ausgegangen, dass die Autoren der Broschüre die gleiche Angewohnheit hatten wie ich und alles hoffnungslos übertrieben. Keine Organisation wäre so unverantwortlich, ihre freiwilligen Mitarbeiter in ein Konfliktgebiet zu schicken.

Trotzdem achtete ich zu Hause sehr darauf, das Wort einfließen zu lassen, wenn ich von meinem Abenteuer erzählte. »Ein Waisenhaus in Nepal, zwei Monate«, erklärte ich Frauen, die ich in Kneipen kennenlernte. »Ja, da ist Bürgerkrieg. Klar kann das gefährlich werden. Aber darüber mache ich mir keine Gedanken«, schrie ich über den Lärm und setzte meinen besten Dackelblick auf. »Ich muss an die Kinder denken.«

Jetzt, da ich in einem alten, zerbeulten Taxi den Flughafen von Kathmandu verließ, konnte ich nicht übersehen, dass der Eingang von Soldaten in voller Kampfmontur bewacht wurde. Während wir langsam vorüberfuhren, starrten sie in den Wagen und richteten die Läufe ihrer Maschinenpistolen auf mich.

Die Zufahrt zum Flughafen war von Geschützständen aus Sandsäcken gesäumt, aus denen Soldaten schwere Waffen auf die vorbeifahrenden Autos richteten. Regierungsgebäude waren in Stacheldraht gehüllt. Tankstellen wurden von gepanzerten Fahrzeugen bewacht und Soldaten inspizierten jedes Auto in der kilometerlangen Warteschlange.

Auf dem Rücksitz des Taxis kramte ich die Broschüre aus meinem Rucksack hervor und schlug die Nepal-Seiten auf. »Bürgerkrieg« stand da wieder, in denselben luftigen Lettern, in denen die Naturschönheiten des Landes beschrieben wurden. Hätten die Autoren nicht ein paar Ausrufezeichen dahintersetzen können? Oder das Wort in dicken roten Buchstaben schreiben können, mit dem Zusatz »Wirklich!« oder »Nicht dein Ding!«? Woher sollte ich sonst wissen, dass es ernst gemeint war?

Während wir über die Schlaglochpiste holperten, blätterte ich sehnsüchtig durch die anderen Angebote in der Freiwilligenbroschüre. Zum Beispiel hätte ich sechs Wochen in ein Camp in einem australischen Küstenparadies gehen können, um dort einsame Koalababys zu kraulen. Aber damit wäre ich nie durchgekommen, denn mir ging es ja vor allem darum, meine Eltern und Freunde zu Hause zu beeindrucken. Das war mir immerhin gelungen: Ich würde mich in einem der ärmsten Länder der Welt um Waisenkinder kümmern. Es war der perfekte Auftakt für mein einjähriges Abenteuer.

Nepal war nämlich nur die erste Station einer Weltreise, die ein Jahr dauern sollte. Zuvor hatte ich acht Jahre lang für das EastWest Institute, einen außenpolitischen Thinktank, gearbeitet, zuerst in Prag, dann in Brüssel. Es war mein erster Job nach dem Studium gewesen, und es hatte mir großen Spaß gemacht.

Doch nach acht Jahren war es mir langweilig geworden und ich brauchte eine radikale Luftveränderung.

Zum Glück hatte ich zum ersten Mal im Leben Geld auf der hohen Kante. Ich stamme aus einer sparsamen irisch-amerikanischen Familie, und in den sechs Jahren, die ich billig in Prag gelebt hatte, konnte ich einen großen Teil meines Einkommens auf die Seite legen. Außerdem war ich solo, hatte keine Hypothek und keine Pläne, in den nächsten paar Jahrzehnten zu heiraten oder Kinder in die Welt zu setzen. Also beschloss ich – vielleicht etwas unüberlegt – das ganze Geld während einer Reise um die Welt auf den Kopf zu hauen. Radikaler konnte die Luftveränderung nicht sein. Eilig setzte ich meine Freunde von meinem Plan in Kenntnis, in der Erwartung, dass sie zutiefst beeindruckt sein würden.

Aber ich bemerkte bald, dass meine Weltreise nicht nur extrem cool klang, sondern auch maßlos egozentrisch. Selbst hartgesottene Partypeople, von denen ich eigentlich Unterstützung für mein Abenteuer erwartet hatte, deuteten an, dass dies vielleicht nicht die klügste Entscheidung meines Lebens sei. Sie nahmen Wörter in den Mund, die ich noch nie von ihnen gehört hatte, zum Beispiel »Altersversorgung« oder »Ausbildungsversicherung für die Kinder«. Aber es kam noch schlimmer.

Mit der freiwilligen Arbeit in einem Waisenhaus der »Dritten Welt« zu Beginn meiner Weltreise wollte ich meinen Kritikern den Wind aus den Segeln nehmen. Wer würde mir nach diesem selbstlosen Einsatz den Spaß missgönnen? Das war das Totschlagargument für jede Kritik: »Ehrlich, Mama, ich hätte nicht gedacht, dass du was gegen Waisenkinder hast.« Dabei betonte ich das Wort »Waisenkinder« ganz besonders, damit auch jeder mitbekam, wie altruistisch ich war.

Ich blickte aus dem schmutzigen Taxifenster. Durch die Schwärme der Mopeds und überfüllten Busse sah ich einen kleinen Park, der in einen Stützpunkt für Militärfahrzeuge umgewandelt worden war. Einige Kinder waren über den Stacheldrahtzaun geklettert und spielten Fußball. Die Soldaten sahen ihnen zu, die Waffen locker über die Schultern gehängt. Ich warf einen letzten Blick auf das Foto der einsamen Koalas, seufzte, und steckte die Broschüre wieder ein. In zweieinhalb Monaten war ich weit weg, an einem hoffentlich konfliktfreien Strand.

Wir fuhren eine halbe Stunde, erst durch den dichten Verkehr auf einer Buckelpiste mit dem Namen »Ringstraße«, dann durch ein Labyrinth von kleineren Straßen. Plötzlich veränderte sich die Szenerie. Augenblicke zuvor waren wir noch durch ein Chaos von Armut und Abgasen gefahren, doch mit einem Mal befanden wir uns in einem erstaunlich friedlichen Stadtteil. Hier fuhren kaum Autos, nur ein paar Taxis. In den Geschäften wurde kein billiger Hausrat und kein Reis verkauft, sondern teure touristische Waren wie Teppiche, Gebetsmühlen und Mandalas, die filigranen Gemälde der Buddhisten und Hindus, über denen Mönche meditieren. Händler lehnten sich zum Taxifenster herein und hielten mir geschnitzte Elefanten, Flöten oder Äpfel hin. Aus kleinen Lautsprechern plärrte Bob Marley.

Die Fußgänger schienen nun überwiegend hellhäutig. Sie fielen in zwei große Gruppen: Hippies mit weiten Klamotten und Dreadlocks oder wettergegerbte Kletterer mit Trekkinghosen und Stiefeln, die aussahen, als könnte man einen Hohlblockstein damit zertreten. Soldaten waren nicht zu sehen. Wir befanden uns im legendären Stadtteil Thamel.

Eigentlich gibt es zwei Kathmandus: den Stadtteil Thamel und den Rest. Im allgemeinen Chaos der nepalesischen Hauptstadt ist dieser sechs mal sechs Straßenzüge große Bezirk ein Ort für alle, die Bier trinken und Pizza oder Steaks essen wollen, auch wenn Letztere nicht vom Rind, sondern vom Yak oder Wasserbüffel kommen. Hier quartieren sich Backpacker und Bergsteiger ein, um die nahe gelegenen Tempel zu besuchen oder ihre Bergtouren und Wildwasserfahrten vorzubereiten. Der Stadtteil ist sicher und angenehm, die einzige Gefahr besteht darin, dass einen die Straßenhändler in den Wahnsinn treiben. Thamel sieht aus wie das Nepal im Epcot-Center von Disney World. Hier verbrachte ich meine ersten Stunden in Nepal, und hier fühlte ich mich wohl.

Am Tag nach meiner Ankunft begann die Einführung für die freiwilligen Helfer in den Büros einer Hilfsorganisation namens CERV Nepal. Zusammen mit einem Dutzend anderer Helfer, vor allem aus Kanada und den Vereinigten Staaten, versuchte ich mich auf den Vortrag zu konzentrieren. In langsamen, deutlich artikulierten Worten führte uns der Redner in die Feinheiten der nepalesischen Geschichte und Kultur ein. Es war sterbenslangweilig. Es war mir unmöglich, aufmerksam zuzuhören, so sehr ich mir die Nägel in die Handflächen bohrte. Nach einer guten Stunde hörte ich Sätze wie »Denkt daran, ihr seid in Nepal. Was immer ihr tut, ihr solltet auf gar keinen Fall ...«. Dann sah ich, wie ein Blatt vor dem Fenster vorüberflog, und schon war ich wieder abgelenkt.

Nach anderthalb Stunden änderte sich das schlagartig. Es ging ein sichtbarer Ruck durch die Gruppe, als das Wort »Toilette« fiel.

Wer durch Entwicklungsländer reist, wird schnell feststellen, dass westliche Sanitärstandards eher die Ausnahme sind. Ich bekenne mich freimütig zu meinen kulturellen Vorurteilen und meiner Vorliebe für westliche Toilettenschüsseln. Leider schaut man sich meistens erst in Momenten höchster Not und im Sprint, etwa nach dem Verzehr einer wenig appetitlichen Mahlzeit, nach einer Toilette um. Wenn man dann hineingestürmt kommt, sieht man sich oft mit etwas konfrontiert, das man nicht unbedingt auf den ersten Blick erkennt. Wenn es einen Grund zur Panik gibt, dann diesen.

Deshalb horchte ich auf, als Deepak, einer der Mitarbeiter, sagte: »Vielleicht habt ihr schon bemerkt, dass die Toiletten hier etwas anders sind.« Deepak atmete tief durch und fügte hinzu: »Hari zeigt euch, wie man eine Hocktoilette benutzt.«

Ich fragte mich, ob ich richtig gehört hatte.

Hari trat in die Runde der angehenden Helfer, die plötzlich hellwach waren. Jen aus Toronto, die neben mir saß, sprach vermutlich aus, was alle dachten, als sie erschrocken flüsterte: »Der scheißt doch jetzt nicht mitten in den Raum?«

Hari griff nach seinem Gürtel. Jemand rief: »Nein!« Aber ich konnte meinen Blick nicht abwenden und verfolgte gebannt den Albtraum, der sich vor meinen Augen abspielte.

Aber nein. Er tat nur so, als würde er den Gürtel lösen. Dann tat er so, als würde er die Hose herunterlassen, sich hinhocken, einige Sekunden lang pritscheln und schließlich mit einem Wassereimer den unaussprechlichen Ort reinigen. Er stand auf, machte eine kleine Verbeugung, verließ den Kreis und ging mit hochrotem Kopf an Deepak vorbei zur Tür hinaus.

Deepak stammte offensichtlich aus einer höheren Kaste als Hari.

Ich wollte applaudieren. Es war immerhin die erste praktische Lektion gewesen. Noch Monate später musste ich im fraglichen

Moment oft an Hari denken. Jedes Mal, wenn ich zusah, wie ahnungslose Touristen eine Toilette betraten und die Stirn runzelten, während sich die Tür hinter ihnen schloss, dankte ich ihm im Stillen.

Die theoretische Einführung dauerte einen Tag, dann wurden wir mit einigen alten Geländewagen zu einer Orientierungswoche in das Dörfchen Bistachhap im Süden von Kathmandu gekarrt. Dort wurden wir auf Familien verteilt, um uns an das Landleben in Nepal zu gewöhnen.

Bistachhap liegt in einem Tal und ist umringt von rund siebenhundert Meter hohen Erhebungen, die ich zu Hause als Berge bezeichnet hätte. Vor dem Hintergrund des Himalaja wirkten sie jedoch eher wie Hügel. Diese Berge oder Hügel bildeten den Südrand des Tals von Kathmandu. Das Dorf war von terrassenförmigen Reis- und Senffeldern umgeben, die leuchtend gelb blühten. Bistachhap selbst ist nichts als eine Ansammlung von rund 25 Häusern, vor allem Lehmhütten und einigen wenigen Betonhäuschen, die sich an einem Feldweg aufreihen wie die Lämpchen an einer Lichterkette. Das Dorf befand sich am Nordrand des Tals und von jedem der Häuser überblickte man die Reisfelder zu beiden Seiten. Ich wurde in einem gelben Betonhäuschen untergebracht, das neben den Lehmhütten richtig schick aussah, so einfach es auch war. Ich bekam sogar mein eigenes Zimmer, einen leeren Raum mit einer Strohmatratze und einem handgewebten Teppich. Ganz offensichtlich hatte irgendjemand sein Schlafzimmer für mich geräumt.

Nachdem ich meinen Rucksack abgelegt hatte, stellte ich mich meiner Gastmutter vor. Stolz gab ich einen der drei Sätze auf Nepali zum Besten, die ich gelernt hatte: »Mero naam Conor ho.«

Meine Gastmutter, die ihrer täglichen Hausarbeit nachging, war vollkommen verblüfft ob meiner vermeintlichen Sprachkenntnisse. Sie ließ ihren Wassereimer fallen, schlug freudig die Hände über dem Kopf zusammen und stimmte einen Monolog an. Ich trat einen Schritt zurück, hob abwehrend die Hände und sagte: »Heyheyhey!« Das schien in Nepali so viel zu bedeuten wie: »Sprich weiter, ich verstehe alles und unterhalte mich gern mit dir!« Sie redete minutenlang immer eifriger auf mich ein. Schließlich nahm mich ihre Tochter, ein vielleicht sechs oder sieben Jahre altes Mädchen, an die Hand und zog mich hinter sich her.

Die Tochter, die Susmita hieß, führte mich hinaus auf die Veranda, setzte sich auf eine Strohmatte und bedeutete mir, mich zu ihr zu setzen. Sie zeigte auf die Matte, sagte ein Wort auf Nepali und forderte mich auf, es ihr nachzusprechen. Dann zeigte sie auf das Haus, die Tür, den Garten und was ihr gerade einfiel. Ich wiederholte die Wörter, und sie korrigierte mich, bis ich die Aussprache getroffen hatte. Sie strahlte: Bei ihr würde ich Nepali lernen, ob ich wollte oder nicht. Dann verschwand sie und kam wenige Augenblicke später mit ihren Hausaufgaben zurück. Wieder und wieder schrieb sie denselben Sanskrit-Buchstaben und zeigte ihn mir. Irgendwann rief ihre Mutter sie ins Haus, um ihr beim Kochen zu helfen.

Da ich nicht recht wusste, was ich mit mir anfangen sollte, unternahm ich einen Spaziergang durch das Dorf. Jedem Dorfbewohner, den ich sah, rief ich ein freundliches »Namaste!« zu, und erhielt ein »Namaste« zur Antwort. Die Reaktion der Leute kam mir seltsam verhalten vor.

Das war, wie konnte es anders sein, meine Schuld. Ich hatte angenommen, dass »Namaste« so viel wie »Hi!« oder »Wie geht's?« bedeutete. Später sollte ich erfahren, dass der Gruß ein wenig förmlicher war. Yogafreunde erkennen die Formel vermutlich und wissen, dass sie ungefähr so viel bedeutet wie »Ich grüße den Gott in dir«. Heftiges Zeug. Und ich rief das allen auf der Straße zu, als würde ich meine Kumpels mit »Hey, Mann!« begrüßen. Dazu winkte ich freundlich. Mit »Namaste!« begrüßte ich Kinder und Unbekannte. Ich sah einen Straßenköter, kraulte ihn hinterm Ohr und begrüßte den Gott in ihm. Ich grüßte den Gott in einer Mutter, die ein Baby auf dem Arm trug, und ich grüßte den Gott in dem Baby.

Von Weitem sah ich, dass meine Gastmutter auf der Straße stand und nach mir Ausschau hielt. Als sie mich erspähte, winkte sie mir zu. Das Essen war fertig. Ich folgte ihr in die Küche. Der Fußboden war aus Lehm und in der Ecke befand sich eine Feuerstelle. Auf dem Boden hockten zwei Jungen, daneben Susmita und der Vater. Die Jungen klopften fröhlich auf den Boden und freuten sich, als ich mich zu ihnen hockte. Die Mutter setzte sich neben den großen Topf, nahm einen Blechteller und schaufelte pfundweise Reis darauf, für die ganze Familie, wie ich annahm. Dann stellte sie den Teller vor mich hin. Ich wollte mir einen Teil davon nehmen und den Teller weitergeben, als ich sah, dass sie einen noch größeren Berg Reis auf einen anderen Teller schöpfte und ihn vor den Vater stellte.

Nachdem auch die Kinder ihren Berg Reis vor sich stehen hatten, löffelte sie dampfende Linsensuppe über jeden Teller. Das war *daal bhat,* wörtlich »Linsenreis«. Rund neunzig Prozent der Nepalesen essen zweimal am Tag Daal Bhat. Mir gab die Mutter noch ein paar in Curry eingelegte Gemüsestückchen dazu, während sie mit der anderen Hand ein paar Hühner aus der Küche scheuchte.

Als jeder seine Portion bekommen hatte, hob die Mutter die Hand an den Mund, um mir zu bedeuten, dass ich essen könne. Ich nickte und blickte mich nach einem Essgerät um. Es gab keines. Dann sah ich, wie die anderen die Finger in den heißen Brei steckten, ihn vermengten und ihn sich in den Mund schoben.

Nachdem ich meiner Gastfamilie eine halbe Minute lang mit offenem Mund zugesehen hatte, hörten sie plötzlich einer nach dem anderen mit dem Essen auf und starrten mich an, weil ich nicht aß. Ich kam zur Besinnung. Ich war noch keine zehn Minuten bei meiner Gastfamilie und schon im Begriff, sie zu beleidigen. Ich zwang mich zu einem Lächeln, nahm einen Klumpen Linsenreis und ein Stückchen eingelegtes Gemüse und schob alles vorsichtig in den Mund.

Es war scharf. So scharf, dass mir sofort die Tränen in die Augen schossen und sich meine Nebenhöhlen anfühlten, als wäre die *Hindenburg* in ihnen explodiert und als hätte jemand in meinem Kopf eine sofortige Evakuierung angeordnet. Die Kinder kicherten. Sogar die Hühner hörten auf zu picken, um zu sehen, was als Nächstes passieren würde.

Ich öffnete den Mund, um Luft zu holen, aber der Atem fächelte die Flammen in meinem Hals nur noch weiter an. Gierig griff ich nach einer kleinen Blechtasse mit Wasser, die neben mir stand. Zu spät bemerkte ich die warnenden Rufe des Vaters, der Mutter und der drei Kinder und verbrannte mir die Hand, weil das Wasser im Becher kochend heiß war.

Ich schrie laut auf und fächelte mir mit den Händen, die ich eben noch als Essbesteck benutzt hatte, Luft zu. Der einzige Effekt war, dass ich mir dabei Reis und Linsen ins Gesicht und in die Haare schleuderte. Die Familie sah mir wortlos zu und schien sich zu fragen, ob ich Hilfe benötigte, und wenn ja, wie diese wohl aussehen könnte.

Erfahrungen wie diese bringen Menschen einander näher. Der ältere der beiden Söhne, ein Junge namens Govardhan, holte ein kleines Wörterbuch und wir führten ein einfaches Gespräch. Ich sagte, Nepal sei schön, und nachdem ich diesen Satz offenbar richtig hinbekommen hatte, fragten sie mich, ob das Haus schön wäre, ob die Berge schön wären, ob das Huhn schön wäre, ob die Haare der Mutter schön wären, und so weiter, bis alle ihren Reis aufgegessen hatten.

Ich hatte so schnell gegessen, wie ich konnte, und mein Magen fühlte sich an, als hätte ich einen Sack Sand verschluckt. Bei einem Blick auf meinen Teller sah ich, dass ich erst ein Drittel gegessen hatte. Ich deutete auf den Reis und erklärte der Mutter, der Reis sei sehr schön, aber mein Bauch (ich zeigte auf meinen Nabel) war nicht sehr schön. Sie lachte und entschuldigte mich mit einer Handbewegung. Ich rief »Namaste!«, winkte Gute Nacht und ging in mein Zimmer.

Später ging ich nach draußen, um mir an einem Wassereimer die Zähne zu putzen, denn im Haus gab es kein fließendes Wasser. Ich achtete sehr darauf, kein Wasser zu schlucken. Langsam putzte ich mir die Zähne unter dem Mantel der Sterne. Es war absolut still. Die Nachbarhäuser waren mit Kerzen erleuchtet, in den Häusern der wohlhabenderen Familien brannten Glühbirnen. Zwei Häuser weiter konnte ich einen anderen Freiwilligen erkennen, der sich über einem alten Wassereimer die Zähne putzte, in den Sternenhimmel starrte und sich vielleicht wie ich fragte, ob er wirklich da war, auf der anderen Seite des Planeten. Es war einer dieser Momente, die ich gern festgehalten hätte, um immer wieder hineinzuschauen wie in eine Schneekugel. Diese Welt war so vollkommen anders als alles, was ich bis dahin erlebt hatte – und das war erst der erste Tag.

Die Einführungswoche war sinnvoll und half, uns zumindest ansatzweise an diese fremde neue Kultur zu gewöhnen. Das Wichtigste war mein Sprachkurs bei Susmita. Sie sprach die Laute langsam aus und zeigte auf Bilder, und ich wiederholte die Wörter. Als ich am letzten Abend in Bistachhap meine Gastfamilie mit meiner Kenntnis der Tiernamen beeindrucken wollte, runzelten alle die Stirn, sahen sich an und versuchten herauszufinden, was ich ihnen wohl mitzuteilen hatte.

Schließlich ging ich mit Govardhan hinter das Haus und zeigte auf die Ziege. Dann sagte ich mein Wort, das ungefähr klang wie »Faalllaaaagh«. Er schüttelte den Kopf und sagte »Hoina, hoina«. Das bedeutete »Nein«, so viel wusste ich. Er zeigte auf die Ziege und sagte »Kasi«.

Kasi? Das klang aber ganz anders als *Faalllaaaagh*. Hatte ich das Tier verwechselt?

»Wer sagt?«, fragte mich Govardhan auf Englisch. Es war das erste Mal, dass er mich auf Englisch ansprach.

Ich antwortete, ich hätte das Wort von seiner kleinen Schwester Susmita. Er riss die Augen auf, krümmte sich buchstäblich vor Lachen und rannte ins Haus, um es seiner Familie zu erzählen. Später erfuhr ich, dass meine süße Lehrerin Susmita taubstumm war.

Hari, unser Toilettentrainer, holte mich in einem Jeep in Bistachhap ab und warf meinen Rucksack auf den Rücksitz. Er zeigte auf die gegenüberliegende Seite des Tals.

Das Dorf Godavari, mit dem Kinderheim der Kleinen Prinzen. Im Hintergrund die südliche Wand des Tals von Kathmandu.

»Da liegt Godavari«, und sprach den Namen *Godauri* aus, mit der Betonung auf dem *au*. »Dort arbeitest du als Freiwilliger. Wir werden uns oft sehen, ich arbeite auch da. Ich bin Teilzeit-Verwalter des Waisenhauses.«

Bei einer Wanderung auf einen der Hügel hatte ich das Haus von Weitem gesehen, aber ich wusste kaum etwas darüber. Das Waisenhaus hieß »Kinderheim Die Kleinen Prinzen«, benannt nach dem Roman von Antoine de Saint-Exupéry. Die Gründerin war eine Französin, die noch keine dreißig Jahre alt war.

Ich nickte und merkte vage an, wie sehr ich mich freute, endlich dort arbeiten zu können. Doch mit meinen Gedanken war ich woanders. Ich sollte erst in zwei Wochen meinen Dienst im Waisenhaus antreten. Davor wollte ich mir einen Traum erfüllen und eine Wanderung zum Basislager des Mount Everest unternehmen. Ich war tief beeindruckt von Jon Krakauers Schilderungen, der den Mount Everest im Jahr 1996 mitten in einem Sturm bestiegen hatte, in dem acht Bergsteiger ums Leben kamen. Der Gipfel des höchsten Bergs der Welt ist 8848 Meter hoch – ein Jumbojet fliegt kaum höher. Ich hätte nie im Leben die Kraft, diesen Berg zu besteigen, aber ich wollte ihn wenigstens einmal aus der Nähe sehen. Nachdem ich erfahren hatte, dass der Mount Everest zum Teil in Nepal liegt (ich hatte das Land lange mit Tibet verwechselt), hatte ich beschlossen, meinen Freiwilligendienst in Nepal zu machen. So konnte ich meine Arbeit mit einer Wanderung zum Basislager verbinden. Ich war körperlich fit und würde schon nicht wegen der dünnen Luft aus den Latschen kippen. Ich konnte es nicht erwarten.

Wenn ich nicht gerade am Wegesrand lag und nach Luft schnappte, fotografierte ich. An Motiven gab es keinen Mangel: Der Aufstieg zum Basislager ist spektakulär. Jeder Schritt führt himmelwärts und durch einfache buddhistische Dörfer, die an den Hängen schier unmöglich hoher Berge kleben. Die Bewohner der Region sind die Sherpa, die vor Jahrhunderten aus Tibet kamen. Sie sind Buddhisten. In jedem Dorf waren riesige Sanksrit-Gebete in die Felsen gemeißelt und geschwärzt wie Tätowierungen. Wanderer sollten diese Steine im Uhrzeigersinn umrunden, um ihren Respekt vor dem Glauben der Einheimischen zu demonstrieren.

Mit den Bergen über mir, die einen großen Teil des Himmels einnahmen, war es schwierig, den Weg im Auge zu behalten. Wenn ich überleben wollte, war das allerdings nicht ganz unwichtig. Riesige, zottelige Yaks, beladen mit Hunderten Kilo Bergsteigerausrüstung, kamen den Abhang heruntergedonnert und schienen keinerlei Notiz von den Menschen zu nehmen. Zuerst waren sie neu und beeindruckend, schon bald waren sie nur noch eine nervige Bedrohung.

Aber es gab größere Gefahren. In Lukla, dem Dorf am Aufstieg zum Basislager, waren einige Dutzend Soldaten stationiert. Der Mount Everest Nationalpark (der in Nepal Sagarmatha Nationalpark heißt) war eine der wenigen Regionen des Landes, die noch von der königlichen Regierung kontrolliert wurden. Selbst er wurde ständig von den maoistischen Rebellen bedroht. Während ich in einem Teeladen auf ein Kleinflugzeug wartete, das mich zurück nach Kathmandu bringen sollte, heulten Sirenen und draußen rannten Soldaten mit Maschinengewehren vorbei. Ich hörte keine Schüsse und hatte den Eindruck, es könnte sich um eine Übung gehandelt haben.

Wieder in Kathmandu kam ich trotzdem zu dem Schluss, dass ich genug von der nepalesischen Landschaft gesehen hatte. Das Tal von Kathmandu war vor Rebellenangriffen sicher, und während meines restlichen Aufenthalts in Nepal blieb ich dort.

Ich hatte genau einen Tag Zeit, um in Thamel auszuspannen. Dann konnte ich es nicht länger aufschieben. Am nächsten Tag meldete ich mich im Büro von CERV zum Dienst.

»Wir können losfahren! Freust du dich?«, fragte Hari.

»Klar!«, antwortete ich. Ich schrie fast, damit es nicht so klang, als hätte ich Zweifel an dieser ganzen Waisen-Geschichte.

Wir fuhren nach Godavari. Es war nur zehn Kilometer von Kathmandu entfernt, doch es wirkte wie eine andere Welt. Innerhalb der Ringstraße von Kathmandu waren Menschen, Häuser, Busse und Soldaten auf engstem Raum zusammengepfercht. Die Stadt hatte nichts Friedliches. Jenseits der Ringstraße öffnete sich die Welt plötzlich. Überall waren Felder. Die Straßen verschwanden und übrig blieb nur die Landstraße nach Süden, nach Godavari, die am Fuß der Berge um das Tal von Kathmandu endete. Die Luft war sauber, die Menschen gingen langsam und die Häuser waren aus getrocknetem Lehm.

Am Ende der geteerten Straße bogen wir auf einen schmalen Feldweg ein, und kurz darauf standen wir vor einer Mauer mit einem blauen Metalltor. Hari holte meinen Rucksack vom Rücksitz und hielt ihn, während ich ihn mir umschnallte. Mit einem kräftigen Handschlag verabschiedete er sich, wünschte mir viel Glück und stieg wieder in den Jeep. Dann fuhr er den Weg zurück, den er gekommen war.

Ich sah Hari nach, dann drehte ich mich um zu dem blauen Metalltor, das ins Kinderheim der Kleinen Prinzen führte.

In diesem Moment wurde mir plötzlich klar, dass ich nicht durch dieses Tor gehen wollte. Mir ging es lediglich darum, anderen Leuten davon zu *erzählen*, dass ich in einem Waisenhaus gearbeitet hatte. Jetzt, wo ich vor dem Tor stand, kam es mir absurd und lächerlich vor, in diesem Land als freiwilliger Helfer zu arbeiten. Meine Freunde hatten das genauso gesehen und freundlich angedeutet, dass ich vielleicht nicht unbedingt der geborene Kinderbetreuer war. Sie hatten natürlich vollkommen Recht. Ich dachte angestrengt nach, ob ich auch nur eine einzige Fähigkeit mitbrachte, die mir bei der Arbeit mit Kindern helfen konnte, außer vielleicht, Gegenstände vom Boden aufzuheben. Ich konnte mich nicht erinnern, je Zeit mit Kindern verbracht, geschweige denn, mich um sie gekümmert zu haben.

Ich atmete tief durch, öffnete das Tor und fragte mich, was ich tun sollte, sobald ich auf der anderen Seite stand.

Aber die Frage, was man in einem Waisenhaus tun soll, ist ungefähr wie die Frage, was man bei einem Stierlauf in Spanien tun soll. Man kommt schnell auf den Trichter. Ich schloss das Tor, drehte mich um und starrte auf eine Horde nepalesischer Kinder, die mich mit großen Augen ansahen. Einen Moment lang starrten wir einander so an, dann öffnete ich den Mund, um mich vorzustellen.

Bevor ich auch nur ein Wort herausbrachte, stürzte sich die Schar lachender Kinder auf mich wie eine Herde Stiere in Pamplona.

Das Kinderheim der Kleinen Prinzen in Godavari, Nepal.

Das Kinderheim der Kleinen Prinzen war für nepalesische Verhältnisse stabil gebaut: Es war ein Betonhaus mit mehreren Räumen, einer Toilette (hurra!), fließendem (aber nicht trinkbarem) Wasser und Strom und es war von einer zwei Meter hohen Backsteinmauer umzäunt. Hinter der Mauer befand sich außerdem ein etwa zehn mal fünfzehn Meter großer Garten, der zur Hälfte mit Gemüse bepflanzt war; die andere Hälfte diente als Spielplatz, auf dem die Kinder Murmeln schusserten und andere Spiele spielten, die ich für mich als »Gummibandfußvolleyball« und »Ich trete dich« bezeichnete.

Als ich das Tor öffnete, hörten die Kinder sofort mit dem Spielen auf. Bald hatte ich nicht nur meinen Rucksack zu tragen, sondern einige kleine Menschen, die sich an mich gehängt hatten. Während ich mich so in Richtung Haus schleppte, schwand jede Chance, einen guten ersten Eindruck zu hinterlassen. Ein besonders kleiner Junge klammerte sich um meinen Hals und streckte sein Gesicht meinem entgegen. Unaufhörlich schrie er »Namaste, Bruder!« und kniff dabei die Augen zusammen, als könnte er so noch ein paar Dezibel mehr aus sich herauspressen. Auf der Veranda standen zwei Freiwillige, die grinsend zusahen, wie ich mich vorankämpfte.

»Hallo!«, rief die ältere, eine Französin Ende zwanzig, die Sandra sein musste, die Gründerin des Kinderheims. »Willkommen! Der Junge in deinem Gesicht ist übrigens Raju.«

»Er nennt mich ›Bruder‹.«

»Das sagt man so in Nepal. Männer werden Bruder genannt und Frauen Schwester. Haben sie dir das nicht in der Einführung erklärt?«

Ich hatte keine Ahnung. »Vielleicht hätte ich vor der Tür meinen Rucksack abnehmen sollen«, keuchte ich. »Ich weiß nicht, ob ich es bis zum Haus schaffe.«

»Ja, die Kinder werden wirklich groß«, sagte sie nachdenklich. Mir hätte es mehr geholfen, wenn sie gesagt hätte: »Kinder, lasst den lieben Mann in Ruhe.« Ein Junge hing an meiner Hand und rief: »Bruder, Karussell!«

Die »Massenkarambolage« – wie immer wurde ich von den Kleinen Prinzen belagert.

Auf der Veranda brach ich mitsamt den Kleinen zusammen, und wir fielen übereinander. Durch das Gewirr der Arme und Beine konnte ich kaum noch das Licht sehen. Es war wie ein Grubenunglück.

»Sind die immer so aufgedreht?«, fragte ich, nachdem ich mich freigeschaufelt hatte.

»Ja, immer«, antwortete Sandra. »Komm rein, wir essen gleich.«

Ich ging nach oben, um meine Sachen im Raum der freiwilligen Helfer abzustellen und wurde dabei von einigen Kindern verfolgt. Insgesamt waren wir fünf Freiwillige. Jenny, eine amerikanische Studentin, war einen Monat zuvor gekommen. Farid war ein 21-jähriger Franzose, dünn, etwa so groß wie ich, mit langen schwarzen Dreadlocks. Anfangs dachte ich, er sei schüchtern, weil er sich kaum mit den anderen unterhielt, aber ich stellte bald fest, dass es ihm nur peinlich war, Englisch zu sprechen.

Ich war der Letzte, der sich zum Daal Bhat setzte. Ich kam ins Esszimmer, ein Zimmer mit Steinfußboden, zwei Fenstern und einigen niedrigen Bambusstühlen für die Freiwilligen. Die Kinder hockten mit dem Rücken an der Wand auf dem Boden. Sie saßen aufgereiht wie die Orgelpfeifen, die Jüngsten links, die Ältesten rechts. Während sie geduldig auf ihr Essen warteten, konnte ich sie zum ersten Mal in aller Ruhe in Augenschein nehmen.

Insgesamt waren es achtzehn Kinder, sechzehn Jungen und zwei Mädchen. Jedes schien seine sämtlichen Kleider am Leib zu tragen, Wollmützen inklusive. Ich hatte meine Mütze auf dem Zimmer gelassen, und bereute es schon. Das Haus hatte keine Heizung und ich konnte meinen Atem sehen. Die meisten Jacken und Pullover der Kinder trugen französische Logos, denn die Kleider stammten überwiegend aus französischen Spenden. Ich sah mir die Gesichter an. Die Mädchen waren leicht zu erkennen, aber die Jungs waren kaum auseinanderzuhalten. Ein paar stachen hervor – ein Sechsjähriger mit Zahnlücke, ein Junge mit tibetanischen Gesichtszügen, das breite

Lächeln eines älteren Jungen und die kleinen Gestalten der beiden Jüngsten. Die Übrigen konnte ich mit meinem ungeübten Auge nur an den Kleidern unterscheiden.

Bevor der Linsenreis serviert wurde, bat Sandra die Kinder, aufzustehen und sich vorzustellen. Der Erste war Raju, der Jüngste. Er war jetzt sehr viel schüchterner als bei meiner Ankunft, als er sich an meinen Hals geklammert hatte. Die anderen Jungen flüsterten ihm aufmunternd zu, er solle aufstehen, und sein kleiner Nachbar Nuraj stieß ihm den Ellenbogen in die Rippen. Schließlich sprang er auf, klatschte die Hände zusammen wie zum Gebet, der traditionelle Gruß in Nepal, und sagte: »Namaste-ich-heiße-Raju.« Dann plumpste er zurück auf den Boden und grinste stolz in die Runde. Einer nach dem anderen stellten sich die Kinder vor, und dann war ich an der Reihe.

Ich stand auf, ahmte ihren Gruß nach und setzte mich wieder. Sofort schnatterten die Kinder los.

»Ich glaube, sie haben deinen Namen nicht verstanden«, flüsterte Sandra.

»Entschuldigung. Ich heiße Conor«, sagte ich langsam. Verschiedene Versionen meines Namens schwirrten kreuz und quer durch den Raum und die Kinder korrigierten einander.

»Kundar?«

»*Hoina!* Krondor *ho*! Ja, Bruder? Krondor?«

»Nein, Conor«, wiederholte ich etwas lauter.

»Krondor!«, riefen die Kinder im Chor.

»Conor!«, schrie ich.

»Krondor!«

Einer der älteren Jungen meldete sich zu Wort. »Ja, Bruder, du sagst Krondor!«

Natürlich hatte ich nicht Krondor gesagt. Die Kinder starrten mir konzentriert auf die Lippen und gaben sich die allergrößte Mühe, den Namen korrekt nachzusprechen.

»Nein, Jungs – alle zusammen – CONOR!« Ich knurrte den Namen in der Hoffnung, ihnen so den Krondor auszutreiben.

Es folgte eine überraschte Pause. Dann drehten die Kinder auf. »CONOR!«, knurrten sie und imitierten dabei die alberne Muskelprotzpose, die ich – unbewusst, ich gestehe es – gemacht hatte, als ich meinen Namen gebrüllt hatte.

»Genau!«, sagte ich zufrieden.

Sandra blickte in die Runde und nickte zustimmend. »Ich denke, du wirst prima mit den Kindern klarkommen«, meinte sie. »Okay, ihr könnt anfangen.« Auf dieses Zeichen hin machten sich die Kinder über ihre Teller her, als hätten sie seit Tagen nichts zu essen bekommen. Während des gesamten Essens blickten sie einander an, knurrten mit dem Mund voller Linsenreis »CONOR!« und zeigten ihre Armmuskeln wie Zirkusringer.

Ich hatte keine Chance, beim rasanten Esstempo der Kinder mitzuhalten. Sie hatten ihre Teller buchstäblich sauber geleckt, als ich noch nicht einmal die Hälfte gegessen hatte. In Zukunft musste ich mich mehr aufs Essen konzentrieren. Nicht reden, nicht denken, nur schaufeln. Ich hatte viel zu viel Reis auf dem Teller. Das Schlimmste war, ich konnte den Rest nicht einfach weitergeben, weil das Essen, das man mit den Händen berührt hat, für andere *juto*, also unrein, wird. Aber es war vollkommen undenkbar, hier Essen wegzuwerfen, schon gar nicht, während mir achtzehn Kinder zusahen und darauf warteten, dass ich meinen Teller leer aß. Also zwang ich mich, den Reis so schnell wie möglich bis zum letzten Körnchen zu verdrücken. Schuldbewusst erinnerte ich mich an Momente, in denen ich halb volle Teller mit Essen in den Müll gekippt hatte.

Nachdem ich endlich aufgegessen hatte, machte Sandra ein paar Ankündigungen auf Englisch. Durch ihren Kontakt mit den ausländischen Betreuern verstanden die Kinder recht gut Englisch. Die kleineren, die nicht alles verstanden, bekamen eine Erklärung von ihren älteren Nachbarn.

Die große Neuigkeit war die Einführung der Mülltrennung. Vor dem Haus waren drei neue Tonnen mit der Aufschrift »Glas und Plastik«, »Papier« und »Rest« aufgestellt worden. Sandra erklärte, wie man sie benutzte. Die Kinder starrten sie mit verständnislosen Blicken an. Wie in anderen Ländern der Dritten Welt ist Müll in Nepal ein Dauerproblem. Jeder wirft seinen Müll einfach irgendwo hin. Umweltschutz gehört nicht zu den Prioritäten des Staates, der mehr als genug damit zu tun hat, die Versorgung seiner Bürger mit Nahrungsmitteln und Krankenhäusern sicherzustellen. Farid versuchte zu erklären, warum wir Mutter Erde beschützen mussten, doch die Kinder sahen noch immer nicht ganz ein, warum man den Müll in verschiedene Gruppen unterteilen sollte.

»Warum machen wir es nicht einfach vor?«, fragte ich.

Sandra lächelte. »Gute Idee. Fang an, Conor!«

Es war ein großer Moment. Ich hatte noch nie mit Kindern zu tun gehabt. Ich hatte weder Neffen noch Nichten oder kleine Cousins, und meine Freunde hatten auch keine Kinder. Ich stählte mich für meinen Auftritt. Tatsache war: Ich wusste, wie man mit Menschen sprach. Tatsache war auch: Kinder waren kleine Menschen. Kleine und furchteinflößende Menschen. Zum Trost sagte ich mir, wenn die Demonstration ganz furchtbar schiefgehen sollte, dann konnte ich immer noch schneller rennen als sie.

»Okay, Kinder!«, erklärte ich und baute mich vor ihnen auf. Ich rieb mir die Hände, um ihnen zu zeigen, was das für ein Spaß werden würde. »Zeit für eine Vorführung!«

Ich nahm ein Stück Papier, das an meinem Stuhl lehnte, und zerknüllte es. Dann ging ich zu Hriteek, einem fünfjährigen Jungen, und drückte es ihm in die Hand.

»Okay, Hriteek. In welche Tonne musst du dieses Papier werfen?«, fragte ich laut und mit dramatischer Stimme.

Hriteek hielt das Stück Papier einige Sekunden lang in seiner kleinen Hand und starrte auf die grünen Mülltonnen mit ihren gut sichtbaren Aufklebern. Dann brach er in Tränen aus. Das hatte ich nicht erwartet. Aus dem Fernsehen wusste ich, dass Kinder manchmal weinen. Aber das war nicht der Moment für weiche Knie.

»Komm, Kumpel«, drängte ich ihn. »Es ist ganz einfach. Wirf den Abfall in den richtigen Behälter.« Ich nickte in Richtung der Papiertonne.

Keine Reaktion. Also nahm ich ihm das Papier ab, tätschelte verständnisvoll seine Schulter und ging auf den richtigen Behälter zu.

»Bruder!«, rief Anish, einer der älteren Jungen. »Bruder, nein! Wirf nicht weg! Er hat für dich gemacht! Bild!«

Ich faltete das zerknüllte Papier auf und erkannte ein kindliches buntes Bild mit einem hohen spitzen Berg und einem Mann – offenbar ich, denn das Gesicht war mit weißer Wachsmalkreide gemalt –, der eine Kuh an einem Strick führte. Darunter stand in großen roten Buchstaben HRITEEK. Au Backe.

»Hriteek! Ja! Tolles Bild! Kein Müll, Hriteek! Kein Müll!«, sagte ich schnell. Er weinte nur noch lauter.

Sandra beugte sich zu mir. »Ist gut, Conor«, sagte sie und nahm Hriteeks Hand. »Hriteek, du musst nicht weinen. Conor Bruder lernt noch. Er versteht noch nicht viel. Du musst ihm helfen.« Die Kinder lachten und Hriteek begann zu kichern.

»Tut mir leid, Hriteek«, sagte ich über Sandras Schulter. »Mein Fehler, Hriteek! Dein Bild ist sehr schön! Ich behalte es!« Ich glättete es an meiner Brust, während Hriteek misstrauisch zusah.

»Okay, Kinder!« Sandra klatschte in die Hände. »Ab ins Bett!«

Die Kinder sprangen auf, brachten ihre Teller in die Küche, räumten auf und marschierten in ihre Schlafzimmer. Anish, der achtjährige Junge, der mich auf meinen fatalen Irrtum hingewiesen hatte, blieb noch in der Küche, um beim Spülen der Töpfe zu helfen. Als er fertig war, waren die anderen schon in ihren Zimmern. Er reckte die Arme, um sich von mir die Treppe hinauftragen zu lassen. »Wir sind froh, dass du hier bist, Conor Bruder!«, sagte er fröhlich.

»Ich bin auch froh, dass ich hier bin«, antwortete ich nicht ganz überzeugt. Immerhin war ich froh, dass ich den ersten Tag überstanden hatte. Ich hob Anish hoch und trug ihn nach oben.

Nachdem ich mich mit drei Lagen Kleidern in meinen Schlafsack gerollt hatte, schlief ich so gut wie lange nicht. Der Tag hatte mich mehr geschafft als der Fußmarsch zum Basislager am Mount Everest. Dabei hatte ich nur zwei Stunden mit den Kindern verbracht.

Am nächsten Tag wurde ich vom Lärm der Kinder geweckt, die fröhlich durchs Haus tobten. Ich verkroch mich tiefer in meinen Schlafsack und fragte mich, welcher biologische Mechanismus wohl dafür verantwortlich war, dass Kinder in aller Welt gleich nach dem Aufwachen so schnell wie möglich herumrennen müssen. Da ich nicht mehr einschlafen konnte, streckte ich die Nase gerade weit genug aus dem Schlafsack, um durch die dünnen Vorhänge sehen zu können. Die Sonne schien noch nicht über die hohen Berge hinter dem Waisenhaus. Da die Sonne die einzige Heizung im ganzen Dorf war, wartete ich noch. Um Punkt 7.38 Uhr blitzten die ersten Sonnenstrahlen durchs Fenster. Ich stand auf und ging nach unten.

Farid saß draußen und schlürfte Milchtee. Sein Atem dampfte in der kalten Morgenluft. Als ich mich zu ihm setzte, kam eine Frau zum Tor herein. Sie ächzte unter der Last eines riesigen Topfs, der bis zum Rand mit Milch gefüllt war.

»Namaste, didi!«, rief Farid und hob seine Teetasse zum Gruß. »Sie ist unsere Nachbarin.« Er sprach mit einem breiten französischen Akzent, an den ich mich erst gewöhnen musste. »Sie bringt jeden Tag die Milch ihrer Kuh für den Tee der Kinder.«

»Wie hast du sie genannt? Diidii?«

»Didi. Das heißt – sprichst du Französisch?«

»Ein bisschen. Schlecht«, entschuldigte ich mich.

»Das ist okay. Ich muss mein Englisch verbessern, es ist sehr schlecht«, antwortete er. »Also? Ach ja. Didi. Das heißt ›große Schwester‹ und ist eine höfliche Anrede, so wie *Madame* oder *Mademoiselle*. Die Kinder nennen dich ›Bruder‹, ja?«

»Ja.«

»Auf Nepali heißt das *dai*, ›großer Bruder‹. Das ist ein Zeichen des Respekts, genau wie *didi*. Wir haben ihnen beigebracht, das englische Wort zu verwenden.« Er nippte an seinem Tee. »Das mit dem ›Bruder‹ ist ganz nützlich. So musst du dir nicht die ganzen Namen merken.«

Das war wirklich nützlich. Genau in diesem Moment kam einer der Jungen nach draußen gerannt und sprang mir auf den Schoß.

»Erinnerst du meinen Namen?«, fragte er grinsend.

»Natürlich erinnert er sich, wie du heißt, Nishal!«, antwortete Farid. »Mach dich fertig, wir gehen gleich in den Tempel zum Waschen!«

Farid war mir auf Anhieb sympathisch.

Wie ich bald erfuhr, war der Tempelbesuch eine samstägliche Tradition. In Nepal bestehen die Wochenenden nur aus einem einzigen Tag, und die Kinder genossen ihn in vollen Zügen. Jeder Samstag begann mit dem gemeinsamen Hausputz. Die größeren Jungen schleppten die Teppiche nach draußen, die kleinen fegten die Zimmer mit Reisigbesen. Eine dritte Gruppe wischte den Boden und machte den Beton zumindest nass, wenn auch nicht unbedingt sauber. Sandra erklärte mir, die gemeinsame Arbeit sei an sich schon wertvoll. Wenn die Kinder bei ihren Familien leben würden, müssten sie jeden Tag mehrere Stunden im Haus und auf dem Feld helfen.

Nachdem das Haus nun ein bisschen weniger schmutzig war, machten wir uns auf den Weg zu einem hinduistischen Tempel, der zu Fuß fünfzehn Minuten entfernt war. Der Weg führte durch den königlichen botanischen Garten, der zufälligerweise genau unterhalb des Hauses lag, und vorbei an den Lehmhütten von Godavari.

Der Tempel befand sich in einem von einer Mauer umgebenen Hof, der kaum größer war als ein Tennisplatz. Die Hälfte des Hofs wurde von einem gut einen Meter tiefen Becken eingenommen, das von fünf Zuläufen in der Mauer gespeist wurde.

Es waren schon einige Dorfbewohner da, ausschließlich Männer, die sich unter den Wasserspeiern wuschen. (Diese öffentliche Waschung in Unterhosen war die verbreitetste Form der Körperpflege. In Bistachhap hatte ich mich in Shorts und vor aller Augen am einzigen Wasserhahn des Dorfes gewaschen, während hinter mir die Frauen mit ihren Wäschekörben geduldig warteten und kichernd auf meine blasse Haut zeigten.) Nach ihrem Bad trockneten sich die Männer ab und gingen durch ein kleines Tor auf der anderen Seite des Hofs, wo sich eine Grotte mit dem hinduistischen Altar befand. Später kamen sie mit einem roten *tikka* – einem Punkt aus rotem Staub – auf der Stirn wieder heraus und läuteten auf dem Weg nach draußen eine Glocke.

Die Kinder liebten den Tempel. Mit Ausnahme der beiden Mädchen Yangani und Priya, die nur zusahen, zogen sie sich aus, hüpften ins Becken, planschten herum und versuchten, sich gegenseitig unterzutauchen. Einer nach dem anderen kletterten sie wieder hinaus und rannten zu Farid, der den Älteren einen kleinen Klecks Flüssigseife gab. Die Jüngeren warteten, bis Farid sie wusch. Nachdem diese Phase erfolgreich abgeschlossen war, rannten sie zu mir, dem Hüter des Shampoos. Raju war der Erste. Ich drückte ihm einen walnussgroßen Klecks auf die Hand. Raju sperrte die Augen auf. Zu spät erkannte ich, dass ich ihm viel zu viel gegeben hatte, und wollte einen Teil wieder zurücknehmen, aber er spurtete bereits zurück ins Becken und rief nach seinem kleinen Freund Nuraj.

Farid bemerkte es. »Vielleicht ein bisschen weniger«, meinte er und zeigte mit Daumen und Zeigefinger eine winzige Menge an. »Ich hab das auch beim ersten Mal gelernt. Du wirst gleich sehen.«

Raju rubbelte sich das Shampoo in die Haare bis es aussah, als hätte er eine weiße Afroperücke auf dem Kopf. Als die anderen ihn sahen, drehten sie schier durch und kletterten aus dem Becken, um ihre Ration abzuholen.

»Ich verstehe«, rief ich Farid zu.

Farid schüttelte staunend den Kopf. »Diese Kinder sind extrem clever«, antwortete er. »Aus sehr wenig machen sie sehr viel.«

Nach gut zwanzig Minuten kamen die ersten Kinder aus dem Becken. Einer der Jungen, ein etwa Siebenjähriger mit tibetanisch wirkenden Gesichtszügen, ging auf mich zu.

»Bruder, wo hast du mein Handtuch?«, fragte er, legte mir die Hand aufs Knie und drehte den Oberkörper, um sich im Hof umzusehen.

Um mich an die Namen der Kinder zu erinnern, hatte ich mir ihre Kleider gemerkt. Weil jeder nur zwei Satz Kleider hatte, trugen sie fast jeden Tag dasselbe. Aber jetzt, da dieser kleine braune Junge in seiner Unterhose vor mir stand, sah er genauso aus wie die anderen siebzehn Kinder.

»Ähm … bist du sicher, dass ich dein Handtuch hatte, Bruder?«, fragte ich, um Zeit zu gewinnen und in der vagen Hoffnung, dass er vielleicht zufällig seinen eigenen Namen ausrufen könnte und dass mir das Wort »Bruder« aus der Patsche half.

Der Junge drehte sich zu mir um und griff sich an den Kopf. »Bruder, du hast es vor einer Minute! Du sagst, du nimmst es, wenn ich schwimme!«

Mir blieb nichts anderes übrig, als zu raten. »Ach … richtig! Tut mir leid, Nishal. Ich hab's vergessen. Dein Handtuch …«

»Nishal!?! Ahhhh! Ich nicht Nishal, Bruder!«

»Das habe ich nicht gesagt, Bruder!«

»Du sagst Nishal!«

»Nein, ich sage ›Handtuch‹. Hast du nicht gehört, wie ich ›Handtuch‹ gesagt habe?« Der Junge war verblüfft.

In diesem Moment kam Farid dazu. »Komm Krish, wir suchen dein Handtuch!« Er nahm den Jungen bei den Schultern und führte ihn weg. Unterwegs drehte er sich zu mir um und machte mir ein Zeichen, dass ich mir keine Gedanken machen solle.

Ich setzte mich an den Beckenrand und versuchte, mich unsichtbar zu machen, damit keines der Kinder zu mir kam. Jemand klopfte mir auf die Schulter. Es war Anish. Den erkannte ich, weil er ein bisschen hellhäutiger war als die anderen, weil er für seine acht Jahre recht groß war, weil er ein unverwechselbares rundes Gesicht hatte und weil sich seine Mundwinkel wie bei einer Karikatur nach oben zogen, wenn er lächelte.

»Bruder, du vergisst die Namen!«, sagte er. Es war eine Feststellung, keine Frage.

»Nein, tu ich nicht!« Mein instinktiver Protest war absurd und ich klang wie ein Schuljunge, der auf frischer Tat ertappt wird.

Anish setzte sich zu mir. Zusammen blickten wir in das Becken, in dem die Jungen planschten. Er zeigte auf eines der Kinder.

»Das ist Hriteek. Den erkennst du, er klettert immer.« Und tatsächlich versuchte Hriteek, dessen Bild ich am Tag zuvor zerknüllt hatte, just in diesem Moment auf das Tor zu klettern. Anish zeigte auf einen anderen Jungen. »Das ist Nishal. Er sieht aus, als will er weinen. Mit dem Handtuch, das ist Raju, der Kleinste. Das ist Santosh, der Große …«

Die Lektion dauerte gut zehn Minuten, während sich Anish langsam in der Sonne trocknen ließ. Ich saß neben ihm im Schatten, um mir keinen Sonnenbrand zu holen. Nachdem er alle

Kinder zweimal durchhatte, war ich an der Reihe. Ich nannte keinen einzigen Namen richtig. Schließlich fragte er mich ein wenig frustriert, ob ich mich an seinen Namen erinnerte.

»Ja! Anish!«, rief ich stolz aus.

Er lächelte. »Okay, Bruder. Bestanden«, sagte er und zog los, um sich anzuziehen.

Bald waren alle aus dem Becken. Dann war die Wäsche an der Reihe. Die Kinder hatten ihre schmutzigen Kleider in Plastiktüten gestopft, die sie in der Umgebung des Dorfes gefunden hatten. Wenn eine der Tüten zerriss, suchten sie Klebeband, um sie zu flicken. Ich erinnerte mich daran, wie ich im Supermarkt eine Flasche Cola in zwei Plastiktüten einpacken ließ und fühlte mich wie ein Verschwender.

Die Kinder brachten ihre Kleider zum Abfluss des Beckens, wo das Wasser in einen schmalen, flachen Kanal und über diesen weiter in den Fluss lief. Dort rubbelten sie ihre Hosen und Hemden mit Seife ein. Raju und Nuraj, die beiden Jüngsten, hatten noch nicht genug Kraft dazu, also beschränkten sie sich auf ihre Söckchen, die sie auf den Betonboden legten und mit kleinen Seifenstücken bearbeiteten. Im Waisenhaus arbeitete zwar eine Frau, die die Wäsche wusch (die Wasch-Didi), aber die Kinder sollten lernen, Verantwortung für sich zu übernehmen und so normal wie möglich zu leben, wenn man einmal davon absah, dass sie keine Familien mehr hatten.

Zurück im Waisenhaus hängten die Kinder die Wäsche zum Trocknen auf und begannen wieder mit ihrer Schreierei und Springerei. Sie schienen grenzenlose Energie zu haben. Ich kam da nicht mit. Zum Glück war das beliebteste Spiel der Kleinen Prinzen ein Brettspiel namens Carrom. Die Kinder waren schier besessen davon, genau wie der Rest des Landes. Es wird auf einem rechteckigen Brett gespielt, das an jeder Ecke ein Loch hat. Das Ziel besteht darin, eine blaue Scheibe über das Brett zu schießen, eine der schwarzen oder weißen Scheiben zu treffen und diese in eines der Löcher zu befördern. Es ist wie eine Mischung aus Billard und Curling.

Die Kinder brannten nicht nur darauf, das Spiel zu spielen, sondern sie brannten vor allem darauf, gegen mich zu spielen. Santosh, der mit seinen neun Jahren einer der ältesten Jungen war, erklärte mir die Regeln.

»Schau, Bruder, du schießt mit dem Finger, so. Siehst du, ich mache Punkt, ich wieder dran. Ich schieße … ich mache Punkt, ich wieder dran … Ich mache Punkt, ich wieder dran …«

»Ich verstehe, Santosh«, unterbrach ich ihn.

»Gut! Jetzt du!«

Ich schnippte eine der Scheiben und sie segelte vom Brett. Santosh blickte ihr hinterher, wie sie unter der Couch verschwand. Dann wandte er sich wieder dem Brett zu.

»Okay, Bruder. Du machst nicht Punkt, ich wieder dran … Ich mache Punkt, ich wieder dran …«

Innerhalb von sechs Minuten hatte er mich abgefertigt. Ich hatte ungefähr so viel Gegenwehr geleistet wie ein Laib Brot. Die Kinder waren heiß darauf, gegen mich zu spielen. Nicht, um zu sehen, ob sie mich besiegen konnten, sondern, um die Zeit zu stoppen und zu sehen, wer mich am schnellsten abservierte. Dass ich Mühe hatte, auch nur einen einzigen Punkt zu erzielen, war ein schwerer Schlag für mein Ego. Der vierjährige Nuraj schien sich nicht einmal auf das Spiel zu konzentrieren und ließ mir trotzdem keine Chance.

Raju hätte ich fast geschlagen. Nachdem ich mich zunächst weigerte, ein drittes Mal gegen ihn anzutreten – weil mir nichts Besseres einfiel, schützte ich eine gebrochene Hand vor –, erklärte ich mich bereit, vorausgesetzt, dass ich die ersten fünfzehn Schüsse bekam. Ich erzielte genau zwei Punkte, ehe Raju wieder an die Reihe kam und eine Scheibe nach der anderen versenkte. Bei diesem Spiel drängten sich die Kinder um das Brett und plapperten aufgeregt in Nepali. Anish beugte sich zu mir.

»Bruder«, sagte er in einem lauten, heiseren Flüsterton, lauter, als er normalerweise sprach. »Sie sagen, Raju gewinnt noch ein Spiel, Bruder.«

»Danke für die Übersetzung, Anish. Du hast mir sehr geholfen.«

»Gerne«, flüsterte er laut.

Die Erinnerung an diese Niederlage war noch frisch, als mich Raju und Nuraj zu einer Partie Memory herausforderten. Ich sah meine Chance für eine Revanche und sagte: »Nur zu!«

»Was heißt ›nur zu‹, Bruder?«

»Dass wir spielen können.«

»Bruder, erinnere, ich gebe dir viele Schüsse und gewinne dich im Carrom, Bruder? Sehr witzig, ja, Bruder?«

»Bring einfach die Karten, Raju.«

Beim Memory werden die Bildkarten mit dem Gesicht nach unten gemischt und auf dem Tisch verteilt; die Spieler müssen dann die zusammengehörigen Paare finden. Die Motive waren Tiere auf dem Bauernhof. Die Karten waren abgewetzt und offenbar von früheren Generationen von Helfern verwendet worden, um den Kindern englische Tiernamen beizubringen. Englisch sprechen zu können war eine äußerst nützliche Fähigkeit für die Kinder, und eine meiner Hauptaufgaben bestand darin, ihre Bildung zu fördern. Daran versuchte ich mich zu erinnern, während ich die Karten auf dem Boden verteilte. Ehrlich. Aber ich musste dauernd daran denken, wie vernichtend ich diese beiden Knaben beim Memory schlagen würde.

Das erste Spiel gewann ich locker. Zu meiner Enttäuschung lachten die beiden jedes Mal, wenn ich ein Paar aufdeckte und applaudierten, als würden sie mich absichtlich gewinnen lassen. Sie jubelten sogar, als ich am Ende gewonnen hatte. Nuraj rannte zu den anderen Kindern und erzählte es ihnen wie ein stolzer Vater. Als er zurückkam, forderte ich die beiden zu einer Revanche, um ihnen zu demonstrieren, dass mein Sieg keine Eintagsfliege war.

»Was ist ›Rewosch‹, Bruder?«

»Wir spielen noch mal – wenn es euch nicht stört, dass ich gewinne.«

»Jaaaa!«, jubelten die beiden.

Spiel zwei, drei und vier verliefen etwas anders als erwartet.

Nach ihrer Niederlage im ersten Spiel beratschlagten sich Raju und Nuraj kurz und beschlossen, eine Mannschaft zu bilden. Ich stimmte zu. Ihre Unterhaltung während des Spiels klang unschuldig genug. Ich war mir nicht einmal sicher, ob sie sich überhaupt über das Spiel unterhielten, denn nach einer besonders hitzigen Debatte schob sich Nuraj mit einem Mal die ganze Faust in den Mund, und Raju schien widerwillig irgendetwas einzugestehen. Aber ich misstraute den beiden – zu Recht, wie sich herausstellen sollte. Die Karten waren vom ausgiebigen Gebrauch zerknickt, weshalb die beiden ihre kleinen Gesichter flach auf den Boden drücken und sehen konnten, welche Bilder darunter waren. Da sie die Karten nicht berührten, konnte ich nichts machen. Und ich selbst konnte meinen dicken Schädel nicht flach genug auf den Boden pressen, um die Bilder zu erkennen – obwohl ich es natürlich versuchte, sehr zur Belustigung der beiden. Sie zeigten einander auch, wo der zweite Esel war oder wo sie die andere Ente gesehen hatten. Und wenn ich an die Reihe kam, versuchten sie, mich abzulenken, indem sie laut zu singen begannen, auf meinen Rücken kletterten oder mich an den Haaren zogen. Auch das verbieten die Memory-Regeln nicht ausdrücklich, doch der Nachteil war kaum wettzumachen.

»Rewosch! Rewosch!«, schrien sie nach dem sechsten Spiel.

»Ich kann nicht! Habt ihr meine gebrochene Hand vergessen?«, erinnerte ich sie.

»Bruder, deine Hand nicht gebrochen«, sagte Nuraj und drückte mir auf den Fingern herum.

»Warum gehen wir nicht zu den anderen Jungen nach draußen?«, fragte ich.

»Jaaaa!«

Die übrigen Jungs spielten neben einem Weizenfeld Fußball. Ich schickte die beiden kleinen Gauner los, um mit ihnen zu spielen. Dann schlich ich mich zurück in mein Zimmer und legte mich hin, um ein vorgezogenes Mittagsschläfchen zu halten. Ich sah auf meinen Reisewecker: Es war erst halb elf. Stöhnend fiel ich auf meine Matratze zurück.

Bei meiner Ankunft im Kinderheim hatten einige der Kleinen Prinzen ein paar Tage schulfrei gehabt. Erst am Mittwoch, vier Tage später, gingen sie wieder zur Schule. Diesen Mittwoch werde ich für immer und ewig als einen der friedlichsten Tage meines Lebens im Gedächtnis behalten. Zum ersten Mal unternahm ich einen Rundgang durchs Dorf, ging über Trampelpfade zwischen den Reis- und Senffeldern spazieren, vorbei an Frauen, die auf dem Feld arbeiteten, Männern, die auf ihrer Veranda Strohkörbe flochten, und Müttern, die ihre Babys in Tüchern auf dem Rücken trugen, während sie am Wasserhahn des Dorfs Kleider wuschen. Wo ich auch hinkam, unterbrachen die Menschen ihre Arbeit und sahen mir hinterher. In Nepal ist immer Zeit, um die Arbeit zu unterbrechen. Es gibt keine Stechuhr und niemand denkt daran, seine Kollegen zu beeindrucken und die Mittagspause durchzuarbeiten. Die Menschen wachen auf und arbeiten, bis es Zeit ist, Feuer zu machen und den Reis aufzusetzen. Dann kommen alle ins Haus, essen und legen sich schlafen. Nach Einbruch der Dunkelheit ist keine Menschenseele mehr auf der Straße.

Eine Woche nach meiner Ankunft kam ich in das Zimmer der Kinder, um ihnen beim Anziehen zu helfen. Da sie alle identische blaue und graue Schuluniformen trugen, musste jemand den Kleinsten helfen, die Hosen auseinanderzusortieren. Außerdem hatten sie ihre liebe Not mit ihren Knöpfen und Klippskrawatten. Als ich den Raum betrat, war niemand zu sehen. Also ging ich sofort zu der kleinen Schachtel mit der Aufschrift Raju und machte mich auf die Suche nach seinen grauen Socken. An den vergangenen beiden Schultagen hatten wir das Paar nicht gefunden und er musste einen roten und einen grauen Socken tragen. Dieses Erlebnis war offenbar derart traumatisch, dass er jedes Mal in Tränen ausbrach. Seine Schwester Priya, die gerade einmal zwei Jahre älter war als er, aber immer als Erste angezogen war, stand sofort neben ihm und drückte seinen Kopf an ihre Brust, während seine Tränen ihre Bluse durchnässten.

»Ist gut, Bruder, ich spreche mit Raju«, sagte sie und schickte mich mit einer freundlichen Handbewegung weg.

Ich hatte einen grauen Socken entdeckt, als ein Junge von der Dachterrasse heruntergeflitzt kam und an der Tür vorbeirannte. Dann bremsten nackte Füße auf dem harten Boden und Anish steckte den Kopf zur Tür herein.

»Was machst du, Bruder?«, fragte er verwundert.

»Ich suche Rajus Socken … Wo sind denn die anderen?«

»Heute keine Schule!«, rief Anish. »Heute *bandha*!«

»Was ist *bandha*?«

»Keine Schule, Bruder! Komm, wir spielen auf dem Dach! Komm!« Er nahm mich an die Hand und schob mich mit seinem kleinen Körper in Richtung Treppe.

Von Farid erfuhr ich, dass *bandha* ein von den Maoisten ausgerufener Generalstreik war. Die maoistischen Rebellen befanden sich im Bürgerkrieg gegen die monarchistische Regierung und wollten eine kommunistische Volksrepublik Nepal ausrufen. Bandhas waren die übliche Taktik der Rebellen, um das gesamte Land zum Stillstand zu bringen. Wenn die Maoisten einen Generalstreik ausriefen, musste alles geschlossen werden: Schulen und Geschäfte genauso wie die meisten Büros. Keine Busse und keine Taxis fuhren auf der Straße, das einzige Fortbewegungsmittel war das Fahrrad. Die Generalstreiks konnten tagelang dauern und ohne Vorwarnung ausgerufen werden.

Bandhas schlugen leicht in Gewalt um, wenn der Streikaufruf missachtet wurde. Busse und Autos wurden umgestürzt und angezündet. Trotz des Risikos waren noch einige Taxis unterwegs. In einem derart armen Land wie Nepal konnten einige Taxifahrer nicht auf ein paar zusätzliche Rupien verzichten, die sie während

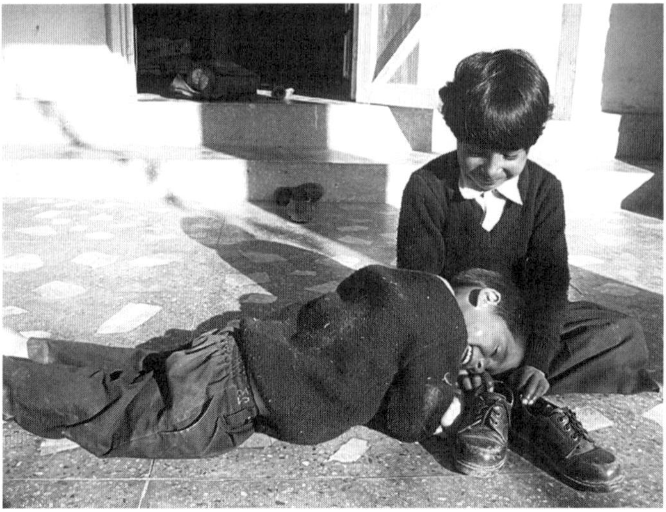

Raju und seine ältere Schwester, Priya, in ihren Schuluniformen.

des Streiks verdienen konnten. Diese wagemutigen Fahrer verklebten ihre Nummernschilder mit Papier, fuhren so schnell wie möglich und hielten nur an, um Fahrgäste ein- und aussteigen zu lassen. Fahrer, die erwischt wurden, wurden häufig von Sympathisanten der Maoisten zusammengeschlagen und ihre Taxis zerstört. Unser Dorf Godavari war zwar nur eine halbe Stunde von der Ringstraße entfernt, doch es blieb zum Glück weitgehend von der Gewalt verschont.

Die vielen Bandhas führten zu Nahrungsmittel- und Benzinknappheit. Die Versorgungsengpässe stellten ein Problem für uns dar, weil sich der Preis für Gemüse in dieser Zeit leicht verdoppeln konnte. Für Familien, die um ihr Überleben kämpften, war die Lage natürlich noch viel schlimmer. Kerosin war überhaupt nicht aufzutreiben, egal, zu welchem Preis. Deshalb kochte Bagwati, unsere 22-jährige Küchen-Didi, die im Haus lebte und sich mit um die Kinder kümmerte, frühmorgens und abends unser Daal Bhat über einem offenen Feuer im Garten, unterstützt durch die Kinder. Reis und Linsen für mehr als zwanzig Personen über einem offenen Feuer zuzubereiten, das dauerte einige Stunden.

Für die Kleinen Prinzen bedeutete der Generalstreik lediglich, dass die Schule ausfiel. Das löste nicht die Begeisterung aus, die ich von zu Hause kannte, wo Kinder für meterhohe Schneeverwehungen beten. Die nepalesischen Kinder spielen zwar auch lieber, aber sie haben Spaß an der Schule. Das liegt vielleicht auch daran, dass der Unterricht nicht das unvermeidliche und alltägliche Erlebnis ist, das er für die Kinder in den reichen Industrienationen ist.

Selbst wenn gerade kein Generalstreik ausgerufen wurde, fiel der Unterricht häufig aus. Von außen sah die Schule verlassen aus. Sie war in einer langen, weiß gestrichenen Lehmhütte mit Blechdach untergebracht und hatte eine kaputte Rutsche im Hof. Die Lehrer erhielten so gut wie kein Gehalt vom Staat und hatten deswegen kaum einen Anreiz, in die Schule zu kommen. Chris, unser deutscher Freiwilliger, übernahm an zwei Tagen pro Woche den Unterricht und sprang oft für Lehrer ein, die nicht zur Arbeit erschienen. Wenn der Lehrer der Fünfjährigen nicht kam und keiner der freiwilligen Helfer ihn vertreten konnte, hielt einer der Siebenjährigen den Unterricht.

Da die Schulen dauernd geschlossen waren, setzten wir den Unterricht der Kinder im Waisenhaus fort. Das war vermutlich nicht schlecht, denn auf diese Weise bekam ich auch einmal die Englisch-Hausaufgaben von Anish zu sehen. Er sollte Fragen zu

Bildern beantworten und der Lehrer markierte jede richtige Antwort mit einem grünen Häkchen. Ein solches Häkchen befand sich auch neben der Zeichnung eines Mannes, der seinen Regenschirm zu Hause vergessen hatte. Anish hatte darunter geschrieben: »Man housed umbrella.« Das konnte so nicht stimmen.

Chris, Jenny, Sandra, Farid und ich teilten die Gruppen nach Altersklassen ein und übernahmen jeweils einen Raum. Die Kinder rotierten durch die Klassenzimmer und bekamen dort dreißig Minuten Unterricht zu einem bestimmten Thema. Sandra unterrichtete Französisch, Chris und Jenny halfen ihnen beim Lesen und Farid unterstützte sie nicht nur beim Schreiben, sondern zeigte ihnen auch, wie man mit einem Computer umging. Im Büro hatten wir einen alten Laptop mit einem runden Trackball, mit dem man den Mauszeiger bewegte.

Ich hatte keine Ahnung, was ich unterrichten sollte. Da alle schon ihr Thema hatten und mich erwartungsfroh ansahen, hörte ich mich plötzlich sagen, dass ich ja Naturwissenschaften lehren könnte. Kaum hatte ich es ausgesprochen, da bereute ich es auch schon. Naturwissenschaften! Mein Gott, wenn es ein Fach gab, über das ich noch weniger wusste als über Naturwissenschaften, dann wüsste ich nicht mal seinen Namen.

Zum Glück kamen als Erstes die Kleinsten an die Reihe, Raju und Nuraj. Das war noch einfach. Wir spielten einfach wieder Memory. Die erste Karte war eine Ziege, also ließ ich sie das Wort wiederholen. Im Dorf konnte es ihnen ja vielleicht irgendwann einmal weiterhelfen, wenn sie das englische Wort für Ziege kannten.

»Wir lernen nicht Wissenschaft, Conor Bruder?«, fragte Raju.

»Ziegen sind Wissenschaft, Raju.«

Nuraj drehte sich zu Raju und bat ihn, zu übersetzen. Raju wiederholte, dass Ziegen Wissenschaft waren. Nuraj nickte und wir spielten weiter.

Diese dreißig Minuten waren viel zu schnell um. Nun stand ich vor einer deutlich größeren Herausforderung. Die älteren Kinder. Das war ein Problem: Diese Kinder wussten, was Naturwissenschaften waren. Ich hatte einmal versucht, Bikash, dem ältesten Jungen, bei seinen Biologie-Hausaufgaben zu helfen. Er hatte mich gefragt, was die männlichen und weiblichen Geschlechtsorgane der Blüte waren.

»Blüten haben keine männlichen und weiblichen Geschlechtsorgane, Bruder«, hatte ich ihn aufgeklärt.

Er hatte mich verwirrt angesehen. »Oh … Aber Conor Bruder, das Buch sagt, dass sie welche haben …« Er hatte sein Buch geöffnet und mir die Anatomie einer Blüte gezeigt. Die Autoren, die sicher mehr von der Materie verstanden als ich, hatten eindeutig die männlichen und weiblichen Teile der Blüte gekennzeichnet.

Die Kinder kamen herein und riefen: »Bonjour, mon frère!«, wie sie es eben bei Sandra gelernt hatten. Dann las Dawa ohne Vorwarnung eine Geschichte vor, die er in Farids Unterricht geschrieben hatte.

»Im Urwald ist ein Tiger. Der Tiger frisst Nishals Ziege. Ende.« Er sah mich erwartungsvoll an. »Gut, Bruder?«

»Sehr gut, Dawa. Danke für diesen Beitrag!«, antwortete ich. Dann wartete ich, in der Hoffnung, dass vielleicht noch jemand etwas beisteuern wollte und die Zeit herumging. Niemand hatte eine weitere Geschichte, offenbar hatten alle an Dawas Erzählung über den Tiger und die Ziege mitgewirkt.

Ich hatte keine Ahnung, was ich tun sollte, und bat die Kinder, sich im Halbkreis zu setzen. Unterdessen überlegte ich verzweifelt, was ich ihnen erzählen sollte. Was wusste ich denn? Ich konnte ihnen von Raketen erzählen, die zum Mond flogen, und darauf hoffen, dass niemand eine Frage stellte.

Damit hätte ich mindestens sechzig Sekunden gewonnen.

»Okay, Jungs. Also, äh, ihr wisst doch wie …« Ich zerdehnte jedes Wort. Doch plötzlich wurde ich wie durch ein Wunder von Santosh unterbrochen.

»Ich unterrichte, Bruder!«, rief er und sprang auf.

»Ja! Du unterrichtest, Santosh«, rief ich und warf begeistert die Arme in die Luft. »Was willst du unterrichten?«

»Ich unterrichte Wasser, Bruder!«

»Ja! Genau! Wasser! Ausgezeichnet, Santosh! Wasser ist Naturwissenschaft! Sehr gut!«

Mir war vollkommen egal, was Santosh erzählen würde. Er hätte Papier essen können und ich hätte gerufen: »Schaut! Naturwissenschaft!« Mir war nur wichtig, dass alle auf ihn schauten und nicht auf mich, und dass die Zeit verstrich.

Santosh war ein unglaublich intelligenter Bursche. Ich hatte ihm zugesehen, wie er mit den Bambusschösslingen aus dem Garten Spielsachen für die anderen Kinder gebastelt hatte. Wenn im Haus etwas zu reparieren war, dann bat ich Santosh, mir dabei zu helfen. Trotzdem war ich baff, als er anfing. Er erklärte der Gruppe den Wasserkreislauf, vom Anfang bis zum Ende, die Bedeutung der Verdunstung, die Entstehung von Tau und die Gefahren der Umweltverschmutzung. Wie alle anderen lauschte ich gebannt und dachte immer wieder: »Wirklich? Das hätte ich ja nie gedacht!«

Die halbe Stunde verging wie im Flug, und die Kinder applaudierten. Dann kamen die Nächsten zur Tür herein, die mittlere Gruppe der Sieben- bis Achtjährigen.

Ich wartete, bis Santosh und die anderen draußen waren. Dann schloss ich die Tür und bat die Kinder, sich im Halbkreis auf den Boden zu setzen.

»Okay, Kinder! Heute lernen wir, wie der Wasserkreislauf funktioniert!«

Die Kinder jubelten, und ich dankte Santosh im Stillen.

Die Kinder waren oft erstaunlich selbstständig. Allerdings nicht, wenn sie ins Bett gehen sollten. In einem der Zimmer teilten sich die sechs kleinsten Jungs ein Doppelbett in Form einer Strohmatratze, wie ich sie hatte. Jedes dieser Kinder verlangte zur Schlafenszeit seine ganz besondere Zuwendung. Raju konnte bis ins letzte Detail erzählen, was er den Tag über alles gemacht hatte, während wir vergeblich versuchten, ihm das T-Shirt über den Kopf zu ziehen. Nuraj stand vollkommen unbeweglich, mit hängendem Kopf und halb zugefallenen Augen da und ließ sich widerstandslos ausziehen und in seinen Teddybär-Overall stecken. Wenn endlich alle Arme und Beine die richtigen Öffnungen gefunden hatten und er vollständig eingetütet war, riss er plötzlich die Augen weit auf und rief: »Klo!« Dazu strampelte er in seinem Anzug herum wie Houdini in einer Zwangsjacke, während einer von uns ihn sich unter den Arm klemmte und mit ihm zur Toilette rannte.

Für Nishal waren die Abende besonders schwierig. Oft jammerte und klagte er über irgendeine Ungerechtigkeit. Wir trösteten ihn abwechselnd, aber bald kümmerte ich mich jeden Abend um Nishal. In Nishals Alter war ich vor dem Schlafengehen genauso weinerlich gewesen. Ich brauchte dauernd Aufmerksamkeit, und das war die sicherste Methode. Jetzt kämpfte ich wie so viele Eltern damit, das richtige Gleichgewicht zwischen Zärtlichkeit und Strenge zu finden. Es war eine merkwürdig heilsame Erfahrung, denn ich hatte mich lange für die Wutausbrüche meiner Kindheit schuldig gefühlt. Meine Mutter muss die Geduld einer … ja, vermutlich einer Mutter gehabt haben. Nishal ins Bett zu stecken und diese Energie in mir aufzunehmen, wirkte Wunder für meine Geduld und meinen inneren Frieden.

Eines nach dem anderen sammelten wir dann die übrigen Kinder ein und brachten sie zu Bett. Als endlich alle unter der Decke lagen, ihre kleinen Köpfe aufgereiht wie Bowlingkugeln, umarmten wir sie, wünschten ihnen eine gute Nacht, schalteten das Licht aus und gingen in das Zimmer der größeren Jungs.

Im anderen Zimmer schliefen zehn Kinder, zwei pro Doppelbett. (Die beiden Mädchen Yangani und Priya schliefen unten bei Bagwati, unserer Küchen-Didi.) Wenn ich das Zimmer betrat, ging Farid meist von einem Bett zum anderen und legte ein Paar hin, während auf der anderen Seite ein anderes Paar wieder aus dem Bett schoss. Sobald sie mich sahen, brüllten die Jungen »CONOR!«, wie ich es ihnen am ersten Tag vorgemacht hatte, und ich half Farid, sie in die Kiste zu stecken. Schließlich kuschelten sich die Kinder unter den Decken aneinander, um sich gegenseitig zu wärmen. Um acht Uhr gingen die Lichter aus. Sie tuschelten noch eine Weile, dann übermannte sie der Schlaf. Es war der erste ruhige Moment des Tages. Jeden Abend versammelten sich die Helfer im Wohnzimmer, um auszuspannen, Tee zu trinken und zu erzählen, was die Kinder den Tag über getrieben hatten.

Ich erinnerte mich an die Momente, in denen ich Eltern zuhören musste, die sich über ihre Kinder unterhielten und sich über scheinbar vollkommen unbedeutende Kleinigkeiten vor Lachen nicht mehr einkriegen wollten. Allmählich verstand ich sie. Wir schwelgten in Erinnerungen daran, was die Kinder getan hatten, wie leicht sie zu durchschauen waren, und wie sehr sie uns trotzdem immer wieder überraschten. Jeder Tag war irgendwie anders, und trotzdem war ein Tag wie der andere.

Eines Nachts Anfang Dezember wurde ich von einem lauten Stöhnen geweckt. Es kam aus dem Zimmer der Jungen. Ich setzte meine Stirnlampe auf, die ich neben meinem Bett liegen hatte, schaltete sie ein und rannte in das Zimmer. Ich blickte über die fünf Betten. Wieder hörte ich das Stöhnen. Ich kam näher und lauschte auf das nächste Geräusch. Es kam aus Dawas Bett. Ich zog die Decke zurück. Dawa war schweißgebadet.

»Dawa, was ist los? Ist was nicht in Ordnung?«, flüsterte ich panisch, dicht über sein Gesicht gebeugt.

»Augen, Bruder!«, bat er und blinzelte.

»Deine Augen? Was ist mit deinen Augen?«

»Das Licht, Conor Bruder!«

Die Lampe schien ihm direkt in die Augen. Ich schaltete sie aus und hob ihn aus dem Bett. Er zitterte. Ich trug ihn in den Raum der Helfer und legte ihn in das freie Bett. Doch als ich ihn hinlegte, hörte ich aus dem Nebenzimmer wieder ein Stöhnen. Einen Moment später rannte Sandra in das Zimmer und zum Bett von Santosh. Sie hob den stöhnenden Jungen hoch, der sich den Bauch hielt, und legte ihn in ein anderes freies Bett in unserem Zimmer. Es war unmöglich, um diese Uhrzeit einen Arzt zu bekommen, nicht in Godavari. Wir blieben bei den Jungen und beruhigten sie, bis sie ein paar Stunden später wieder einschliefen.

Am nächsten Morgen brachten Farid und ich die beiden Jungen ins Patan Krankenhaus in Kathmandu, das mit dem Bus 45 Minuten von Godavari entfernt war. In dem Gebäude drängten wir uns durch die dichten Menschenmengen. Hilfesuchend schaute ich auf die Schilder in Sanskrit, in der Hoffnung, einen Hinweis zu finden, wo wir hinmussten. Irgendwann fanden wir die Anmeldung und ich erklärte der Dame, die beiden Jungen müssten dringend einen Arzt sehen. Sie rief einen Kollegen, der ein paar Brocken Englisch sprach und wir verständigten uns mit Händen und Füßen, während die Schlange der Wartenden hinter uns immer länger wurde.

Das Krankenhaus selbst war ein furchtbarer Ort. Es wirkte eher wie ein verlassener Busbahnhof. Überall saßen und lagen die Patienten mit schmutzigen Verbänden herum. Wir wurden von einem Arzt zum anderen geschickt und mussten mehrere Stunden warten. Farid brachte Dawa zur Untersuchung in einen anderen Flügel, und ich blieb bei Santosh. Die anderen Patienten starrten uns unverhohlen an, erst Santosh, dann mich, dann wieder Santosh, bis sie irgendwann die Verbindung herstellten. Sie lächelten mich freundlich an.

Wir wurden wieder in eine andere Abteilung geschickt und mussten dort eine Nummer ziehen. Auf dem Zähler stand die Nummer 6. Ich blickte auf meinen Zettel. 27. Zehn Minuten später wurde die Nummer 8 aufgerufen.

Nachdem wir fünf Stunden gewartet hatten, nur um mit unserer Nummer an die Reihe zu kommen, hatte ich die Nase voll. Ich setzte Santosh auf den frei gewordenen Stuhl. Der Arzt sah mich an, aber fragte nicht nach meiner Nummer, sondern untersuchte Santosh.

Nach sechs Stunden im Krankenhaus konnte niemand etwas feststellen und Santosh wurde nach Hause geschickt. Draußen warteten Farid und Dawa. In einer kleinen Tüte hatten sie die Antibiotika gegen Dawas Fieber. Zusammen gingen wir zum Bus und fuhren zurück nach Godavari.

Je mehr Zeit ich mit den Kindern verbrachte, desto besser verstand ich, wie ich diese beiden Monate überleben würde. Um den Verstand nicht zu verlieren, musste ich zunächst erkennen, dass ich nicht jede Sekunde auf die Kinder aufpassen musste. Wenn zum Beispiel Hriteek auf den kleinen Baum im Garten kletterte und an den Knien von einem Ast herunterbaumelte, dann hatte er das vermutlich schon vor meiner Ankunft gemacht, und seine Zähne und Gliedmaßen waren noch alle heil. Wenn wir den botanischen Garten nebenan besuchten, dann kletterten die Kinder auf alle möglichen Bäume, fischten im Fluss und trugen mit heruntergefallenen Ästen Schwertkämpfe aus. Es war so, als wäre ich mit achtzehn Huckleberry Finns unterwegs.

Selbst wenn sie nur im Haus waren, konnten sich die Kinder sehr viel besser selbst unterhalten, als ich das je gekonnt hätte. Ich machte am Anfang den Fehler, ihnen von einem meiner Ausflüge nach Kathmandu Spielzeugautos mitzubringen – achtzehn Autochen, für jeden eines. Sie waren begeistert. Ich fühlte mich wie der Nikolaus, der die Armen beschenkt. Das robusteste Auto hielt weniger als 24 Stunden. Verstreut in Haus und Garten fand ich die Rädchen und Autotüren. Nishal und Hriteek, die beiden Sechsjährigen, teilten sich das letzte Auto und scheuerten die radlose Karosserie ein paar Mal kräftig über den Betonboden der Veranda. Dann rannten sie nach draußen, um mit einem Ball zu spielen, den sie sich aus einem alten Strumpf und einer Zeitung gebastelt hatten.

So ungern ich es zugab, die Kinder hatten sehr viel mehr Spaß mit ihren selbst gebastelten Spielsachen. Einer der Jungen, meist Santosh, angelte eine leere Plastikflasche aus dem Müll im Dorf. Mit einem alten Stück Schnur band er zwei Stöckchen an diese Flasche. Dann suchte er vier Flaschendeckel und nagelte sie mit ein paar rostigen Nägeln und einem Stein an jedes Ende der Stöckchen. Fertig war das Spielzeugauto. Als es bei der Fahrt bergab zu sehr hin und her sprang, füllte er die Flasche mit Wasser. Bald raste das Auto die Hänge hinab und stieß gegen Bäume. Weil er es selbst gebaut hatte, konnte er es auch reparieren. Bis zum Abend hatten alle Kinder ihr eigenes Wägelchen gebaut.

Danach kaufte ich den Kindern keine Spielsachen mehr. Stattdessen half ich ihnen lieber bei der Suche nach leeren Flaschen und alten Sandalen, aus denen sie sich selbst etwas basteln konnten. Oder ich hob ihnen die Zahnpastaschachteln auf. Diese kleinen Pappschachteln waren derart beliebt, dass wir eine Reihenfolge festlegen mussten, in der die Kinder eine bekamen. Im Grunde machten sie gar nichts mit diesen Schachteln, sie hoben sie nur auf als etwas, das sie ihr Eigen nennen konnten. Die Autos, die sie bastelten, oder die kleinen Frisbees, die sie aus den Sohlen der Sandalen schnitten, das alles waren individuelle Besitzgegenstände. Sie teilten sie gern mit den anderen Kindern, aber am Abend legten sie sie in ihre eigenen Pappkartons, in die ihre zwei Satz Kleider passten und alles, was sie auf dieser Welt besaßen.

Von Weitem sah ich, wie ein Mann das Waisenhaus verließ. Ich kam gerade von einem Ausflug auf einen der Hügel in der Umgebung zurück und war noch ein gutes Stück weg, aber ich sah ihn deutlich genug, um zu erkennen, dass ich ihn nicht kannte. Das war ungewöhnlich. Um die Kinder zu schützen, wählten wir streng aus, wer das Waisenhaus besuchen durfte. So sicher das Dorf schien und so sehr die Nachbarn die Kinder beschützten, wir durften nicht vergessen, dass sich das Land im Bürgerkrieg befand. Wir waren am südlichen Rand des Tals von Kathmandu. Die Dörfer auf der anderen Seite der Hügel wurden von den Maoisten kontrolliert. Wenn Soldaten auf ihren Patrouillen durch das Dorf kamen und die Häuser nach Waffen durchsuchten, überzeugten die Nachbarn sie, das Waisenhaus auszulassen, um die Kinder nicht zu behelligen. Anerkennend muss ich sagen, dass sie uns immer in Ruhe ließen.

Daher machte mich der Anblick des Fremden umso nervöser. Den Rest der Strecke rannte ich. Als ich hereinkam, unterhielten sich Sandra und Farid mit Hari, unserem Teilzeitverwalter, der gerade vom CERV-Büro in Kathmandu gekommen war. Als ich den Raum betrat, schwiegen sie. Sandra winkte mich zu ihnen.

»Der Mann, der gerade weg ist«, sagte sie und nickte in Richtung Tür, »das war Golkka.«

»Wer ist das? Ich dachte, die Kinder sollen keinen Besuch von Fremden bekommen!«

»Er ist kein Fremder. Die Kinder kennen ihn«, antwortete sie. Farid schnaubte verächtlich. Hari schwieg. Ich wartete.

Sandra fuhr fort: »Die Kinder kennen ihn, weil er sie aus ihrem Dorf hierhergebracht hat. Er ist ein Schlepper.«

Dann hörte ich zum ersten Mal, wie die Kinder ins Waisenhaus der Kleinen Prinzen in Godavari gekommen waren.

Golkka stammte wie die Kinder aus Humla, einem Bezirk im äußersten Nordwesten Nepals, an der Grenze zu Tibet – der abgelegensten Ecke eines abgelegenen Landes. Humla ist eine Bergregion und vollständig vom Rest der Welt abgeschnitten. Die meisten Dörfer haben weder Strom noch Telefon. Es gibt einen einzigen Flughafen, von dort aus kann man sich nur mit dem Hubschrauber oder zu Fuß durch die Region bewegen. Viele Kinder, die dort aufwachsen, haben noch nie ein Auto gesehen. Dort, im verarmten und verwundbaren Humla, errichteten die Maoisten einen ihrer ersten Stützpunkte.

Golkka erkannte, dass die Situation durchaus ihre Vorteile hatte. Zum Beispiel billige Kinderarbeit. Er sammelte Kinder ein, die durch den blutigen Konflikt ihre Eltern verloren hatten. Dann zwang er sie zu tagelangen Märschen über gefährliche Gebirgspässe, bis sie irgendwann an eine Straße kamen, wo sie in einen Bus nach Kathmandu steigen konnten. Dort hielt er die Kinder in einer verfallenen Lehmhütte und vermietete sie an Arbeitgeber. Wenn sie essen wollten, mussten sie auf der Straße betteln.

Als Touristen die Kinder entdeckten, suchten sie die Hütte auf und fragten, wie sie helfen könnten. Golkka erkannte, dass die Kinder nicht nur als Arbeitskräfte nützlich sein konnten. Er führte internationale Helfer zu seiner Hütte, die sich um die Kinder kümmerten. Als sie Matratzen brachten, damit die Kinder nicht mehr auf dem Lehmboden schlafen mussten, bedankte er sich und verkaufte die Matratzen, nachdem die Spender das Land verlassen hatten. Gespendete Kleider gab er seiner Familie.

Sandra lernte diese Kinder kennen, während sie als Mitarbeiterin einer internationalen Hilfsorganisation in Kathmandu arbeitete. Sie schwor sich, diesen Kreislauf zu durchbrechen. In Frankreich sammelte sie Geld und bot Golkka an, für die Kinder zu sorgen. Golkka witterte eine neue Chance. Er verlangte Geld, rund dreihundert Dollar für jedes Kind. In einem Land, in dem Arbeiter mit einem Jahresverdienst von zweihundertfünfzig Dollar auskommen müssen, war das ein kleines Vermögen. Sandra weigerte sich, ihm die Kinder abzukaufen, sondern sorgte über staatliche Stellen und eine Hilfsorganisation für die Befreiung der Kinder. Irgendwann wurde der Druck des Sozialamtes und ande-

Das Dorf Ripa in Humla.

rer Organisationen zu groß, und er ließ sie gehen. Diese achtzehn Kinder waren die Kleinen Prinzen.

Drei Monate nach der Befreiung berichteten Nachbarn, Golkkas Lehmhütte sei wieder bevölkert. Er war nach Humla zurückgekehrt und hatte neue Waisenkinder nach Kathmandu gebracht.

»Warum wird dieser Mann nicht einfach verhaftet? Wissen die Leute im Sozialamt nicht, was er macht?«, fragte ich.

»Natürlich wissen sie das. Aber in Nepal sind die Gesetze zahnlos. Er war der gesetzliche Vormund der Kinder – er hat Verwandte dazu gebracht, ihm die Vormundschaft zu übertragen. Er konnte mit den Kindern machen, was er wollte.«

»Das heißt … wir können gar nichts tun?«

»Die Sache ist sehr ernst, Conor«, sagte Sandra und beugte sich zu mir. »Wir hatten hier vor vier Monaten eine Freiwillige, die versucht hat, über das Sozialamt und die UNICEF gegen den Mann vorzugehen. Das hat Golkka mitbekommen. Er ist hergekommen und hat ihr und den Kindern mit Gewalt gedroht, wenn sie weitermachen würde. Sie musste das Land verlassen, für ihre Sicherheit und die der Kinder.«

Ich schwieg. Das war zu viel für mich. Ich war nur noch einen Monat im Land, und das war nicht mein Kampf. Trotzdem fiel es mir schwer, meinen Zorn darüber zu zügeln, dass dieser Mann straflos Kinder ausbeuten konnte. Vielleicht war es nicht mein Kampf, aber ich wollte mich trotzdem einmischen. In Farids Blick spiegelten sich ähnliche Gefühle.

»Was passiert mit den Kindern?«, fragte ich.

»Wir behalten sie hier, wir ziehen sie groß, wir geben ihnen eine Ausbildung. Sie haben zu Hause keine Familien mehr, zumindest nicht, soweit wir wissen. Vielleicht ein paar entfernte

Verwandte, die ihre Vormundschaft hergegeben haben«, meinte Sandra traurig. »Viele Leute, viele Angehörige sind im Bürgerkrieg ums Leben gekommen.«

»Und dieser Typ, müssen wir den hier reinlassen?«

»Das ist nicht einfach irgendjemand«, unterbrach Hari, ehe Sandra antworten konnte. »Ich kenne den Mann. Er ist vor ein paar Monaten verhaftet worden und war drei Tage später wieder auf freiem Fuß. Sein Onkel ist Politiker. Ich will ihn nicht hier sehen, aber wir können ihn nicht daran hindern. Er kann uns die Kinder wegnehmen.« Entschuldigend fügte er hinzu: »Wir sind in Nepal. Es ist schwierig.«

Ich ging zu den Kindern in ihre Schlafzimmer. Ich fürchtete, der Besuch eines Mannes, der sie fast zwei Jahre lang als Sklaven gehalten hatte, könnte sie beunruhigt haben. Aber sie spielten Karten und sprangen auf ihren Betten herum, als wäre nichts passiert. Das waren dieselben Kinder, die weinten, wenn sie eine Sandale nicht finden konnten. Ich bekam eine erste Ahnung davon, wie zäh und widerstandsfähig sie waren. Trotzdem musste unter dem kindlichen Spiel, dem Trotz und der Fröhlichkeit eine Erinnerung an die Schrecken geblieben sein, die sie in Humla erlebt hatten – an die Morde, die Entführungen von Kindern durch die Rebellenarmee, den Hunger. Ich stellte mir vor, dass sie eine Stahlkassette in ihrem Innern hatten, in der sie die Erinnerungen wegsperrten, um ein einigermaßen normales Leben führen zu können.

Plötzlich verspürte ich das dringende Bedürfnis, die Kinder wissen zu lassen, wie wichtig sie für mich waren. Und dass sie sich auf mich, auf uns, verlassen konnten, wenn etwas passierte. Ich wollte ihnen ein besserer Vater sein. An diesem Abend betrat ich das Schlafzimmer der älteren Jungen. Ich räusperte mich nervös und wusste nicht recht, was ich sagen sollte.

»Hey, Jungs, hört zu, ich möchte, dass ihr wisst, dass ich, dass wir alle, die ganzen Helfer hier, dass wir euch alle wirklich …«

»Conor Bruder! Was isst du in deinem Land?«, rief Santosh. Ich war offenbar mitten in eine hitzige Debatte geplatzt. »Fleisch, oder? Du isst Tiere?«

»Äh, ja, ich denke schon«, antwortete ich und versuchte, den Faden nicht zu verlieren. »Huhn, Schwein und so.«

»Ziege?«

»Na ja, also Ziege, eigentlich nicht. Eher Schaf, Kuh …«

»Kuh?« Santosh setzte sich im Bett auf. Er übersetzte für die anderen, die es nicht verstanden hatten. Die Kinder stöhnten und Anish schrie auf. Es dämmerte mir, dass das vielleicht nichts war, was man einem Zimmer voll hinduistischer Kinder erzählen sollte.

»Du *isst* Kuh?«

»Na ja, äh, manchmal. Aber es sind vor allem meine *Freunde*, die …«

»Du isst Gott, Bruder?«, fragte eine ungläubige Stimme von der anderen Seite des Zimmers.

»Nein, natürlich nicht, nein, ich würde niemals … Ich meine, es ist nicht *unser* Gott, also …«

»Kuh nicht Gott?«

Autsch! »Natürlich, Kuh ist Gott! Kuh ist Gott! Aber in Amerika und Europa …«

»Warum isst du Kuh?«, verlangte Santosh zu wissen.

Ich war verzweifelt. »Also, es ist nicht Gott, nicht so, wie ihr denkt, nicht, wo ich herkomme, und wenn ihr es nie probiert habt, dann wisst ihr nicht, wie es schmeckt, es ist sehr beliebt, es ist vielleicht das beliebteste Fleisch …«

Die Kinder schwiegen. Das war meine Chance.

»Okay, gute Nacht, Jungs! Schlaft gut!«, rief ich und stolperte rückwärts zur Tür hinaus. Von draußen tastete ich nach dem Schalter, um das Licht auszumachen, dann schloss ich die Tür.

Das hätte auch besser laufen können, dachte ich mir. Ich beschloss, den Kindern lieber nichts zu sagen. Für sie war es nur wichtig, dass ich so wenig wie möglich Unsinn anstellte. Wenn es etwas gab, das sie nicht vor dem Schlafengehen hören sollten, dann vielleicht, dass mein Nationalgericht ihr Gott im Sesambrötchen war. Ich sollte mich zwei Monate lang um sie kümmern und dafür sorgen, dass sie gesund, ausreichend ernährt und angezogen waren und bei Bedarf verpflastert wurden. Ich war nur ein Hausmeister, und diese Aufgabe musste ich gut erledigen. Diese Latte lag schon hoch genug, ich musste nicht noch versuchen, ihre Welt zu verändern.

Wenn ich das Waisenhaus verließ, blieb ich nie lange weg. Gelegentlich fuhr ich nach Kathmandu, um mich mit anderen Helfern aus meiner Einführungswoche zu treffen, ein Bier zu trinken, Yak-Steak mit Pommes zu essen und Erfahrungen auszutauschen. Ich erzählte ihnen vom Leben im Dorf, sie erzählten mir vom Leben in der Stadt. Wir versuchten einander mit verrückten Anekdoten zu übertreffen. Meine Lieblingsgeschichte erzählte Alex Tattersall aus Manchester, der in einem Waisenhaus für schwer erziehbare Kinder in Kathmandu arbeitete. Einer der Jungen hatte seine Kamera gestohlen. Als er das mitbekommen hatte, hatte der Junge den Apparat schon gegen ein Huhn getauscht und den Vogel bereits geschlachtet, gekocht und gegessen. Die Kamera hatte umgerechnet fünfhundert Dollar gekostet. Alex verschwand einen Tag lang, um sich wieder zu beruhigen, dann ging er ins Waisenhaus zurück, verzieh dem Jungen und arbeitete weiter.

Während die Kinder in der Schule waren, fuhr ich gelegentlich nach Kathmandu, um dort ein bisschen an einer einfachen Kletterwand herumzukraxeln. Die Hin- und Rückfahrt dauerte drei Stunden. Auf den Bussen von Kathmandu steht kein Ziel, man erfährt die Route von einem zehnjährigen Jungen, der sich während der Fahrt aus dem Einstieg lehnt, nach Fahrgästen Ausschau hält und dann und wann das Ziel ausruft. Oft hält der Bus nicht einmal richtig an. Die Fahrgäste müssen nebenher laufen, eine Metallstange zu fassen kriegen, sich in den Bus hieven und irgendwie in die dicht gepackte Menge schieben. Wenn der Bus zu voll ist, hängt man sich einfach außen dran und hofft, dass die anderen Autos nicht allzu dicht vorbeifahren. Wenn eine alte Dame am Straßenrand steht (Bushaltestellen sind Mangelware), klopft der Junge an die Seite des Busses, um dem Fahrer zu signalisieren, langsamer zu machen. Dann gibt er der Frau die Hand, um sie an Bord zu ziehen.

Ich genoss die Fahrt und starrte gebannt auf das Treiben der Ringstraße, die vollkommen anders ist als das Zentrum. In dessen Gassengewirr reihen sich winzige Geschäfte aneinander, die oft gerade groß genug sind für den Händler und seine Waren – Plastikeimer oder Teppiche. Die Gassen münden auf Plätze um hinduistische Tempel, buddhistische Stupas und turmartige Pagoden, auf denen die Fußgänger ein bisschen frische Luft atmen und vielleicht sogar drei Sekunden stehen bleiben können, ohne

Angst haben zu müssen, dass sie gleich von einem Fahrrad umgerissen werden.

Die Ringstraße ist ganz anders. Sie ist kein beengendes Labyrinth, sondern eine postapokalyptische Kraterpiste mit rußgeschwärzten Gebäuden, die oft zwanzig Meter von der Straße zurückversetzt sind. Die gelbe Fahrbahnmarkierung hat eher Vorschlagscharakter; Autos und Motorräder schießen ohne zu zögern vor einen entgegenkommenden Lastwagen und zwingen den Gegenverkehr, auf den nicht asphaltierten Seitenstreifen auszuweichen. Der könnte als eine zweite Spur dienen, wären da nicht die Horden von Fußgängern, Kühen, Ziegen und die vielen Stände, an denen Bananen, Uhrarmbänder aus Plastik oder andere mit einer Staub- und Rußschicht bedeckte Ware verkauft werden.

Seite an Seite durchstöbern Tiere und Menschen die Abfallhalden am Straßenrand. Die Menschen am unteren Ende der sozialen Leiter sind meist dunkelhäutig. Die Hautfarbe spielt in der gesellschaftlichen Hierarchie Nepals eine wichtige Rolle; nicht selten weisen hellhäutige Nepalis in ihrem Lebenslauf ausdrücklich darauf hin. Die Beurteilung nach der Hautfarbe ist natürlich ein weltweites Phänomen. Doch in Nepal kommt noch etwas anderes hinzu, das den Menschen, die am Straßenrand im Müll suchen, das Leben zusätzlich erschwert. Ihr Schicksal war schon mit ihrer Geburt besiegelt, weil sie in die niedrigste der nepalesischen Kasten geboren wurden.

Das Kastenwesen, das auf der Ringstraße in so dramatischer Weise zum Ausdruck kommt, bestimmt die gesellschaftliche Hierarchie auf dem gesamten Subkontinent. Das konnte ich sogar in Godavari beobachten. Die größeren und besser gebauten

Häuser gehörten in der Regel den Angehörigen der höheren Kasten, den Brahmanen. Wer einer dieser Kasten angehört, macht keinen Hehl daraus und erwähnt dies meist mit großer Selbstverständlichkeit.

Daran hielt sich selbst die englischsprachige Tageszeitung. Die Wochenendbeilage hatte eine »Kontaktseite«, auf der Männer, seltener auch Frauen, Ehepartner suchten. Männer favorisierten ausnahmslos hellhäutige, »kinderliebe« Frauen aus guten Familien. Wo westliche Tageszeitungen ihre Anzeigen in »Er sucht Sie«, »Sie sucht Ihn« und vielleicht noch »Er sucht Ihn« und »Sie sucht Sie« unterteilen, hatte hier jede Kaste ihre eigene Rubrik.

Die unterste Kaste waren die Dalits. Aus dem Busfenster sah ich Dalits, die am Rand der verschmutzten Ringstraße leben. Sie haben keinen Zutritt zu vielen Orten, die uns als vollkommen selbstverständlich erscheinen, zum Beispiel Friseursalons, Teeläden oder Restaurants. Also hängen sie einen kleinen Spiegel an einen Baumstamm, stellen einen Stuhl davor, und fertig ist ihr Friseursalon. Ich beobachtete, wie andere Männer vorüberkamen und den Kunden von improvisierten Tabletts Gläser mit Milchtee verkauften. Sie leben in ihrer eigenen Parallelwelt, außerhalb der übrigen Gesellschaft und unter sich. So leben sie seit den Zeiten ihrer Väter und deren Vorväter. Mich machte diese Ungerechtigkeit wütend. Ich versuchte, Nepal so zu nehmen, wie es war und sagte mir, dass alle Kulturen gleichberechtigt sind und dass auch meine Kultur gewaltige Mängel hat, die Außenstehenden noch stärker auffielen als mir. Trotzdem lernte ich auf meinen Busfahrten nach Kathmandu, das Kastenwesen zu hassen, und das hat sich nicht geändert.

Eines Abends, nachdem die Kinder im Bett waren, informierte uns Sandra, dass sie ein paar Tage verreisen würde. Sie wollte raus aus dem Tal vom Kathmandu und in der Nähe des Rara-Sees in einer Region namens Mugu eine Wanderung unternehmen.

»Wo genau liegt das?«, fragte Chris.

»Westnepal. Rara-See – das ist eine Wanderroute, aber da geht kaum jemand hin, weil es nicht auf den Touristenrouten liegt, und wegen der Maoisten. Aber ich habe einen Führer gefunden, der mich hinbringt!« Sie freute sich. Sandra war eine begeisterte Wanderin und Bergsteigerin und es klang so, als wäre das genau ihr Abenteuer.

»Machst du dir keine Sorgen?«, fragte ich sie.

»Warum?«

»Keine Ahnung. Wegen der Maoisten?«

Ich wusste nicht viel über den Bürgerkrieg, aber das Wenige, das ich gehört hatte, machte mir Sorgen. Anfang 1996 hatte die Maoistische Partei einen Aufstand begonnen. Sie wollten die 250-jährige Feudalherrschaft der Monarchie beenden. In den ersten Jahren behandelte die Regierung den Aufstand als Polizeiangelegenheit, und es kam zu ein paar kleineren Auseinandersetzungen in abgelegenen Dörfern. Doch die Rebellenarmee wuchs – erst durch Männer, dann durch Frauen und Kinder.

Da es keinen ernstzunehmenden Widerstand gab, wurden die Rebellen immer mächtiger. Erst brachten sie Dörfer unter ihre Kontrolle, dann ganze Regionen. Im Jahr 2002 zerrten die Maoisten die Armee in den Konflikt, als sie einen Stützpunkt in Westnepal angriffen. Bald kontrollierten sie das ganze Land mit Ausnahme der Großstädte und dem Tal von Kathmandu. Wieder und wieder hatten wir gehört, dass es zu unsicher war, in maoistische Gebiete zu reisen. Und Sandras Ziel war maoistisches Gebiet.

»Das ist okay«, versicherte sie uns. »Und ich passe auf. Aber es geht nicht nur ums Wandern. Ich will sehen, ob ich was über die Kinder erfahren kann.«

Wir horchten auf.

Mugu liegt an der Grenze zu Humla, der Heimat der Kinder. Sandra hoffte, ein Dorf zu besuchen, aus dem eines oder zwei der Kinder kamen, um zu sehen, ob sie vielleicht Verwandte ausfindig machen konnte.

»In drei Wochen bin ich wieder da«, verkündete sie. »Farid weiß, wie alles läuft, und wenn ihr Fragen habt, könnt ihr euch an ihn wenden.«

»Die Kinder werden dich vermissen«, sagte Chris.

»Die Kinder sind okay. Die Kinder sind immer okay«, antwortete sie und lächelte.

Eine Woche nach Sandras Aufbruch spielte ich auf einer Wiese neben dem Haus mit den älteren Jungs Fußball. Plötzlich sah ich, wie Farid näher kam, vorbei an den Lehmhütten und einem Weizenfeld neben unserem improvisierten Bolzplatz. Es war ungewöhnlich, dass er uns beim Fußballspiel besuchte, er hielt sich lieber mit den Kindern im Haus auf.

»Santosh, ich muss kurz weg«, rief ich meinem Mannschaftskollegen zu.

»Nein, Bruder! Du gehst, und die andern schießen Tor!«

»Nur kurz!«

Ich setzte mich zu Farid, der sich neben das Feld gehockt hatte und mit einem Weizenhalm spielte. Wir saßen eine Weile schweigend nebeneinander.

»Sie spielen besser«, sagte er zur Begrüßung.

»Sie trainieren ja auch. Wir haben ein Spiel zwischen den Kleinen Prinzen und einem anderen Waisenhaus in Matatirha verabredet. Sie freuen sich schon«, antwortete ich.

Wir sahen ihnen ein paar Minuten zu. Ich wusste, dass er nicht gekommen war, um über die Ballkünste der Kinder zu sprechen.

»Ich habe gerade Nachricht von Sandra bekommen«, sagte er und nahm den Blick nicht von Nishal, der lautstark ein Foul reklamierte. »Sie kommt heute Abend zurück.«

»Nicht erst in zwei Wochen?«

Farid schüttelte den Kopf. »Ich glaube, es ist was schiefgegangen. Sie will es uns heute Abend erzählen.«

Die Kinder waren begeistert, dass sie Sandra wiederhatten. Sie sprangen auf sie, ehe sie noch ihren Rucksack abnehmen konnte. Bei meiner Ankunft zwei Monate zuvor musste ich genauso ausgesehen haben. Damals hatte ich noch Angst vor diesem Kinderschwarm. Sandra winkte uns zu, doch sie verbrachte den Nachmittag mit den Kindern und wich unseren fragenden Blicken aus.

Erst nach dem abendlichen Linsenreis, als die Kinder im Bett lagen und wir eine warme Tasse Tee in der Hand hielten, berichtetete sie uns, was sie erlebt hatte.

Sandra und Narda, ihr Führer aus Mugu, waren zum Rara-See aufgebrochen. Vom Ende der Straße und der letzten Busstation aus waren es drei Tagesmärsche. Sie gingen zwei Tage lang und

Die Kleinen Prinzen beim Fußballspiel. Die nepalesischen Soldaten waren allgegenwärtig, sogar auf dem Spielplatz in Godavari.

legten nur gelegentlich in einem Dorf eine kurze Rast ein, um Wasser zu bekommen und sich zu vergewissern, dass sie noch auf dem richtigen Weg waren.

Am dritten Tag sahen sie, wie ihnen auf dem Weg zwei Männer entgegenkamen. Selbst aus der Ferne erkannten sie, dass es keine Bauern sein konnten. Sie gingen rasch und zielstrebig. Narda stand auf, setzte seinen Rucksack auf und bedeutete Sandra, dasselbe zu tun. Die Männer waren bewaffnet.

Die Fremden blieben in einigen Metern Entfernung stehen und richteten ihre Gewehre auf die beiden. Narda erklärte, sie seien auf einer Wanderung zum Rara-See. Die Männer fragten, wer Sandra sei. Narda rief ihnen zu, sie sei Französin und arbeite mit Kindern. Die Männer reagierten ärgerlich, als hätte Narda sie beleidigt. Sie schrien und wollten wissen, wie wir von der Versammlung erfahren hätten. Narda antwortete nicht, sondern übersetzte leise für Sandra. Die Männer schrien wieder und wiederholten die Frage. Narda antwortete ruhig, sie wüssten nichts von einer Versammlung. Sie suchten den Rara-See. Sie hätten nicht die Absicht gehabt, eine Versammlung zu stören und würden gern weitergehen.

Die Männer machten allerdings keine Anstalten, sie gehen zu lassen. Narda und Sandra wurden zu einem von den Rebellen kontrollierten Dorf gebracht und in eine Hütte gesperrt, in der sie einige Stunden lang ausharrten. Dann trat ein neuer Mann ein, offenbar ein Vorgesetzter der beiden anderen, und verhörte Sandra. Er erklärte Narda, Sandra führe ihn hinters Licht, sie sei eine Spionin und benutze ihn. Er könne gehen, wenn er wolle. Narda sei ein Einheimischer, ihm könne man vertrauen. Aber Sandra müsse bleiben und weitere Fragen beantworten.

Narda blieb. Die Rebellen sperrten Sandra zwei Tage lang ein, doch sie gab nicht zu, dass sie eine Spionin war. Der Kommandant bot ihr an, sie gegen ein Lösegeld von zweitausend Dollar freizulassen. Es war eine absurde Summe. Sandra hatte nicht mehr als umgerechnet zwanzig Dollar dabei. Das sei sehr bedauerlich, meinte der Kommandant, und ließ sie wieder allein.

Narda, der nach Belieben kommen und gehen konnte, redete stundenlang mit den Maoisten des Lagers, erläuterte ihnen wieder und wieder die Situation und erklärte, warum sie in diese Gegend gekommen waren, wer Sandra war und was sie mit den Kindern machte. Er war ihnen lästig und sie forderten ihn auf, das Dorf zu verlassen. Aber Narda weigerte sich, ohne Sandra zu gehen.

Am dritten Tag gaben die Rebellen auf. Sie hatten Sandras Gepäck durchsucht und dabei weder Geld gefunden noch Hinweise, dass sie eine Spionin war. Nahrungsmittel waren knapp, und Sandra und Narda waren zwei zusätzliche Esser. Also nahmen sie ihr sämtliche Wertgegenstände ab und schickten die beiden zurück in den Wald. Schlecht ausgerüstet, wie sie waren, schafften die beiden es nur mit Mühe, nach Kathmandu zurückzukommen.

»Die Tour war eine dumme Idee«, meinte sie schließlich und trank ihre Tasse aus. Wir schwiegen. »Der Krieg, die Maoisten, das ist echt. Das vergessen wir hier viel zu leicht.«

Dann stellte sie ihre Tasse ab und ging die Treppe hinauf in ihr Schlafzimmer. Ich hatte sie noch nie so erschöpft gesehen.

Santosh war wieder krank. Es war das erste Mal, dass ich ihn weinen sah, und das machte mir Angst. Dass Nishal, Raju und die anderen kleinen Jungen weinten, war vollkommen normal, sie wollten in der Regel nur Aufmerksamkeit und wir mussten nur nachsehen für den Fall, dass ihnen vielleicht doch etwas passiert sein könnte. Aber Santoshs Weinen kam aus dem Schlafzimmer, wo er sich versteckt hatte, damit ihn niemand sah. Farid hörte ihn zuerst und ging nach oben, Sandra und ich kamen nach. Santosh krümmte sich vor Schmerzen. Wir gaben ihm Medikamente aus unserem Erste-Hilfe-Kästchen. Als sich sein Zustand nach einer halben Stunde nicht gebessert hatte, mussten wir eine Entscheidung treffen: Sollten wir ihn ins Krankenhaus bringen? Es war achtzehn Uhr und in Kürze würde der letzte Minibus nach Kathmandu abfahren. Danach war es unmöglich, in die Stadt zu kommen, denn nach Einbruch der Dunkelheit patrouillierten Soldaten auf der Ringstraße, um die Hauptstadt vor maoistischen

Aufständischen zu schützen. Wegen der Ausgangssperre gab es nach dem letzten Bus aus Godavari kaum Möglichkeiten, hinein- oder herauszukommen.

Santoshs Zustand wurde nicht besser. Also packten wir ihm schnell eine kleine Tasche, stopften ein paar warme Klamotten für uns dazu und nahmen den letzten Bus nach Kathmandu.

Um 19 Uhr herrschte gespenstische Stille im Patan Krankenhaus. Es war ganz anders als bei unserem ersten Besuch einen Monat zuvor. Wegen der Ausgangssperre waren nach Einbruch der Dunkelheit kaum Besucher da. Wir gingen durch die verlassenen Gänge und suchten nach einem Arzt.

Plötzlich erinnerte ich mich, wie ich als kleiner Junge eine Lungenentzündung hatte und schwer krank wurde. Mein Vater musste mich mitten in der Nacht ins Krankenhaus bringen. Ich hielt seine Hand fest umklammert, während wir durch die verlassenen Gänge gingen. Ich erinnerte mich an die Angst, die ich hatte, und daran, wie sehr ich mich darauf verließ, dass mein Vater alles gut machen würde.

So nervös ich war, in diesem merkwürdigen Krankenhaus in der »Dritten Welt« war mir klar, dass dies nicht der Moment war, um Angst zu zeigen. Jetzt war ich der Vater. Ich sah, wie viel Angst Santosh hatte; er ging langsam und krümmte sich unter den Schmerzen. Ich hob ihn hoch und trug ihn vorsichtig auf dem Arm in die Kinderabteilung.

»Du musst abnehmen, Santosh. Du wirst zu dick«, flüsterte ich dem spindeldürren Jungen in meinen Armen zu.

Er lächelte. »Nein, Bruder – du schwach wie Mädchen«, flüsterte er zurück.

Einige Minuten später fanden wir einen Arzt, der gerade aus

seinem Büro kam. Er nahm eine rasche Untersuchung vor, klopfte die Brust des Jungen ab und stellte fest, dass tatsächlich etwas nicht in Ordnung war. Er führte uns in einen Krankensaal, wo ich Santosh in das letzte freie Bett legte. In den anderen vier lagen Mütter mit ihren kleinen Kindern. Santosh lag flach auf dem Rücken und seine Füße stießen an die Metallstangen am Fußende des Bettes.

Der Arzt kam zurück, um eine Blutprobe zu nehmen. Da er eine Weile brauchte, um in dem schlecht beleuchteten Raum die Vene zu finden, holte ich meine Taschenlampe heraus und leuchtete auf Santoshs Arm. Nachdem er das Blut entnommen hatte, sagte er, wir sollten uns ausruhen, die Untersuchung würde am nächsten Tag fortgesetzt. Sandra und ich sollten die Nacht über bei Santosh bleiben, da die Kinderabteilung hoffnungslos unterbesetzt war und das Personal nicht ausreichte, um alle Patienten zu versorgen.

Die einzige Wärmequelle waren drei tragbare Heizlüfter, doch die Krankenschwestern hatten alle drei auf der anderen Seite des Raums vor ihrem Glaskabuff aufgestellt. Santosh hatte nur eine dünne Decke, also zogen wir ihm alle Kleider an, die wir mitgebracht hatten, Handschuhe und Mütze inklusive, und Sandra konnte noch eine zusätzliche Decke auftreiben. Ich hatte zwei Fleecepullis an und zitterte trotzdem vor Kälte.

Als Santosh endlich eingeschlafen war, zogen wir zwei Holzstühle ans Bett, jeden auf eine Seite, setzten uns und legten unsere Köpfe auf das Fußende des Bettes. Doch wegen des Höhenunterschieds zwischen Stuhl und Bett und der bitteren Kälte war an Schlafen nicht zu denken. Als kurz darauf ein Baby zu wimmern begann, setzte sich Sandra auf. Sie wirkte erschöpft.

»Hör zu«, flüsterte sie. »Warum suchst du nicht ein paar Decken und ein freies Bett? Ich lege mich zu Santosh.«

»Du machst Witze, das Bett ist ja kaum groß genug für ihn.«

»Ich habe schon schlechtere Schlafgelegenheiten gehabt, glaub mir.«

Nach ihren Erlebnissen bei den Maoisten glaubte ich ihr das sofort.

Ich klopfte an den Verschlag und bat eine Krankenschwester um ein paar Decken. Nachdem sie mir ein paar Mal müde bedeutet hatte, dass sie keine mehr hatte, fragte ich sie, ob sie mir eines der Heizgeräte ausleihen würde, um Santosh zu wärmen. Sie verdrehte die Augen, machte einen großen Schritt über die Reihe ihrer Heizgeräte und winkte mir, ich solle ihr ins Lager folgen.

»Das ist alles, was wir haben«, sagte sie. »Nimm, was du brauchst. Aber sag dem Arzt nichts.«

Das Lager war so gut wie leer. Ich nahm die einzigen nützlichen Gegenstände, die ich entdecken konnte, ein Plastikkissen und zwei Tischdecken. Damit ging ich zu unserem Bett zurück. Es war Sandra tatsächlich gelungen, sich neben Santosh zu quetschen.

»Okay, ich hau ab«, flüsterte ich.

»Gut. Wohin?«

»Äh, weiß nicht. Den Gang runter?«

Ich sagte ihr nicht, dass ich kein freies Bett gefunden hatte. Die Krankenschwester hatte mir widerwillig erlaubt, in einem freien Bett zu schlafen, wenn ich eines fand, vorausgesetzt, dass ich früh aufstand und mich niemand sah. Mehr war an diesem Abend nicht zu machen. Meine Schritte hallten durch den Gang der Kinderklinik. Jedes Zimmer bot dasselbe Bild: überbelegt, schmutzig, ohne Waschbecken, Abfalleimer oder einen Hinweis darauf, dass hier gelegentlich jemand vorbeikam.

In einem weit entfernten Flügel steckte ich den Kopf in einen hell erleuchteten Raum. Ein Bett war offenbar vor Kurzem frei geworden, die Laken waren jedenfalls noch nicht gewechselt worden. Drin stillten einige müde Frauen ihre Babys. Ich trat einen Schritt zurück und las das Schild über der Tür. Ich verstehe zwar kein Sanskrit, aber die englische Übersetzung ließ mich einen Moment zögern: Entbindungsstation. Ich stählte mich und trat ein.

Auf meinem Weg durch den Raum spürte ich die Blicke der Frauen. Babys hörten auf zu nuckeln. Die Luft war dick, die Uhr tickte langsamer. Ich stellte mir vor, was diese armen Mütter wohl dachten, die gerade das Trauma der Geburt hinter sich gebracht hatten, als um zwei Uhr morgens ein junger Mann mit einem Kissen und zwei Tischdecken unter dem Arm in den Raum spazierte und auf das einzige freie Bett zusteuerte. Aber ich fror und hatte keine andere Wahl.

Ich hatte Glück. Es befand sich tatsächlich ein Laken auf dem Bett. Es war zusammengeknüllt und sah gebraucht aus, aber es war eine Schicht mehr gegen die Kälte. Ich nahm es an den Ecken, und warf es glatt hin wie eine Picknickdecke. Aber als ich mich hinlegen wollte, sah ich einen großen Blutfleck mitten auf dem Laken. Ich schnappte nach Luft und warf es weit von mir.

Es dauerte eine Weile, bis ich mich von dem Schrecken erholt hatte. Dann setzte ich meinen Rucksack ab, legte mich unter die beiden Tischdecken und rollte mich zusammen, um in diesem kalten, hell erleuchteten Raum zu schlafen. Plötzlich schnatterten die Frauen los. Es war einer der Momente, in denen ich dankbar war, dass ich kein Nepali verstand.

Zwei Tage später sollte ich Nepal verlassen. Meine drei Monate waren beinahe um, und ich hatte einen Flug nach Thailand gebucht. Am nächsten Morgen verabschiedete ich mich von Santosh. Farid löste mich ab und sollte bei ihm im Krankenhaus bleiben. Später erfuhr ich, dass nie herauskam, was Santosh hatte, aber die Ärzte behielten ihn vorsichtshalber zwei Wochen zur Beobachtung da. Farid harrte bei ihm aus, Sandra ging ins Waisenhaus zurück, um sich um die anderen Kinder zu kümmern.

Am Abend vor meinem Abschied ging ich ins Schlafzimmer der großen Jungen, um ihnen ein letztes Mal eine gute Nacht zu wünschen. Sie hatten aufgehört herumzutoben und saßen aufrecht und aufmerksam in ihren Betten, bekleidet mit ihren übergroßen T-Shirts aus zweiter und dritter Hand, die sie als Schlafanzüge benutzten.

»Wann kommst du wieder, Conor Bruder?«, fragte Anish. Die Frage schien jedes Geräusch aus dem Raum zu saugen. Sie wollten meine Antwort hören.

Ich hatte die Frage erwartet. Die Mitarbeiter von CERV hatten uns eingeschärft, sie so vage und ausweichend wie möglich zu beantworten. Kaum einer der freiwilligen Helfer kehrte je nach Nepal zurück – es war einfach zu weit weg und nahm zu viel Zeit in Anspruch. Die Freiwilligenarbeit in einem Waisenhaus ist eine einmalige Erfahrung, die man nie vergisst und nie wiederholt. Die Mitarbeiter von CERV hatten die Erfahrung gemacht, dass es besser war, den Kindern keine falschen Hoffnungen zu machen, denn damit würde nur ihr Vertrauen in die nachfolgenden Freiwilligen gestört. Die Kinder wurden von wechselnden Eltern betreut und gewöhnten sich daran. Das System war äußerst mangelhaft, aber es gab kaum Alternativen.

»Ich weiß noch nicht, Anish. Aber ich komme bestimmt irgendwann wieder«, sagte ich optimistisch. Die Jungen reagierten nicht.

»Wann, Bruder?«, fragte Anish nach einem peinlichen Moment des Schweigens.

»Also, ein Jahr lang ganz bestimmt nicht«, sagte ich. »Erinnert ihr euch, was ich euch von meiner großen Reise erzählt habe? Was ich euch auf dem Globus gezeigt habe?«

»Vielleicht danach, Bruder?«

»Vielleicht«, antwortete ich. Diese Antwort hatten sie schon öfter gehört. Einige der Jungen wandten sich ab, andere legten sich hin. Nur Anish saß noch auf der Bettkante. Er stellte die Frage noch einmal mit anderen Worten, und dann wieder. Er fragte mich, was ich nach meiner Reise vorhatte, ob ich wieder nach Hause musste und ob mir Godavari gefiel. Schließlich unterbrach ich ihn. »Ich weiß es wirklich nicht, Anish. Aber wir sehen uns morgen früh, okay, Jungs?«

»Okay, Bruder«, antworteten sie im Chor. Anish legte sich hin, und ich knipste das Licht aus.

In meinem Zimmer zog ich den Rucksack unter dem Bett hervor, nahm einen Stapel T-Shirts vom Regal und legte ihn aufs Bett. Dann fing ich an zu weinen. Das Gefühl erwischte mich auf dem falschen Fuß. Ich hatte seit Jahren nicht geweint, und nun schluchzte ich hemmungslos. Ich war glücklich in Godavari. Aber hier gab es nichts für mich, redete ich mir ein, während ich Luft holte. Es gab jeden Tag Reis. Ich ging nie aus. Ich lernte keine Frauen kennen. Seit Monaten war ich nicht im Kino gewesen und hatte keinen Fernseher gesehen. Ich betreute achtzehn Kinder. Ich fror dauernd und war immer schmutzig.

Ich erinnerte mich daran, wie mich meine Mutter jedes Jahr nach Weihnachten zum Flughafen gebracht hatte, wenn ich nach Prag zurückgeflogen war. Sie hatte sich an meine Schulter gelehnt und genauso geschluchzt wie ich jetzt. Ich hatte mich immer gefragt, warum sie so traurig war – für mich war der Abschied keine große Sache. Aber jetzt spürte ich, wie dieselbe Traurigkeit den ganzen Raum überflutete.

Wenn es schwer gewesen war, die Verantwortung für achtzehn Kinder auf mich zu nehmen, dann war es noch schwerer, sie wieder abzugeben. Die Kinder waren Teil meines Lebens geworden. Sie waren wie kleine Kreisel, die alles, was sie berührten, mit ihrer Freude ansteckten. Aber die eigentliche Traurigkeit, dieses überwältigende Gefühl, rührte daher, dass ich sie im Stich ließ. Die Kinder sind immer okay, hatte Sandra gesagt. Das hätte sie auch meiner Mutter am Flughafen sagen können. Natürlich hatte sie Recht. Aber ich konnte dieses Haus nicht einfach verlassen, ohne zu wissen, ob ich wiederkommen würde oder nicht. Das ging nicht. Ich hatte die Rolle eines Elternteils für diese Kinder übernommen – nicht, weil ich besonders geeignet gewesen wäre, sondern einfach, weil ich gekommen war.

Ich ging zurück ins Zimmer der großen Jungen. Sie unterhielten sich still im Dunkeln.

»Conor Bruder!« Ich erkannte das heisere Flüstern von Anish. Schatten saßen in den Betten auf und flüsterten meinen Namen.

»Jungs, ich komme in einem Jahr wieder. Okay?«, flüsterte ich.

»Okay, Bruder!«

»Gute Nacht, Jungs!«

»Gute Nacht, Conor Bruder!«

Ich verließ die Kleinen Prinzen mit einer traditionellen nepalesischen Abschiedszeremonie. Farid war für ein paar Stunden aus dem Krankenhaus gekommen, um mich zusammen mit den anderen Helfern zu verabschieden. Eines nach dem anderen drückten mir die Kinder einen roten *tikka* – Reis mit klebriger roter Farbe – auf die Stirn, gaben mir Blumen und wünschten mir eine gute Reise. Als die Kinder vor mir standen, fragte mich jedes einzelne, ob es stimmte, dass ich in einem Jahr wiederkommen würde. Wieder und wieder versprach ich es. Einige der Helfer blickten skeptisch drein. Farid lächelte nur.

Aber mir war es ernst. Für sie würde ich zurückkommen.

Einmal um die Welt und zurück

2

An einem lauen Abend Mitte Januar 2005 kam ich in Bangkok an. Die Maschine war fast leer. Drei Wochen zuvor hatte der Tsunami die Westküste von Thailand verwüstet und auf dem Höhepunkt der Urlaubssaison die Hotels von den Traumstränden gefegt. Ich war mit Glenn Spicker verabredet, einem Freund aus meiner Zeit in Prag. Seine Freunde nannten ihn Little Glenn, weil er nur 1,50 Meter groß war, aber pro Kubikzentimeter mehr geballte Energie hatte als ein Weißer Zwerg. Als wir von der Zerstörung durch den Tsunami hörten, überlegten wir erst, unsere Reise zu canceln. Aber dann dachten wir, dass wir vielleicht nichts Besseres für das Land tun konnten, als hinzufahren und Geld auszugeben.

Ich klopfte an die Tür von Glenns Hotelzimmer. Drinnen raschelte es, die Tür flog auf, und vor mir stand Little Glenn, frisch geduscht und mit einer Büchse Thai-Bier in jeder Hand.

»Mann!« Er stellte die beiden Dosen ab, umarmte mich, und gab mir eine. »Leg dein Zeug ab, wir ziehen los! Es ist Zeit, ein bisschen Geld unters Volk zu bringen. Wir sind in Bangkok, Mann! Kannst du das glauben? Ach ja – neuer Plan. Wir kaufen uns ein

Paar Mountainbikes und fahren mit dem Rad durch Südostasien. Das ist viel cooler und beeindruckt die Mädels ohne Ende. Das hab ich mir im Flugzeug ausgedacht. Genial, oder? Was sagst du?«

Ich legte meine Sachen auf eines der Betten, nahm einen Schluck Bier aus der Dose und ließ den Vorschlag auf mich wirken.

»Fahrräder. Klingt genial! Wir könnten … Moment … sag mal, spinnst du?« Ich konnte mich kaum erinnern, wann ich das letzte Mal im Sattel gesessen hatte.

»Im Ernst! Das wird cool. Also Fahrräder! Bist du so weit? Musst du Zähne putzen? Pipi machen? Die Mädels warten auf uns! Aber echte Mädels, keine verkleideten Jungs. Ich pass auf dich auf. Ich weiß, du warst ne Weile raus aus dem Spiel, Waisen retten in Tibet. Wie war das eigentlich? Das Waisenhaus? War das irre oder was?«

»Es war Nepal. Und irre, das trifft es in etwa«, nickte ich.

»Irre gut oder irre schlecht?«

»Irre gut. Komisch, oder?«

»Ich hab immer gewusst, dass du das Zeug dazu hast! Cool!« Wir gingen auf den Flur und Little Glenn schloss ab. »Aber keine Waisen mehr, okay? Wir wollen Spaß haben. Rad fahren. Trinken und Frauen kennenlernen. Das ist dein Jahr, Kumpel. Es fängt jetzt an. Okay, wir bringen die Stadt zum Beben!«

Glenn meinte es ernst, mit dem Radfahren wie mit dem Trinken. Zwei Tage später kauften wir uns zwei Mountainbikes, trennten uns vom größten Teil unseres Gepäcks und radelten los, quer durch Thailand. Jeden Tag saßen wir mehrere Stunden im Sattel. Wir brauchten zwar zwei oder drei Tage, um an die Orte zu kommen, die Backpacker mit dem Bus in ein paar Stunden erreichen, aber wir kamen an und erhielten zur Belohnung die beeindruckten Blicke der Frauen, denen wir erzählten, wie wir dorthin gekommen waren.

»Ich hab's dir doch gesagt, Mann!«, schrie mir Glenn dann über die Theke zu.

Wir radelten bis an die nördliche Grenze zu Birma, dann wieder nach Osten bis nach Laos. Dort endete die Straße.

»Hier gibt es keine Straße? Nirgends?«, fragte Glenn die Dame in der Touristeninformation. Er schaute auf die Karte, die hinter ihr hing.

»Nein, Sir, tut mir leid. Die einzige Straße ist die, auf der Sie gekommen sind, und die führt zurück nach Thailand«, antwortete sie und lächelte entschuldigend.

»Warten Sie mal. Was ist das hier? Ist das eine Straße?« Er zeigte auf eine lila Linie, die Laos in zwei Teile zerschnitt.

»Das ist ein Fluss, Sir. Das ist der Mekong.«

»Und … gibt's da Schiffe?«

Vier Stunden später hatten wir unsere Fahrräder auf einem Bootsdach vertäut und trieben den Mekong hinab. Nach zwei Tagen waren wir in Luang Prabang, der ehemaligen Hauptstadt von Laos mit ihren zerbröckelnden Kolonialgebäuden und ihrem quirligen Markt.

Wir radelten zwanzig Kilometer lange Anstiege hinauf und machten in Urwalddörfern Rast. Kinder kamen angerannt und hielten uns, unsere Fahrräder, unsere Beine und unsere Satteltaschen fest. Sie inspizierten uns wie Glühwürmchen, die sie in einem Einmachglas gefangen hatten. Wenn ich vom Rad stieg und mich ins Gras legte, turnten die Kleinen auf mir herum, griffen nach meinem Gesicht, berührten meine Haare und banden mir die Schuhe auf. Die älteren Jungs, die mich an Anish, Santosh und die anderen erinnerten, saßen ein paar Meter weiter und grinsten breit; es machte ihnen Spaß zuzuschauen, aber sie waren zu schüchtern, um sich ebenfalls auf mich zu stürzen. Gelegentlich setzte ich mich auch zu ihnen, obwohl wir uns nicht verständigen konnten. Glenn kam mit Wasser aus dem Dorf zurück, hockte sich zu uns und redete mit den Kindern, als wären sie alte Freunde aus Prag. Die Kinder konnten sich gar nicht einkriegen vor Lachen.

In den nächsten neun Monaten besuchte ich sechzehn Länder. Nachdem ich sechs Wochen mit Glenn unterwegs gewesen war, überzeugte ich Alex, dessen Kamera in Kathmandu gegen ein Huhn eingetauscht worden war, sich mit mir zu treffen. Er reiste genau wie ich mit dem Rucksack durch die Welt. Als ich ihm beschrieb, was ich machte, kam er sofort nach Kambodscha und kaufte ein Mountainbike. Drei Tage später radelten wir Richtung Süden an die kambodschanische Küste. Von dort ging es weiter über die Grenze nach Vietnam und Ho-Chi-Minh-Stadt, wo nach Auskunft unseres Reiseführers etwa zwei Millionen Mopeds durch die Straßen düsen. Das glaube ich sofort. Es fühlte sich an, als wäre hinter einer Kawasakifabrik ein Damm gebrochen und wir wären in die Fluten geraten. Aber wir entkamen nach ein paar Tagen (und Alkohol umnebelten Nächten) und radelten weiter durch die Reisfelder die Küste hinauf nach Hanoi.

Ich hatte eigentlich vorgehabt, mein Fahrrad nach meiner Rückkehr nach Bangkok wieder zu verkaufen, aber es gab mir ein derartiges Gefühl der Stärke und Sicherheit, dass ich mich nicht von ihm trennen wollte. Als ich mich von Alex verabschiedete, um nach Sri Lanka zu fliegen, nahm ich es daher mit. Drei Wochen lang radelte ich durch die Urwälder von Sri Lanka, das nach dem Tsunami genauso verlassen war wie Thailand. Danach fuhr ich ein paar Tage durch Indonesien, doch schließlich gab ich auf, packte mein Rad in einen Zug und fuhr nach Bali, wo ich mir von den Jungs am Strand Surfen beibringen ließ.

Vor meinem Flug nach Südamerika ließ ich mein Fahrrad schließlich zurück. Zusammen mit meinen Studienfreunden Charlie, Steve und Kelly, deren Frauen sowie meiner Mutter und meinem Bruder wanderte ich dort auf dem Inka-Pfad. Ich flog nach Nordperu und trieb von dort knapp zweitausend Kilometer in einem Boot den Amazonas hinunter. Die meiste Zeit hing ich in einer Hängematte, eingekeilt zwischen den Einheimischen, aß zweimal am Tag Piranhas (und zum Glück auch ein paar Müsliriegel) und sah zu, wie hinter den Regenschleiern der Urwald vorbeitrieb.

Ich verbrachte viel Zeit allein, aber meistens war ich mit anderen Backpackern unterwegs. Die waren überall in Urlaubs-, Trink- und Spaßlaune. In Peru probierte ich Bungee-Jumping aus, in Bolivien machte ich einen Segelschein für Paraglider, in Vietnam lernte ich Windsurfen und in Thailand kletterte ich. In Ecuador entkam ich zweimal am selben Tag Straßenräubern, in Indonesien wurde mir die Kamera direkt aus der Hand gerissen, in Vietnam musste ich mir einen Schnitt in der Wade nähen lassen, in Singapur wurde mein Knie geröntgt und außerdem sah ich einige der faszinierendsten Sehenswürdigkeiten der Welt.

Ich bemerkte, dass ich die Kinder, die auf der Straße bettelten, mit anderen Augen sah. In jeder armen Stadt gibt es Straßenkinder, und ich hatte sie immer gemieden. Ich wusste, dass sie für jemanden arbeiteten und dass die Bettelei ein Betrug war. Doch seit meiner Erfahrung in Nepal sah ich sie als ganz normale Kinder. Wenn sie ein sicheres Zuhause hatten, zur Schule gehen konnten und sich jemand um sie kümmerte, dann waren sie nicht anders als die Kleinen Prinzen aus Godavari. In diesen Momenten vermisste ich Nepal und die Kinder umso mehr.

An einem warmen Tag Ende Oktober 2005 stieg ich am John F. Kennedy Flughafen von New York aus dem Flugzeug. Meine Weltreise war zu Ende. Nachdem ich meine Ersparnisse beinahe aufgebraucht hatte, quartierte ich mich ein paar Monate bei meinem Vater und meiner Stiefmutter ein. Beide waren Professoren am Vassar College und hatten sich für ein Freisemester ein Häuschen am Strand von Long Beach Island, einer friedlichen Gemeinde in New Jersey, gemietet. Nachdem ich zwölf Monate unterwegs gewesen war und aus dem Rucksack gelebt hatte, brauchte ich dringend eine Pause. Doch nach ein paar Wochen bemerkte ich, wie sehr ich Nepal vermisste. Im Januar 2006, fast auf den Tag genau ein Jahr, nachdem ich Nepal verlassen hatte, landete ich wieder in Kathmandu, um noch einmal drei Monate lang als freiwilliger Helfer zu arbeiten. Es war ein schöner Abschluss für meine Reise, ehe ich mich wieder ins Berufsleben einklinken wollte.

Der Bus von Kathmandu ins Dorf roch vertraut nach Staub, Schweiß und Gewürzen. Ich kehrte in ein Land zurück, in dem es keine Privatsphäre, keine Hygiene und kein vernünftiges Essen gab. Mir schnürte sich der Hals zu, als der Minibus nach Godavari einbog. Langsam ging ich den Weg hinunter, vorbei an Weizenfeldern und Lehmhütten, an deren Veranda Büffel gebunden waren. Ich schob mich an Frauen vorbei, die von den Reisfeldern kamen und mit gesenktem Blick riesige Grasballen auf dem Rücken schleppten. Was wollte ich mir beweisen? Was ich erreichen wollte, das hatte ich vor einem Jahr erreicht. Hinter der letzten Lehmhütte machte der Weg einen Knick und das Waisenhaus der Kleinen Prinzen tauchte in der Ferne auf.

Raju, Nuraj, Rohan, drei der jüngsten Kleinen Prinzen (von links nach rechts).

Schon von Weitem sah ich die Kinder, die auf der Dachterrasse spielten. Eine kleine Figur hielt inne und schaute in meine Richtung. Wie ein Harpunist, der einen Wal erspäht, zeigte er auf mich und ruderte mit den Armen, um die anderen herbeizuwinken. Plötzlich zeigten alle Kinder auf mich und winkten. Über die Felder wehte der Wind »CONOOOR!«

Wieder watete ich durch das Meer der Kinder – diesmal dachte ich daran, den Rucksack vorher abzunehmen. Der Einzige, der größer war als 1,20 Meter, war Farid. Er war das ganze Jahr geblieben.

»Willkommen, Conor!«, rief er. »Es sieht so aus, als würden sich die Kinder freuen, dass du da bist!«

Ich grinste breit. Ich war auch froh, sie zu sehen.

Alle hatten sie sich während meiner Abwesenheit verändert. Sandra war nach Frankreich zurückgekehrt. Auch die anderen freiwilligen Helfer waren gegangen. Farid hatte sich die langen Dreadlocks geschoren, und sein Englisch war besser geworden, was mich sehr freute, denn mein Französisch war so schlecht wie eh und je. Santosh, der ganze fünf Zentimeter gewachsen war, seit ich ihn das letzte Mal gesehen hatte, nahm meinen Rucksack und schleppte ihn auf mein Zimmer. Auf dem Weg die Treppe hinauf wiederholte er, wie schwach ich aussehe und wie dankbar ich sein solle, dass ich einen starken Mann wie ihn hatte, der mir meine Sachen trug. Als er mir oben zum Spaß die Hand hinstreckte, gab ich ihm als Trinkgeld ein Kaugummipapierchen.

Aber im Grunde war alles gleich geblieben. Ich setzte mich auf mein altes Bett mit derselben dünnen Strohmatratze, und mein Schlafsack lag zusammengerollt unter dem Bett. Selbst das Wetter war dasselbe. Ich wusste genau, was passieren würde, wenn ich zur Tür hinausging. Ich kannte diese achtzehn Kinder, als wären sie meine Brüder. Ich entspannte mich. Godavari war mein Zuhause.

Mein erster Tag in Nepal fiel auf einen hinduistischen Feiertag. Immer wenn man meint, der Unterschied zum eigenen Alltag könne nicht mehr größer werden, erinnern einen Feste daran, dass der Unterschied doch noch ein bisschen größer werden kann. Ich war früher in einige Feste gestolpert. In Pushkar, einem kleinen Dorf in Indien, hatte ich einmal einen Feiertag miterlebt: Ich erinnere mich nur noch an eine Explosion von Farben und Blumen und Musik. Ich war in eine Gruppe groß gewachsener Mütter in Saris geraten, die mich aufforderten, mit ihnen zu tanzen, mitten auf der Straße und inmitten einer Menschenansammlung.

Als ich in Godavari aufwachte, war ich völlig benommen von der Zeitverschiebung. Verschwommen sah ich ein Auge, das durch einen zentimeterweit geöffneten Spalt meiner Tür blickte. Ich hob den Kopf, das Auge verschwand, und an seine Stelle schob sich ein Lippenpaar durch den Spalt.

»Bruder, Bruder!«, riefen die Lippen. »Heute Fest!« Es war Rajus Stimme.

Einen Moment lang wusste ich nicht, wo ich war und warum jemand nach mir rief.

Raju wiederholte seinen Ruf, bis ich richtig wach war.

»Okay, Raju … okay, ich bin wach. Was für ein Fest?«

Er schwieg, und der fragende Blick, den ich durch den Spalt sah, zeigte, dass ich ihn auf dem falschen Fuß erwischt hatte. Er verschwand einen Moment lang, und ich hörte eine geflüsterte Frage. Eine raue Stimme, die so klang, als hätte der Sprecher eine chronische Erkältung, und die nur Nuraj gehören konnte, antwortete flüsternd. Rajus Lippen erschienen wieder im Türspalt.

»Ich weiß nicht, Bruder!«, rief er.

Keines der Kinder wusste es. Es war einfach »Fest!« und das bedeutete ein Festmahl. Ich hatte mich schon auf meinen ersten

Linsenreis gefreut, aber stattdessen fand ich auf meinem Teller ein undefinierbares, hellbraunes, gemüseähnliches Etwas. Ich schnüffelte daran. Es war fast vollkommen geruchlos und damit noch weniger vertrauenerweckend. Ich schaute in die Runde und beobachtete, wie die Kinder dieses Etwas auf ihrem Teller verdrückten. Ich sah Farid an.

»Was ist das?«

»Keine Ahnung. Ich will es auch gar nicht wissen«, antwortete er und schob es weit von sich weg.

»Hey, Kinder!«, sagte ich laut zu den sechzehn Jungen und zwei Mädchen. Alle erstarrten. Ich hatte vergessen, dass beim Essen nicht gesprochen wurde und es nur darum ging, die Mahlzeit so schnell wie möglich vom Teller in den Mund zu befördern. Die Kinder starrten mich an und fragten sich vermutlich, was so dringend sein konnte, dass ich sie unterbrechen musste.

»Was ist dieses Ding? Was esst ihr da?«, fragte ich sie.

Auf meine Frage begann eine lebhafte Diskussion. Sie kannten natürlich den Namen auf Nepali, aber sie hatten keine Ahnung, wie es auf Englisch hieß. Die größeren Jungen erörterten mögliche Übersetzungen, aber einer nach dem anderen schwieg. Alle blickten zu Santosh. Der sah an die Decke und suchte nach dem richtigen Wort. Alle hielten gespannt den Atem an.

Plötzlich sprang Santosh auf, kickte unfreiwillig seinen Teller über den Boden und reckte den Arm in einer Heureka!-Geste in die Luft.

»Wie Kartoffel, Bruder!«

Begeisterte Rufe erfüllten den Raum. »Ja, ja! Wie Kartoffel!«, rief Anish. Hriteek reckte flehend die Hände in meine Richtung. »Kartoffel, Bruder! Wie Kartoffel!«

Ich blickte auf meinen Teller. Ich wusste ungefähr, wie Kartoffeln aussahen. Ich stamme aus einer irischen Familie und hatte in meinem bisherigen Leben Hunderte Kilos davon verdrückt. Aber das Ding hier war keine Kartoffel. Nicht einmal ›wie Kartoffel‹, wie die Kinder es ausdrückten. So hässlich wie es war, konnte es vielleicht eine Art Wurzel sein; wie die Tiere auf dem Meeresgrund, wo es so dunkel ist, dass das Aussehen keine Rolle spielt. Aber es gehörte bestimmt nicht auf meinen Teller und noch weniger in meinen Magen.

Als wir nach unserem morgendlichen Tempelbesuch nach Hause zurückkamen, wartete unsere Küchen-Didi Bagwati auf der Veranda auf uns. In der Hand hielt sie einen Topf mit Speiseöl. Ihr Anblick machte mich nervös. Ich hielt ein wenig Abstand und ließ die Kinder an mir vorbeigehen. Dann fragte ich sie, was sie mit dem Öl vorhabe.

»Speiseöl, Bruder!«, sagte sie und schüttete sich ein wenig auf die Hand.

»Ja, Öl … Ich habe mich nur gefragt, was …« Ich sprach den Satz nicht zu Ende. Sie hatte sich Raju geangelt, wie ein Bär, der sich einen Lachs schnappt, und zog ihm mit einer geübten Handbewegung das T-Shirt über den Kopf. Plötzlich rieb sie ihm den Oberkörper mit Speiseöl ein und massierte es ihm in die Haare, als wäre es ein Pflegemittel. Frisch gebadet wie sie waren, zogen sich die anderen Kinder munter bis auf die Unterhosen aus, schütteten sich gegenseitig das Öl über den Körper und rieben sich Arme und Rücken ein.

Glänzend wie eine Ölsardine kam Nishal auf mich zugerannt. Zu spät sah ich, was er in seinen Händen trug. Ich versuchte noch zu fliehen, aber ich stolperte über eine herumliegende

Sandale. Nishal schnappte mich am Arm und goss reichlich Öl über mich.

»Nishal!«

»Für Fest, Bruder!«

Wenn man sich nicht jeden Tag duschen kann, betrachtet man ein Bad in Speiseöl mit gemischten Gefühlen. Aber ein Fest ist ein Fest.

Ich klinkte mich wieder ins Dorfleben ein und kam den Kindern näher. Die älteren Jungen blieben abends länger auf als im Jahr zuvor. Sie wollten von mir hören, wie das Leben in Amerika war, und uns von ihrer Heimat Humla erzählen. Sie fragten mich zu Dingen aus, die sie in der Schule gelesen hatten: Flugzeuge, Basketball, schnelle Autos, Australien, Wale, den Zweiten Weltkrieg, elektrischen Strom und so weiter. Sie glaubten mir nicht, dass ein Mensch seinen Fuß auf den Mond gesetzt hatte oder dass die Ozeane so groß waren. Einmal nahm ich sie mit auf die Dachterrasse, von der aus man einige Kilometer weit sehen konnte.

»Stellt euch vor, alles, was ihr sehen könnt, ist Wasser. Und so tief, wie die Berge des Himalaja hoch sind«, sagte ich zu ihnen.

»Woooooow!«, riefen sie wie aus einem Munde. Noch Tage später fragten sie mich, ob das auch wirklich stimmte.

»Es geht weiter, ja, Bruder?«, fragte Santosh. »Viel, viel weiter!«

»Von hier nach Kathmandu, das sind ungefähr zehn Kilometer, richtig, Anish?«

»Ich weiß nicht, Bruder.«

»Glaub mir. Das Meer, das größte, ist der Pazifik, und der geht tausend Mal von hier nach Kathmandu und zurück.«

»Woooooow!«

Ich liebte die Kinder. Mir war nicht klar gewesen, wie sehr ich sie vermisst hatte.

Ich sah Farid zu, wie er mit den Kindern umging. Er hatte das letzte Jahr hier verbracht und war die meiste Zeit allein mit ihnen gewesen, obwohl Sandra zweimal zu Besuch gekommen war. Da sie nicht mehr von vier, sondern nur noch von einem freiwilligen Helfer betreut wurden, waren die Kinder unabhängiger geworden. Ich sah Nishal zu, wie er auf der Dachterrasse hinter Hriteek herrannte, stolperte und hinfiel. Sofort sprang er auf und nahm die Verfolgung wieder auf. Vor einem Jahr hätte er sich hingesetzt und so lange geweint, bis ein Helfer ihn wieder auf die Füße gestellt hätte. Anish, der oft freiwillig abends beim Töpfespülen geholfen hatte, verbrachte nun mehr Zeit bei Nanu, unserer Wasch-Didi, und half ihr mit der Wäsche. Gemeinsam schlugen sie die Wäsche gegen die Betonmauer und wrangen sie aus, er drehte in die eine Richtung, sie in die andere. Priya, Rajus siebenjährige Schwester, lernte bei Bagwati kochen, sah zu, wie sie Daal Bhat kochte und reichte ihr die Gewürze.

Farid verwöhnte die Kinder nicht. Er behandelte sie wie seine Geschwister. Und wie ein guter Bruder übte er so lange Carrom, bis er genauso gut war wie die älteren Jungen. Im Dorf gab es kaum etwas anderes zu tun. Die meisten Helfer ließen die Kinder gewinnen, wenn sie mit ihnen spielten. Anders Farid. Er spielte im Ernst und rief sie zur Ordnung, wenn sie gegen die Regeln verstießen.

»Nein, Dawa! Das ist Betrug! Ich habe gesehen, wie du schummelst!«

Die Kinder spielten gern mit Farid. Er verstand sie besser als irgendjemand sonst. Sie wussten auch, dass sich Farid vor

Spinnen ekelte. Jedesmal, wenn sie im Wald eine sahen, eine von diesen riesigen grünen Viechern, die in Nepal auf Bäumen leben, riefen sie ihn zu sich und taten so, als wollten sie ihm ein Geheimnis verraten.

»Ich falle nicht auf den Trick mit der Spinne herein, Santosh. Ich bin nicht doof!«

»Komm, Farid Bruder!«

»Wenn ich komme, dann zwinge ich dich, diese Spinne zu essen, Santosh! Du weißt, dass du die Spinne essen musst?« Die Jungen kugelten sich vor Lachen. Insgeheim stachelte ich die Kinder bei jeder Gelegenheit an, sie sollten Farid dazu bringen, eine Spinne zu berühren. Es war ein Riesenspaß.

Während meiner Abwesenheit hatte sich der Bürgerkrieg verschlimmert. Kurz nach meiner ersten Abreise, Anfang 2005, hatte König Gyanendra in einem Staatsstreich die Macht an sich gerissen und das Parlament aufgelöst. Dieser Schachzug, mit dem er die maoistischen Rebellen ein für allemal ausschalten wollte, stieß in der Bevölkerung zunächst auf Zustimmung. Die Menschen in Nepal sehnten sich nach einem Ende des Krieges. Doch die Königsfamilie war nicht unbedingt für ihre Vernunft bekannt.

Vier Jahre zuvor hatte sie weltweit Schlagzeilen gemacht, als der Kronprinz Dipendra seinen Vater König Birendra samt Königin und einem großen Teil der Königsfamilie ermordete. Der Prinz war offenbar enttäuscht, weil sein Vater der Eheschließung mit seiner Auserwählten die Zustimmung verweigerte. Beim Essen zog er eine Maschinenpistole hervor und eröffnete das Feuer. Dabei tötete er insgesamt neun Menschen und verletzte fünf, ehe er die Waffe gegen sich selbst richtete. Sein Selbstmordversuch schlug fehl und er fiel ins Koma.

In einer erstaunlich rigiden Auslegung der Thronfolgeregelung wurde Prinz Dipendra, der bewusstlose Massenmörder, zum König von Nepal gekrönt. Allerdings starb er drei Tage später und wurde von seinem Onkel Gyanendra beerbt. Der übernahm mit dem Thron auch den Bürgerkrieg.

Im Herbst 2005 sah es so aus, als ginge der Krieg zu Ende. Die Maoisten boten einen Waffenstillstand an. Zu diesem Zeitpunkt bereitete ich mich gerade auf meine Rückkehr nach Nepal vor.

»Seht ihr? Total sicher!« Das waren ungefähr die Worte, mit denen ich meinen Eltern die Zeitung unter die Nase hielt.

Ich verschwieg die Tatsache, dass König Gyanendra den Waffenstillstand beinahe postwendend ablehnte. Er wollte eine bedingungslose Kapitulation und interessierte sich nicht dafür, dass die Menschen in Nepal verzweifelt ein Ende des Krieges herbeisehnten. Der König befahl den Truppen, die Angriffe auf die Rebellen zu verstärken. In Reaktion darauf griffen die Maoisten Ziele im Tal von Kathmandu an, wo nicht nur die Hauptstadt lag, sondern auch Godavari und das Kinderheim der Kleinen Prinzen.

Der Krieg ging also weiter.

Obwohl die Anschläge nie näher als acht Kilometer kamen, bekamen wir die Auswirkungen des Konflikts auch in Godavari zu spüren. Bei meinen Fahrten von und nach Kathmandu musste ich einen militärischen Checkpoint passieren. Der Minibus wurde angehalten, wir mussten aussteigen und wurden von Soldaten durchsucht. Dann wurde der Bus auf Bomben untersucht. Die Straße aus Godavari, dem Süden des Tals, war ein potenzielles

Einfallstor für die Rebellen und es kam häufig zu Anschlägen. An der Kreuzung, an der die Straße aus Godavari auf die Ringstraße traf, stand ein Panzer.

Die älteren Jungen lasen nun jeden Morgen die Zeitung und informierten sich über die zunehmenden Unruhen im ganzen Land. Täglich forderte der Konflikt mehr Opfer. Soldaten töteten Rebellen, Rebellen töteten Polizisten, Rebellen töteten Zivilisten, Rebellen zerstörten Häuser und so weiter. Wir hörten von Taxifahrern, die während des Generalstreiks angehalten und in ihren Autos erschossen wurden.

Angesichts der unsicheren Lage rieten fast alle westlichen Regierungen ihren Bürgern dringend ab, Nepal zu besuchen, wenn dies nicht unbedingt erforderlich war. Für Januar erwarteten Farid und ich eine französische Helferin namens Cecile. Wir versicherten ihr, dass die Lage in Godavari ruhig war, doch wir rieten ihr, ihrem Instinkt zu folgen. Drei Tage nachdem Farid ihr eine E-Mail geschrieben hatte, wurden in Westnepal 85 Kinder aus einer Schule entführt. Die maoistischen Rebellen betraten einfach das Gebäude, töteten die Lehrer und verließen die Schule mit sieben Dutzend Rekruten für ihre Armee. Farid übersetzte mir den Artikel der französischen Nachrichtenagentur. Als er fertig war, sah er mich an.

»Ich glaube nicht, dass Cecile kommt«, meinte er und schüttelte den Kopf. »Ich kann es ihr nicht verdenken.«

Drei Tage später sagte Cecile ab.

Trotz des zunehmenden Blutvergießens waren Farid und ich der Ansicht, dass die Kinder in Godavari am sichersten waren. Hier gab es keine Soldaten und keine strategisch interessanten Ziele, und im Tal von Kathmandu hatte es keine Entführungen gegeben. Außerdem wusste niemand von der Existenz unseres Waisenhauses.

Dachten wir.

»Bist du sicher, Hari? Ist das ein Gerücht, oder weißt du Genaueres?«

Farid und ich saßen auf dem Dach. Die Sonne war eben über die Berge geklettert. Das Dorf lag noch im Schatten unter einer Raureifschicht. Unser Hausverwalter Hari war früh gekommen, weil er dringend mit uns sprechen musste, wie er sagte.

Hari fuhr nervös mit dem Finger über den Rand der Blechtasse, aus der er seinen Tee trank. »Ich habe es nur gehört, Conor Bruder. Vielleicht ist es ein Gerücht. Aber es ist möglich, dass die Maoisten uns hier gefunden haben. Es tut mir leid, ich weiß es nicht sicher.«

Was Hari uns erzählte, war ernst. Die Kinder im Waisenhaus waren potenzielle Kindersoldaten für die Maoisten. Er hatte den Bruder des Schleppers Golkka getroffen, der vor Kurzem aus Humla zurückgekommen war. Der Mann hatte berichtet, die Maoisten hätten Wind davon bekommen, dass Golkka Kinder aus Humla nach Kathmandu brachte und ihm eine Nachricht für alle mitgegeben, die diese Kinder in Kathmandu beschützten: Sie sollten nach Humla zurückgebracht werden, und zwar sofort.

Dieses Gerücht war mehr als beunruhigend. Hari hatte gehört, dass die Maoisten von der Existenz der Kleinen Prinzen wussten. Sie wussten, wo sich das Heim befand und wie viele Kinder dort lebten. Und die Maoisten wollten diese Kinder haben.

Ich sah Farid nicht an. Wir konnten hören, wie sich die Kinder ein Stockwerk unter uns für die Schule fertigmachten.

»Was meinst du?«, fragte ich Farid schließlich.

»Ich weiß nicht«, antwortete Farid. Er sah Hari an. »Was ist deine Meinung? Können wir irgendetwas tun? Glaubst du, dass das stimmt? Dass sie wissen, wo wir sind?«

Hari zögerte und räusperte sich ein paar Mal, ehe er antwortete. »Farid Bruder, Conor Bruder, vielleicht solltet ihr darüber nachdenken, Nepal zu verlassen. Das Land ist nicht sicher. Wenn die Maoisten kommen, könnt ihr nichts tun – sie haben Waffen, sie nehmen die Kinder mit. Vielleicht geht ihr besser zu euren Familien. Wir können hier auf die Kinder aufpassen. Ich, Bagwati, Nanu. Wir haben es schon gemacht, es ist okay, es ist kein Problem für uns.« Hari sah uns nicht an.

»Nein, Hari. Danke. Ich verstehe, warum du das sagst. Aber wir bleiben, solange wir können«, antwortete ich und sah Farid an. Der nickte. »Aber was meinst *du*, Hari? Was ist *deine* Meinung? Es gibt kein richtig oder falsch. Meinst du, dass sie kommen, um die Kinder zu holen?«

Hari machte eine lange Pause. Meistens versuchte er die Antwort zu geben, die wir seiner Ansicht nach von ihm erwarteten. Ich sah, wie er nun mit diesem Instinkt rang. »Conor Bruder, ich sage dir meine Meinung. Es ist nur meine Meinung, ich weiß nicht.« Er sprach langsam. »Ich glaube, wir sind hier sicher. Im Tal von Kathmandu werden die Maoisten kein Risiko eingehen. Hier ist das Risiko zu groß, anderswo sind die Gelegenheiten zu gut.«

Farid sah mich an. »Das glaube ich auch, Conor. Ich glaube, dass die Kinder hier sicher sind.«

Ich verließ mich auf ihren Instinkt. »Okay«, sagte ich. »Dann machen wir mal die Kinder fertig. Sie sind schon spät dran!«

Die Generalstreiks wurden häufiger und die Kinder waren öfter zu Hause. Farid und ich verließen das Waisenhaus nur noch selten. Wir verbrachten eine Menge Zeit auf dem Dach. Godavari war ein bisschen höher gelegen als die Hauptstadt, doch im Februar war es tagsüber warm, solange man sich in der Sonne aufhielt. Im Winter, der von Dezember bis Februar dauert, lagen die Temperaturen in Kathmandu am Tag zwischen fünf und zehn Grad Celsius. Im August erreichten sie etwas über zwanzig Grad, danach wurde es wieder kälter. Ohne Heizung reagiert man selbst auf geringe Temperaturunterschiede extrem sensibel.

Die typischen nepalesischen Flachdächer übernehmen aus genau diesem Grund eine wichtige Funktion. Die Familien verbringen mehr Zeit auf dem Dach als im Haus, zumindest tagsüber. Die Kleider werden zum Trocknen auf die Dächer gelegt, Weizen wird dort gelagert. Das war im Kinderheim der Kleinen Prinzen nicht anders, nur hatte das Dach hier eine Mauer, damit die Kinder nicht herunterfielen. Außer während des Monsunregens, der von Anfang Juni bis Ende September über Nepal niederging, lebten die Kinder praktisch auf dem Dach.

Das große Dach des Kinderheims war ein idealer Aussichtspunkt. Wir hatten sie im Auge, konnten hinunter in den Garten sehen und ihnen dabei zuschauen, wie sie auf den Wiesen Fußball spielten und zwischen den grasenden Kühen herumrannten. Auf die Mauer gestützt, tranken wir Tee, unterhielten uns, vor allem über Nepal, und ließen uns nicht von Nuraj und Raju ablenken, die uns als Klettergerüst benutzten. Wenn wir nicht über Nepal sprachen, dann sprachen wir über Essen. Farid vermisste französisches Essen wie ein Sträfling das Sonnenlicht, und das, obwohl er ein Leben lang klapperdürr gewesen war. Er konnte stundenlange Vorträge über die verschiedenen Arten von *saucisson*, die luftgetrockneten französischen Würste, halten – wo die besten Würste herkamen, was die besten Zutaten waren, welches Brot man dazu essen musste (*un boule*) und was er jetzt in diesem Moment am liebsten essen würde (*saucisson*, *boule* und ein Zimmer voll Pommes).

Farid erzählte wenig über sich und sein Leben vor Nepal. Ich wusste, dass er bei Stiefeltern aufgewachsen war und dass er seinen Vater, einen Algerier, der in seine Heimat zurückgekehrt war, nie gesehen hatte. Ich wusste auch, dass er hoffte, seinen Vater eines Tages kennenzulernen. Er erwähnte diese Dinge eher nebenbei, als wolle er nicht allzu sehr darüber nachdenken und die Tatsache nicht überbewerten, dass er, der als Waise aufgewachsen war, auf der anderen Seite des Erdballs seit mehr als einem Jahr achtzehn Waisenkinder betreute. So standen wir auf dem Dach, schauten auf das Dorf und beschrieben in schwindelerregenden Details unsere Lieblingsmahlzeiten.

Von Weitem wirkte die Frau, die auf das Waisenhaus zukam, nicht weiter ungewöhnlich.

Farid und ich waren mit den Kindern auf dem Dach. Es war Samstagnachmittag, die Zimmer waren frisch gewischt und brauchten noch eine gute Stunde, um zu trocknen. Die Kinder hatten mit Kreide einen Hickelkasten auf das Dach gemalt und standen Schlange, jedes mit einem Stein in der Hand. Ich sah die Frau zuerst, wie sie den Pfad von der Landstraße herunterkam. Das war seltsam. Es war ein Streiktag, und es waren keine Busse unterwegs. Wo auch immer sie herkam, sie war zu Fuß gekommen.

Sie näherte sich. Irgendetwas war eigenartig an ihr. Die Frauen aus dem Dorf blickten oft zu Boden, entweder weil sie schwere Lasten trugen oder weil sie es eilig hatten, nach Hause zu kommen. Anders diese Frau. Sie ging langsam und hatte den Blick fest auf das Waisenhaus gerichtet. Ich befürchtete, sie könnte auf dem unebenen Boden stürzen. Als sie näher kam, bemerkte ich, dass sie die Kinder anstarrte. Seltsamer noch, die Kinder hatten ihr Spiel unterbrochen und starrten sie an.

Vor dem Tor blieb sie stehen. Sie klopfte nicht, sondern wartete.

Farid beschrieb mir gerade ein Geburtstagsessen, das ihm seine Pflegemutter einmal zubereitet hatte, als er bemerkte, dass ich an ihm vorbeisah. Er drehte sich um.

»Wer ist diese …?«, fragte er, dann hielt er inne. Er starrte sie an, dann sagte er: »Conor, ich glaube, ich weiß, wer diese Frau ist.«

Ich sah es auch. In ihren unverkennbaren, kantigen Zügen, ihrem breiten Gesicht und ihren tibetanischen Augen sah ich ein bekanntes Gesicht. Es gehörte einem der Kleinen Prinzen.

Die Frau war Nurajs Mutter.

Nuraj stand wie erstarrt an der Mauer und hielt sie fest umklammert. Sein älterer Bruder Krish drängte sich durch die übrigen Jungen und legte wortlos den Arm um ihn. Ohne ein Wort rannte Farid die Treppe hinunter. Ich lief ihm hinterher und hielt nur an, um Santosh beiseite zu nehmen.

»Santosh, pass zusammen mit Bikash auf, dass die Jungen auf dem Dach bleiben. Verstanden?«

»Klar, Conor Bruder.«

Ich spurtete die Treppe hinunter und holte Farid im Garten ein. Er öffnete das Tor und vor ihm stand die Frau. Sie trat nicht ein, sondern murmelte nur »Namaste« und legte ihre Handflächen zusammen. Wir erwiderten ihren Gruß und starrten sie an. Farid fragte sie auf Nepali, ob sie die Kinder sehen wolle.

Ihr Kopf wackelte auf ihrem Hals hin und her. Zu Hause hätte ich diese Geste als ein Vielleicht gedeutet, in Nepal war es ein nachdrückliches Ja. Ich verstand nicht, was sie zu Farid sagte, aber zwei Wörter bedurften keiner Übersetzung: »Nuraj« und »Krish«.

Wir baten die Frau ins Haus und boten ihr eine Tasse Tee an. In Nepal ist es Brauch, jedem Gast Tee anzubieten. Ich suchte nach Hari und fand ihn in unserem kleinen Büro im Erdgeschoss, wo er unser wöchentliches Essensbudget durchrechnete.

»Hari, wir brauchen dich, du musst für uns übersetzen. Gerade ist eine Frau gekommen. Die Mutter von Nuraj und Krish. Sie ist hier«, sagte ich.

Hari legte den Bleistift hin. »Das kann nicht sein, Conor Bruder. Ihre Mutter ist tot.«

»Ich weiß, aber … du musst diese Frau sehen.«

Er schob seinen Stuhl zurück und folgte mir ins Esszimmer. Farid saß auf einem kleinen Stuhl, die Mutter hockte auf dem Boden.

Hari hatte Recht. Diese Frau sollte tot sein. So hatten es uns die Kinder selbst erzählt. Aber es gab kein Vertun. Ich sah es auch in Haris Augen, als er sie begrüßte: Es war die Mutter der beiden Jungen. Hari setzte sich auf einen Stuhl neben sie und sprach einige Minuten lang leise mit ihr. Dann sah er uns an.

»Farid Bruder, Conor Bruder, das ist die Mutter von Nuraj«, sagte er einfach. »Ich kann für euch übersetzen, wenn ihr mir sagt, was ihr wissen wollt.«

»Alles, Hari«, sagte Farid und beugte sich zu der Mutter. Sie sah ihm nicht in die Augen. »Wir wollen alles wissen.«

Und so erfuhren wir die wahre Geschichte der Kleinen Prinzen.

Zwei Jahre zuvor hatte Nurajs Mutter um das Leben ihrer Kinder gefürchtet, genau wie viele andere Mütter während des nepalesischen Bürgerkriegs. In Humla, das beinahe von der Außenwelt abgeschnitten war, hatten die Maoisten leichtes Spiel. Sie vertrieben die gewählten Volksvertreter und versprachen den Menschen ein besseres Leben unter ihrer Herrschaft. Den verarmten Dorfbewohnern blieb keine andere Wahl und sie hatten schon gar keine Möglichkeit, sich zu wehren. Viele klammerten sich an die Hoffnung, dass die Maoisten Wort halten würden. Der König sei die Wurzel allen Übels, erklärten ihnen die Rebellen, nicht die Dürre oder die Unterentwicklung. Aber jetzt würde alles anders werden.

Die Maoisten wollten eine Armee aufbauen. Sie müssten stark bleiben, um die Dörfer vor der Armee des Königs zu schützen, erklärten sie den Dorfbewohnern. Sie predigten die Lehre des Maoismus und erklärten, die Familien hätten die Rebellenarmee mit Nahrungsmitteln zu versorgen. Die Bauern gaben zunächst großzügig, in der Hoffnung, ihre knappen Vorräte würden reichen. Doch die Armee wuchs schnell und mit ihr der Bedarf an Lebensmitteln. Die Familien waren nicht mehr in der Lage, sich selbst zu ernähren, da sie alles an die Maoisten abtreten mussten. Sie baten die Rebellenführer, ihnen genug für die Kinder zu lassen. Aber die Maoisten verlangten mehr, jetzt mit vorgehaltener Waffe. Wenn sie nichts bekamen, griffen sie zu Drohungen und Schlägen.

Irgendwann wollten sie nicht nur Nahrungsmittel. Sie wollten ihre Armee verstärken und suchten nach Freiwilligen. Einige schlossen sich ihnen an, weil sie an die Sache glaubten, andere aus Angst und Verzweiflung. Die Rebellen hatten ihnen schon ihr Essen weggenommen – es war besser, sich auf die Seite der Starken zu schlagen und zumindest die eigene Familie versorgen zu können. Als sich niemand mehr freiwillig meldete, verhängten die Maoisten ein neues Gesetz: Jede Familie musste der Rebellenarmee ein Kind abtreten. Sie holten Kinder ab einem Alter von fünf Jahren ab, um sie je nach ihren Fähigkeiten als Soldaten, Köche, Träger oder Boten einzusetzen. Verstecken war unmöglich. Die Kinder wurden mitgenommen und verschwanden im Bürgerkrieg.

Eines Tages kam ein Mann ins Dorf, der von Gott gesandt zu sein schien. Er war ein Bruder des früheren Bezirkspräsidenten, der vor der Machtübernahme durch die Rebellen ein mächtiger Mann gewesen war. Er versprach, die Kinder zu schützen, sie aus Humla mitzunehmen und in den letzten sicheren Ort, das Tal von Kathmandu, zu bringen. Dort sollten sie ein Internat besuchen und lesen und schreiben lernen. Er wollte gut für die Kinder sorgen. Und was noch wichtiger war, sie konnten nicht mehr von der Rebellenarmee entführt werden. Dieser Mann war Golkka.

Nurajs Eltern baten ihn, die Kinder mitzunehmen. Sie wussten, dass es teuer war, doch sie waren bereit, jede Summe zu zahlen. Um das Geld aufzutreiben, verkauften sie ihr Haus und zogen in eine Einraumhütte ihrer Nachbarn. Sie verkauften ihr Land und ihr Vieh und borgten sich Geld von entfernten Verwandten. Sie verschuldeten sich für den Rest ihres Lebens und nahmen ihrer Familie die Existenzgrundlage, aber wenn sie die

Jungen vor der Rebellenarmee bewahren konnten, dann war es jede Rupie wert. In Dörfern in ganz Humla unternahmen andere Eltern ähnlich drastische Schritte, um ihre Kinder zu retten.

Nurajs Mutter packte eine kleine Tasche für ihre Söhne und gab ihnen das Wenige mit, was sie besaßen: ein Hemdchen, ein bisschen Reis. Sie tröstete Nuraj und Krish, als der Fremde sie abholte. Sie gingen auf eine Abenteuerexpedition, erklärte sie ihnen. Es würde ihnen nichts passieren. Dieser Mann würde sich um sie kümmern, also müssten sie brave Jungen sein und alles tun, was er ihnen sagte. Sie würden sich bald wiedersehen.

Einige Monate vergingen, und Nurajs Mutter hatte immer noch nichts von ihren Kindern gehört. Sie fragte andere Dorfbewohner, die ihre Kinder Golkka anvertraut hatten. Keiner hatte wieder von dem Mann gehört. Mit der Telefonnummer, die Golkka ihm gegeben hatte, ging Nurajs Vater in das mehrere Tagesmärsche entfernte Simikot, das größte Dorf in Humla, wo es ein Telefon gab.

Nurajs Vater hörte das Tuten am anderen Ende, aber niemand nahm ab. Er legte auf und überprüfte die Nummer. Ja, er hatte richtig gewählt. Der Mann hatte sogar seinen Namen neben die Nummer geschrieben. Er wählte wieder, doch das Ergebnis war dasselbe. Keine Antwort. Golkka hatte ihm eine falsche Nummer gegeben. Seine Kinder waren fort, verloren im Chaos von Kathmandu, Hunderte Kilometer von zu Hause entfernt. Er legte auf und machte sich auf den tagelangen Rückmarsch in sein Dorf. Er musste seiner Frau, der Mutter der Kinder, sagen, dass sie ihre Söhne verloren hatten.

Sprachlos hörten Farid und ich zu. Das Kinderheim der Kleinen Prinzen war also kein Waisenhaus. Die Mütter und Väter dieser Kinder waren noch am Leben. Und wie durch ein Wunder hatte uns eine Mutter gefunden.

Nurajs Mutter war an diesem Tag von der Ringstraße von Kathmandu gekommen, wo sie seit einiger Zeit lebte. Dank des Schleppers hatte die Familie fast alles verloren. Ihr war nichts anderes übrig geblieben, als nach Kathmandu zu kommen und dort Arbeit zu suchen. Als sie beschrieb, wo sie lebte, erkannte ich den Ort sofort. Es war wenige Minuten von der Kletterwand entfernt, die ich gelegentlich besuchte. Es war eine entsetzlich arme Gegend, an der ich mit dem Bus vorbeikam; ich hatte mich immer gefragt, wer an einem solchen Ort überleben konnte. Nurajs Mutter lebte in der Hütte einer Frau, die einen kleinen Acker hatte, um den sie sich im Gegenzug kümmerte. Ihr Mann war auf der Suche nach Arbeit nach Nepalganj, der größten Stadt im Süden des Landes, gegangen. Sie lebte allein mit ihrem jüngsten Sohn, einem behinderten zweijährigen Jungen – einem Bruder, den Nuraj und Krish nicht kannten.

Ein Mitarbeiter einer internationalen Hilfsorganisation hatte ihr von den Kleinen Prinzen erzählt. Der Arzt hatte ihr angeboten, ihren Sohn in einem Krankenhaus zu untersuchen. Als er erfuhr, dass sie aus Humla kam, erzählte er ihr von dem Waisenhaus in Godavari, von dem er gehört hatte. Dort würde sie vielleicht etwas über ihre beiden vermissten Söhne erfahren. Sie ließ den Jüngsten bei einer Nachbarin und ging zu Fuß nach Godavari. Den ganzen Tag war sie unterwegs gewesen, ohne jemanden nach der Richtung zu fragen. Als sie den Weg hinunter zu unserem Kinderheim sah, wusste sie, dass sie richtig war. Und als sie in der Ferne das gelbe Haus sah, wusste sie, dass ihre Söhne dort waren.

Sie hatte lange genug gewartet. Ich ging nach oben und holte Krish und Nuraj. Ich ging durch den Raum, und Nuraj hielt den Arm seines Bruders umklammert. Krish war erst sieben, aber er war der große Beschützer seines kleinen Bruders. Ich trat einen Schritt zurück und erwartete eine freudige Begrüßung.

Die Jungen blieben jedoch an der Tür stehen. Sie sahen ihre Mutter kaum an. Farid ging zu ihnen hin, hockte sich neben sie und versuchte, sie dazu zu bewegen, mit ihrer Mutter zu sprechen. Sie sagten nichts und starrten nur auf den Boden. Die Mutter ging langsam auf sie zu, setzte sich vor sie hin, nahm ihre Hände und sprach leise auf sie ein. Doch die Jungen reagierten nicht.

Nach wenigen Augenblicken stand die Mutter auf und ging zu Hari. Sie sagte etwas, das ich nicht hören konnte. Dann wandte sie sich zu Farid und mir, faltete die Hände wie zum Gebet und sagte *dhanyabhad*, »danke«, und ging, wie sie gekommen war.

»Was … was hat sie gesagt, Hari? Warum geht sie?«

»Sie sagt, sie versteht die Reaktion ihrer Kinder. Sie will wiederkommen. Sie bedankt sich bei mir, bei dir und bei Farid Bruder.«

Die beiden Jungen blickten noch immer nicht auf. Farid bat mich, Nuraj wieder nach oben zu den anderen Kindern zu bringen. Er legte den Arm um Krish und führte ihn hinaus in den Garten. Es würde ein einfühlsames Gespräch werden. Die Kinder vertrauten Farid mehr als allen anderen, und Krish war ein heller Junge.

Ich ignorierte die Neugierde der anderen Kinder auf dem Dach. Auch Raju kam herbeigerannt, doch seine Frage, die er über alle anderen hinwegschrie, drehte sich nicht um die fremde

Frau. Er wollte wissen, ob Nuraj Carrom spielen wollte. Ich ließ Nuraj bei Raju und rief die übrigen Kinder auf der anderen Seite des Dachs zusammen, um sie zu bitten, Nuraj in Ruhe zu lassen. Eine Stunde später kamen Farid und Krish wieder ins Haus und Krish ging zu den anderen Kindern aufs Dach.

»Was war los?«, fragte ich Farid, als wir wieder in den Garten gingen.

»Du wirst es nicht glauben«, sagte Farid und fluchte leise auf Französisch.

Golkka hatte die Kinder angewiesen, jedem zu sagen, dass ihre Eltern tot waren. Das brachte mehr Almosen von den Touristen und war eine einfache Erklärung für die Behörden, die sich vielleicht dafür interessierten, warum ein Mann so viele Kinder unter seiner Vormundschaft hatte.

»Wenn eines der Kinder sagte, dass seine Eltern noch lebten, dann wurde es von Golkka geschlagen. Kannst du dir das vorstellen?«, sagte Farid. »Krish sah seine Mutter kommen – seine Mutter, nach so langer Zeit – und hatte Angst, dass er Ärger bekommt. Er hatte Angst, wenn sie etwas sagen würden, dann würden wir Nuraj verprügeln.«

Ich konnte es nicht fassen. »Sie kennen die Frau also?«

»Natürlich. Sie ist ihre Mutter«, antwortete er. »Conor, ich habe dir das nicht erzählt, aber ich habe diese Frau schon gesehen. Hier im Dorf. Ich hatte so eine Ahnung, dass es ihre Mutter sein könnte, aber ich konnte es nicht glauben. Ich bin rausgerannt, um sie zu suchen, aber sie war schon weg. Sie muss zurückgekommen sein, um weiter zu suchen.«

»Warum hast du mir das nicht erzählt?«, fragte ich verwirrt.

Er schüttelte den Kopf. »Ich habe es einfach nicht geglaubt. Ich habe gedacht, ich hätte mir das nur eingebildet. Heute weiß ich, dass es stimmt. Die Frau ist ihre Mutter.«

Wir verbrachten während der nächsten Tage viel Zeit mit Nuraj und Krish und ließen Hari übersetzen, um ganz sicher zu sein, dass es keine Missverständnisse gab. Wir sagten ihnen, wie gut es war, dass ihre Mutter gekommen war und dass das ein Grund zum Feiern war. Sie hatten eine Chance, die keines der anderen Kinder hatte: Sie konnten zum ersten Mal seit Jahren wieder mit ihrer Mutter zusammen sein. Wir wiederholten diese Botschaft wie ein Mantra, nicht nur vor den beiden Jungen, sondern vor allen achtzehn Kindern. Wir versprachen Nuraj und Krish, sie nach Kathmandu zu bringen, sobald der Streik vorbei war, um ihre Mutter regelmäßig zu besuchen und die Beziehung wiederherzustellen.

Die übrigen Kinder sahen, dass Farid und ich die beiden Jungen nicht bestraften, weil sie über ihre Mutter sprachen. Im Gegenteil, wir freuten uns, weil die Mutter am Leben war. Sie konnten uns vertrauen, wie sie seit dem Verlassen ihres Dorfes niemandem mehr vertraut hatten. Dieses Ereignis brachte uns den Kindern noch näher. Wir konnten zusehen, wie sie Ängste ablegten, von denen wir keine Ahnung gehabt hatten.

Zum ersten Mal seit Jahren erzählten sie von ihren Familien, zumindest das Wenige, an das sie sich erinnerten. Die Kinder waren lebhafter denn je. Abends erzählten sie ausführlich von Humla, von ihren Brüdern und Schwestern und Eltern, und ihre Dörfer wurden lebendig. Zum ersten Mal hörte ich, wie die größeren Jungen nachts weinten, wenn sie meinten, dass alle schliefen. Wir hatten verdrängte Erinnerungen freigesetzt, aber wir hatten keine Lösungen für sie. Es herrschte nach wie vor Krieg. Humla war unerreichbar weit weg. Die Eltern hatten keine Ahnung, wo ihre Kinder waren. Die Kleinen Prinzen erinnerten sich, doch mit dieser Erinnerung kam die Erkenntnis, dass sich ihre Eltern genauso gut auf dem Mond befinden könnten. Sie waren immer noch allein. Es hatte sich nichts geändert.

Der Streik endete ein paar Tage später. Die Minibusse fuhren wieder nach Kathmandu. Während ich bei den Kleinen Prinzen blieb, brachte Farid Krish und Nuraj in die Stadt, um ihre Mutter und ihren Bruder zu besuchen. Einige Stunden später kamen sie strahlend zurück. Die Kinder bestürmten sie, um bis ins letzte Detail zu erfahren, was sie am Nachmittag bei ihrer Mutter erlebt hatten. Was hatte sie gesagt? Worüber hatten sie gesprochen? Was hatten sie zusammen gemacht?

Alle paar Tage unternahmen Farid oder ich mit den beiden die lange Busfahrt zu ihrer Mutter. In den Jungen ging eine Veränderung vor. Sie waren immer noch unsere Jungs und lebten nach wie vor im Haus. Aber die Brüder lernten eifriger und verbrachten mehr Zeit zusammen. Vor allem freuten sie sich auf die Besuche bei ihrer Mutter.

Doch als sich die Sicherheitslage weiter verschlechterte, wurden die Fahrten von und nach Kathmandu immer schwieriger. Das Land war nun zwischen den Maoisten auf der einen Seite und dem Diktator König Gyanendra auf der anderen gefangen. Journalisten, die den Mut hatten, die Monarchie zu kritisieren, wurden unter Hausarrest gestellt. Das war erst der Anfang.

Der König hatte eine Rückkehr zur Demokratie versprochen und für den Februar 2006 Regionalwahlen angekündigt. Doch die Sache hatte einen Haken: Die gewählten Volksvertreter sollten nicht mehr sein als Marionetten des absolut regierenden Monarchen. Die Wahl wurde von sämtlichen Parteien Nepals boykottiert und von internationalen Beobachtern verurteilt. In den Straßen von Kathmandu flammten Proteste auf. Der König ließ die Demonstranten von der schwer bewaffneten Polizei verhaften und verprügeln, ein Demonstrant kam ums Leben.

Die Bürger gingen auf die Straße. Der König versuchte, sie daran zu hindern. Vor einer breit angekündigten prodemokratischen Demonstration ließ er das mobile Telefonnetz abschalten; einen Monat lang gab es im ganzen Land keinen Handyempfang. Die Demonstranten organisierten sich trotzdem. Also verhängte die Regierung für den Tag der geplanten Proteste eine Ausgangssperre. Wer den Mut hatte, trotzdem auf die Straße zu gehen, wurde von der Polizei verprügelt. Spione der Regierung verhafteten Studentenführer, indem sie einfach in die Hörsäle stürmten und sie abführten.

Als wäre die Situation für die Bevölkerung noch nicht schlimm genug, verhängten die Maoisten für den Wahltag einen Generalstreik. Wer die Wahllokale aufsuchte, riskierte, von ihren Anhängern angegriffen zu werden.

Die Auseinandersetzung trieb bizarre Blüten. Da die Regierung ihre Bürger nicht überzeugen konnte, den Generalstreik zu missachten und ihr Leben für eine Wahlfarce aufs Spiel zu setzen, schlug der König eine neue Taktik ein. Wenn die Bürger den Streik nicht freiwillig missachten wollten, dann musste er sie eben dazu zwingen.

Eines Nachts konfiszierte die Polizei von Kathmandu willkürlich fünfhundert Autos. Über Radio und Fernsehen wurde verkündet, die Besitzer müssten ihre Fahrzeuge am ersten Tag des Generalstreiks abholen und nach Hause fahren. Wenn nicht, würde ihr Auto vom Staat einkassiert. Diese unglücklichen Bürger wurden gezwungen, ihr Leben und ihre Fahrzeuge – einen erheblichen Teil ihres Vermögens – aufs Spiel zu setzen.

Mit ihrer Botschaft machte die Regierung klar, dass sie sich der Gefahren für die Betroffenen durchaus bewusst war. Sie bot sogar eine Versicherung für den (sehr wahrscheinlichen) Fall an, dass das Fahrzeug beschädigt würde. In Zeitungsanzeigen kündigte die Regierung außerdem an: »Im Falle eines Ablebens des Fahrers oder Beifahrers bei der Rückholung des Fahrzeugs zahlt die Regierung einen zusätzlichen Aufschlag.«

Die Wahlen waren ein gründlicher Reinfall. Die Wahlbeteiligung lag bei zwei Prozent. In den meisten Wahllokalen befanden sich mehr Soldaten als Wähler. Es gab nicht einmal genug Kandidaten für die zu vergebenden Posten; für die viertausend Ämter hatten sich nur zweitausend Kandidaten zur Verfügung gestellt. Die Maoisten hatten gedroht, Kandidaten umzubringen, und in mindestens einem Fall hatten sie ihre Drohung wahrgemacht. Sie erschossen einen Kandidaten auf offener Straße und verübten Anschläge auf die Häuser zahlreicher anderer. Im Gegenzug bot die Regierung kostenlose Lebensversicherungen für jeden an, der sich aufstellen ließ.

Der König beschrieb die Wahlen als Sieg der Demokratie.

Als Krish und Nuraj eines Nachmittags vom Besuch bei ihrer Mutter zurückkamen, waren sie besonders aufgeregt. Sie rannten den Weg von der Straße herunter durch das blaue Tor und direkt zu der Gruppe der älteren Jungen. Die Kinder versammelten sich und die beiden berichteten, was passiert war. Farid folgte einige

Minuten später. Er bat mich, mit aufs Dach zu kommen. Die Sonne stand niedrig am Himmel und ich zog mir einen zusätzlichen Pullover an, bevor ich nach oben ging.

Farid war allein auf dem Dach. Er saß auf der Mauer und blickte auf die Berge. An klaren Nachmittagen wie diesen konnte man auf der anderen Seite des Tals von Kathmandu den Himalaja sehen, der im Licht der untergehenden Sonne dunkelrosa leuchtete. Selbst auf diese Entfernung wirkte neben diesen Bergen alles andere zwergenhaft.

»Es waren mehr Kinder da, Conor«, sagte Farid.

»Mehr Kinder wo?«

»Bei der Mutter. Es waren sieben, sie leben bei der Mutter in der Hütte. Kinder aus Humla.«

Farid berichtete mir, was er von den Erzählungen der Mutter verstanden hatte. Golkka betätigte sich nach wie vor als Kinderschlepper. Je schlimmer der Krieg wurde, desto mehr Familien waren bereit, ihm Geld zu geben, um ihre Kinder in Sicherheit zu bringen. Er lieferte sie in Kinderheimen von internationalen Organisationen ab, denen nur am Wohlergehen der Kinder gelegen war und die ihm oft die Geschichte abkauften, dass es sich um Waisenkinder handelte. Doch allmählich sprachen sich seine Praktiken in Kathmandu herum. Die Hilfsorganisationen waren in einer Zwickmühle. Sie beschlossen, ihm keine Kinder mehr abzunehmen, obwohl sie wussten, dass sie diese damit in Gefahr brachten. Doch sie sahen keine andere Möglichkeit, seine Schleppertätigkeit zu beenden.

Aber das Geschäft war einfach zu lukrativ, um es so ohne Weiteres einzustellen. Dann fand Golkka Nurajs Mutter. Er erkannte sie als eine der Frauen aus Humla und wusste, dass ihr

Mann nicht da war. Er konnte sie ausnutzen. Eine arme, ungebildete Frau aus einem abgelegenen Dorf war nicht in der Lage, einem Mann wie Golkka die Stirn zu bieten. Er brachte ihr sieben Kinder und trug ihr auf, sich um sie zu kümmern. Dann verschwand er wieder.

»Aber wie sorgt sie für die Kinder? Ich habe gedacht, sie hätte nicht einmal genug für ihren Sohn!«, fragte ich.

»Genau das ist das Problem. Sie kann nicht für die Kinder sorgen. Sie verhungern. Ich habe es gesehen. Diese Kinder könnten sterben«, sagte er. Mit Mühe unterdrückte er seinen Zorn. »Wir müssen etwas tun, Conor.«

Ich stimmte zu. Nicht nur für die sieben, sondern auch für die Mutter. Sie musste selbst ums Überleben kämpfen. Golkka hatte sieben weitere Kinder in ihr sinkendes Rettungsboot gesteckt.

Zwei Tage später, als die Kinder in der Schule waren, fuhren Farid und ich mit dem Minibus zur Hütte der Mutter. Unterwegs machten wir an einem Geschäft Halt. Es war ein typischer Krämerladen, eine kleine Hütte, nach der Straße hin offen, in der man Reis und Gemüse kiloweise aus Jutesäcken kaufen konnte. Wir kauften, so viel wir tragen konnten, und schleppten es zur Hütte der Mutter.

Es war eine Einraumhütte aus Lehmziegeln mit einem lose aufgelegten Wellblechdach. Als wir durch das Tor kamen, schauten drei Kinder aus der Tür. Aus dem Dunkel tauchte ein weiteres Gesicht auf und starrte uns an. Ich hatte mich an die zutraulichen Kleinen Prinzen gewöhnt, die jeden Fremden bestürmten wie wild gewordene kleine Krokodilsringer, sich an ihre neuen Freunde klammerten und sie mit Fragen bombardierten. Doch diese Kinder waren Schatten. Schweigend starrten sie uns an.

Angst hatten sie keine, aber Neugier und Misstrauen schienen sich die Waage zu halten, und sie schienen nicht zu wissen, ob sie näher kommen oder sich im Haus verstecken sollten. Sie waren schmutzig, ihre Haut war trocken und spröde, ihre Kleider staubig und zerrissen, ihre Haare wie mit dem Messer heruntergehackt. Die meisten waren barfuß.

Farid und ich trugen das Essen in die Hütte und grüßten Nurajs Mutter. Die Frau stand neben ihrem zweijährigen Sohn. Der entstellte Rücken des Jungen war entblößt, und bei diesem Anblick zuckte ich unwillkürlich zusammen. Die Mutter lächelte entschuldigend und zog dem Jungen ein T-Shirt an. Ich fühlte mich wie ein Idiot.

Der Älteste der sieben, ein schlaksiger, vielleicht zwölf Jahre alter Junge namens Navin, saß drinnen auf einem der Betten. Die einzige Lichtquelle war die Tür. Fenster gab es keine, sämtliche Ritzen und Löcher in der Mauer waren mit Zeitungspapier ausgestopft, um die Kälte draußen zu halten. Im Dunkeln konnte ich erkennen, dass er etwas um seine Hand gewickelt hatte, das er festhielt. Farid nahm ihn freundlich am Ellbogen und führte ihn nach draußen. Um seinen Finger hatte er einen alten Lappen gewickelt, den er auf der Straße gefunden haben musste. Farid nahm ihn vorsichtig ab. Er wandte den Blick ab, wickelte den Lappen wieder um den Finger und flüsterte dem Jungen etwas zu. Der Junge antwortete. Farid nickte und kam zu mir.

»Kannst du bei den Kindern bleiben?«, bat er mich. »Ich muss Navin ins Krankenhaus bringen. Er hat sich den Finger in einem Tor eingeklemmt und die Fingerkuppe ist fast ab.«

Er ging mit Navin zur Ringstraße, wo die beiden in ein Taxi stiegen und davonrasten.

Das schien aufregender als alles, was die Kinder in letzter Zeit erlebt hatten. Sie standen jetzt alle vor der Hütte, starrten mich an und fragten sich vermutlich, ob ich mir gleich einen von ihnen schnappen, in ein Taxi stecken und mit ihm Gott weiß wohin brausen würde. Deswegen hielten sie vermutlich Abstand. Ich saß auf dem Boden und sah sie an. Der Älteste der verbleibenden sechs hatte gewisse Ähnlichkeit mit Navin und ich fragte mich, ob die beiden verwandt waren. Er drehte sich um und ging zurück in die Hütte. Die anderen blieben, hockten sich einer nach dem anderen auf den Boden und wollten offenbar sehen, was ich als Nächstes tun würde. Ich schätzte, dass sie zwischen fünf und neun Jahre alt waren. Der Jüngste war nur eine halbe Portion, kleiner noch als Raju, und hatte das Gesicht zu einer dauernden Grimasse verzogen. Wie die anderen auch, stellte ich bei genauerem Hinsehen fest.

Es gab nur ein Mädchen in der Gruppe. Sie hieß Amita, wie ich später erfuhr. Sie hatte lange, zerzauste Haare und tibetanische Gesichtszüge mit schmalen Augen und breiten Wangenknochen. In Humla und im Norden des Landes war dies ein verbreitetes Gesicht, denn ihre Vorfahren waren vor mehr als vier Jahrhunderten über die Berge aus Tibet gekommen. Das Verhältnis von einem Mädchen zu sechs Jungen entsprach dem üblichen Mädchenanteil der Kindergruppen aus Humla. Wenn Eltern einem Schlepper ihre Kinder mitgaben, dann schickten sie meist Jungen. Sie meinten, die Jungen würden eher von den Maoisten entführt, doch sie erwarteten außerdem, dass die Jungen in der Schule mehr Erfolg hatten und als Erwachsene nach Humla zurückkamen, um für ihre Familie zu sorgen.

Doch Amita schien so etwas wie die Anführerin der kleinen

Die sieben verschleppten Kinder, die Farid und ich auffanden und für die wir die Verantwortung übernahmen: Madan, Bishnu, Navin (im Hintergrund), Dirgha, Kumar (sein Kopf ist kaum sichtbar), Samir, Amita (Februar 2006).

Gruppe zu sein. Sie flüsterte einem dürren, kleinen Jungen namens Dirgha, der neben ihr saß, etwas ins Ohr. Dirgha, der mich mit seinen großen Schneidezähnen an Bugs Bunny erinnerte, starrte niedergeschlagen auf den Boden und zeichnete mit einem Stöckchen Schlangenlinien in den Staub.

Wir saßen vielleicht zwanzig Minuten auf dem Boden und sahen uns an. Es gab nichts, was wir sonst hätten tun können. In

Nepal lernte ich, geduldig zu sein, was mir nicht leichtfällt. Es gibt weniger Stimulation von außen und weniger Druck, Dinge zu erledigen. In ihrer friedlichen Art können die Menschen in Nepal schier endlos lange still sitzen und auf die Felder, ihr Vieh oder ihre spielenden Kinder schauen.

Ich wollte Kontakt zu diesen Kindern herstellen, aber ich wollte sie auch nicht verschrecken. Also unternahm ich einen kleinen Spaziergang auf den Acker neben der Hütte. Das Weizenfeld war klein – etwa halb so groß wie ein Fußballplatz – und abgeerntet. Wie ich erwartet hatte, folgten mir die Kinder mit einem gewissen Sicherheitsabstand. Als ich mich umdrehte, unterbrachen sie ihr leises Plappern und erstarrten. Es war wie ein Spiel, das ich als Kind gespielt hatte und das wir »Rote Ampel, grüne Ampel« genannt hatten. Ich ging wieder los, und jedes Mal drehte ich mich ein bisschen schneller um. Nachdem ich das ein paar Mal wiederholt hatte, bemerkten sie, dass es sich um ein Spiel handelte. Amita lächelte. Das war ein echter Erfolg, auch wenn Dirgha sofort kehrtmachte und in die Hütte zurückging, als er mitbekam, dass ich mit ihnen spielen wollte. Dort setzte er sich auf den Boden und zeichnete wieder Schlangenlinien in den Staub.

Zwei Stunden später kam Farid mit Navin zurück. Der Finger des Jungen war jetzt fest mit einem sauberen weißen Verband umwickelt. Wir verabschiedeten uns von der Mutter und winkten den Kindern zu. Nur Amita winkte zurück. An der Ringstraße stiegen wir in einen Bus und fuhren die neunzig Minuten zurück nach Godavari.

Alle paar Tage brachten wir der Mutter von Krish und Nuraj frisches Essen. Die Kinder wurden zutraulicher. Beim dritten Besuch rannten sie uns entgegen. Dirgha blieb immer noch in der

Hütte. Er hatte die Hände tief in den Taschen seiner zerschlissenen Hose vergraben und schlurfte mit hängendem Kopf durch den Staub, als wollte er uns etwas demonstrieren.

Bei unserem dritten Besuch brachte ich meine kleine Digitalkamera mit. Nachdem ich einen Sack Gemüse neben der Tür abgestellt hatte, machte ich ein paar Dutzend Fotos von den herumtollenden Kindern. Ich verriet ihnen nicht, was ich tat. Sie hatten nie eine Kamera gesehen, und das machte es einfacher, natürliche Aufnahmen zu bekommen. Ganz anders die Kleinen Prinzen: Wenn sie meine Kamera sahen, kamen sie sofort angerannt und drückten ihr Gesicht gegen die Linse, weshalb ich eine Menge Aufnahmen von Hriteeks Nacken oder Nishals Haaren hatte. Aber irgendwann wurden auch diese sieben Kinder neugierig. Sie stellten sich auf die Zehenspitzen, um zu sehen, was ich mir auf dem kleinen Bildschirm ansah.

Beim vierten Besuch holte ich die Kamera wieder hervor. Die Kinder spielten auf einem kleinen Heuhaufen auf dem Acker. Dirgha saß wie immer in der Hütte auf einem kleinen Stapel von Ziegeln, knüpfte Grashalme zusammen und hielt sie hoch wie Gebetsfahnen, die zwischen seinen Armen flatterten. Ich ging zu ihm hin. Er sah kurz auf, um sich dann trotzig wieder auf seine Grashalme zu konzentrieren. Ich richtete die Kamera auf ihn und ging bis auf einen halben Meter heran. Sein Gesicht füllte den Bildschirm aus. Ich knipste, dann drehte ich die Kamera um und hielt ihm den geheimnisvollen Bildschirm in zwei Metern Abstand hin.

Er konnte nicht widerstehen. Er stand auf und kam auf mich zu, noch immer missmutig, damit ich nicht den Eindruck bekäme, es könnte ihm Spaß machen. Er schaute auf den Bildschirm und machte große Augen. Hinter mir hörte ich aufgeregte Rufe und das Patschen von nackten Füßen auf dem Lehmboden. Das Geheimnis war gelüftet. Die anderen rammten mich wie bei einer Massenkarambolage und ihre Köpfe drängten sich um den Bildschirm. Sie schwiegen eine Sekunde, während sie verstanden, was sie da sahen, dann jubelten sie. Amita schüttelte Dirgha mit atemloser Begeisterung und erklärte ihm, was er noch nicht verstand. Das Bild war er – so sah er aus.

Bis dahin war es mir nicht in den Sinn gekommen, dass sich der Junge vermutlich noch nie selbst ins Gesicht gesehen hatte. In seinem Dorf gab es keine Spiegel, kein Glas und keine reflektierenden Oberflächen. Während die anderen vor Freude um mich herumsprangen und mich baten, ein Foto von ihnen zu machen, hielt Dirgha die Kamera umklammert und starrte sich an. Zum ersten Mal machte sich ein Lächeln auf seinem Gesicht breit.

Danach war Dirgha nicht mehr schüchtern. Er war immer noch ein bisschen trotzig, aber auf fast liebenswerte Weise. Als Amita, der Wildfang, einen alten Plastikball fand, beschloss sie, Fangen zu spielen. Sie nahm einen langen Anlauf, und als sie bis auf einen guten Meter an mich herangekommen war, schleuderte sie den Ball mit aller Kraft. Dirgha stand neben mir. Um das Mädchen zu beeindrucken oder zu demonstrieren, dass er immer noch der Chef war, sprang er dazwischen, um den Ball zu fangen. Er flog durch seine Hände hindurch und in meine. Zornig und frustriert drehte er sich zu mir um und stampfte mit dem Fuß auf. Dann setzte er sich mit verschränkten Armen auf den Boden. Noch ein Junge, der mich an meine Kindheit erinnerte. Ich schickte mich an, den Ball zu Amita zu werfen, doch dann tat ich so, als würde ich verfehlen und warf ihn so, dass er direkt neben Dirgha auf den Boden fiel. Der schnappte den Ball und sprang mit einer dramatischen Geste auf, als hätte er den Ball allein durch seinen sportlichen Einsatz ergattert. Er lächelte. Dann warf er ihn zu mir zurück. Es war ein mitleidiger Wurf, mit dem er mir zeigen wollte, dass ich immer noch mitspielen dürfe. Ich nickte ihm dankbar zu.

Ich freute mich auf meine Besuche bei den sieben Kindern. Die Kleinen Prinzen waren wie meine Geschwister, und wenn ich in unser Kinderheim zurückkam, dann war es so, als würde ich nach Hause kommen. Doch diese sieben Kinder hatten keine freiwilligen Helfer. Sie waren einfach ausgesetzt worden. Niemand kümmerte sich um sie, niemand schickte sie zur Schule, niemand sammelte Spenden für sie oder las ihnen Gute-Nacht-Geschichten vor. Keine Organisation beschützte sie. Niemand hatte diese sieben Kinder auf dem Schirm, und in diesem Land konnte das lebensgefährlich sein.

Wir hatten allen Grund zur Sorge. Die politische Situation spitzte sich weiter zu. Die Maoisten sprachen offen von einem Aufstand und davon, die Monarchie zu stürzen, koste es, was es wolle. Die Revolution gärte. Wenn es zu einem langen Generalstreik kam, wie wir gerüchtehalber gehört hatten, dann waren wir nicht mehr in der Lage, die Kinder mit Lebensmitteln zu versorgen. Um das Überleben der Kinder zu sichern, mussten wir für eine dauerhafte Lösung sorgen.

Während das Land im Chaos versank, verspürten Farid und ich eine ungekannte Dringlichkeit. Wir suchten Kinderheime, die diese sieben Kinder aufnehmen konnten, aber ohne Erfolg. Wir hatten unterschätzt, wie aussichtslos die Situation für verschleppte Kinder war. Sämtliche Organisationen waren bereits bis zum letzten Platz belegt. Ich verstand ihre Situation nur zu gut: Im Kinderheim der Kleinen Prinzen hatten wir nur deshalb drei weitere Kinder aufgenommen, weil es sich um die jüngeren Brüder von Santosh und einen Jungen namens Mahendra handelte. Mit zwanzig Kindern hatten wir unsere Kapazitätsgrenze erreicht, wenn wir mehr aufnahmen, verstießen wir gegen die Richtlinien für Kinderheime, die eine bestimmte Mindestzahl von Quadratmetern pro Kind vorschreiben. Dieses Risiko konnten wir nicht eingehen. Also brauchten wir eine andere Lösung, und zwar schnell.

Ich hatte meinen Rückflug für den 6. April gebucht. Als ich das Ticket gekauft hatte, hatte ich nicht ahnen können, dass an diesem Tag Ausländer an den Schaltern Schlange stehen würden, um aus Nepal herauszukommen, egal wohin. Die Maoisten hatten einen umfassenden Generalstreik ausgerufen, der vom 5. bis zum 9. April dauern sollte, und hatten angedroht, ihn so lange auszudehnen, bis der König gestürzt war. Es war Ende März, und uns lief die Zeit davon. Über meinen Freund Devendra, einen jungen Nepalesen, der für die Hilfsorganisation CERV Nepal arbeitete, lernte ich den Leiter des Sozialamts kennen, einen Mann namens Gyan Bahadur. Devendra hatte mich gewarnt, Gyan Bahadur sei vermutlich der meistbeschäftigte Mann in Kathmandu. Aber wenn wir am Donnerstag um dreizehn Uhr im CERV-Büro in Thamel waren, dann könnten wir ihn dort antreffen.

Farid und ich waren früh dran. Wir wurden gebeten, in einem kleinen Besprechungszimmer mit Kissen auf dem Boden zu warten. Eine halbe Stunde später kam Devendra mit einer Nachricht von Gyan. Er ließ fragen, ob wir unser Treffen auf sechzehn Uhr verschieben könnten. Also gingen wir in ein nahe gelegenes Restaurant, in dem es leckeres Tandoori-Huhn gab – eine der Mahlzeiten, nach denen wir uns in Godavari fast täglich die Finger leckten. Auf der Dachterrasse des Restaurants erörterten wir Stra-

Gyan, der Leiter des Sozialamts, bringt zwei kürzlich gerettete Kinder nach Dhalaugiri House, in das Kinderheim von Next Generation Nepal.

tegien für die Unterbringung der Kinder, tauschten Gerüchte über die neuesten politischen Entwicklungen aus oder blickten einfach nur schweigend auf die Menschenmengen auf der Straße. Es waren auffällig wenig Touristen zu sehen, obwohl es der Höhepunkt der Bergsteigersaison war. Die wenigen, die wir ausmachen konnten, stiegen mit Koffern und Taschen bepackt in Taxis und fuhren in Richtung Flughafen davon. Die Welt ließ Nepal mit seinem Krieg allein. Bald würden wir uns anschließen müssen.

Wieder im Büro von CERV saß uns Gyan auf einem Kissen auf dem Boden gegenüber. Neben ihm saß Devendra, der aus Bistachhap kam, wo wir während unserer Einführungswoche untergebracht waren. Er kannte die Situation der sieben Kinder und wollte helfen.

»Conor-ji, Farid-ji, ich freue mich, Sie kennenzulernen«, sagte Gyan und benutzte die förmliche Anrede. »Wie kann ich Ihnen helfen?«

Ich erzählte Gyan von den Kleinen Prinzen, von Golkka, von den sieben Kindern und unserem Dilemma. Er hörte aufmerksam zu, ohne uns zu unterbrechen und ohne eine Regung zu zeigen.

»Conor Sir«, sagte er, als ich signalisierte, dass ich mit meinem Bericht fertig war. »Ich danke Ihnen, dass Sie mir dies mitteilen. Ich wollte die Meinung von Ihnen und Farid Sir hören. Wir wissen von Golkkas Aktivitäten. Wie Sie vielleicht ahnen, gibt es neben Ihren zwanzig Kindern und den sieben, die Sie an der Ringstraße gefunden haben, noch viele mehr. Ich verfolge diesen Mann seit zwei Jahren. Ich schätze, dass er fast vierhundert Kinder verschleppt hat.«

Er musste das Erstaunen in meinem Blick gesehen haben, denn er nickte mir zu, als wollte er mir andeuten, dass dies die richtige Reaktion war.

»Wie Sie sich vielleicht denken können, ist es sehr schwer, diesem Mann das Handwerk zu legen«, fuhr er fort. »Er wurde einmal verhaftet. Aber er hat mächtige Verbindungen und war nach drei Tagen wieder frei. Die Beweise gegen ihn sind schwach, vor allem im nepalesischen System.« Gyan lächelte traurig. »Aber was Sie sagen, macht mir Hoffnung. Diese Kinder sind Beweise.

Sie belegen, dass er Kinder misshandelt, dass er sie aussetzt und dass er sie verhungern und sterben lässt. Vielleicht reicht das, um Golkka zu verhaften. Und um ihn daran zu hindern, Kinder aus Humla zu entführen.«

Gyan stand auf. »Es tut mir leid, aber ich muss gehen«, sagte er und blickte auf die Uhr. »Sie suchen ein Heim für alle sieben, ist das richtig?«, fragte er uns.

»Das wäre das Beste«, antwortete Farid. »Niemand kann die sieben Kinder aufnehmen. Wir haben viele Heime angerufen. Die Kinder habe es sehr schwer gehabt – sie sind noch sehr klein.« Er kämpfte mit seinen Gefühlen.

Gyan nahm seinen Motorradhelm, hob ihn ans Kinn und dachte nach. Schließlich sagte er: »Morgen oder übermorgen bekommen Sie einen Anruf. Dann haben Sie ein Zuhause für die sieben Kinder.«

Damit legte er die Hände zusammen, verabschiedete sich und gab Devendra die Hand. Dann ging er mit raschen Schritten auf die Straße, schwang sich auf sein Motorrad und schlängelte sich durch die Menge der Fußgänger.

Zwei Tage später klingelte das Telefon. Ich hatte den Namen »Umbrella Foundation« noch nie gehört. Jetzt, als ich sie kennenlernte, schien sie mir wie ein Geschenk des Himmels für die Kinder von Nepal. Die Umbrella Foundation war von einer Frau namens Viva Bell gegründet worden, einer freundlichen Nordirin, die seit vierzehn Jahren in Kathmandu lebte. Ihre Partner Jacky Buk, ein Franzose mit wettergegerbtem Gesicht und wild verfilzten grauen Haaren, leitete das Tagesgeschäft der Organisation. Die Stiftung unterhielt insgesamt vier Kinderheime in Kathmandu, eines neben dem anderen, in denen hundertfünfzig Kinder betreut wurden. Viva erzählte mir, Gyan habe sie gebeten, mich anzurufen, weil ich sie um etwas bitten wolle.

»Was kann ich für dich tun, Conor?«, fragte sie mit einem breiten Dialekt, der mich an meine Irlandreisen mit meinem Vater erinnerte.

Ich erzählte ihr die Geschichte der Kinder in Kurzfassung. Am Ende versicherte ich ihr: »Wir übernehmen gern alle Kosten, aber ich weiß natürlich nicht, ob Sie überhaupt genug Platz …«

Sie ließ mich nicht zu Ende sprechen.

»Klar, wir nehmen sie gern auf«, sagte sie. »Sag uns nur, wo wir sie finden, und wir holen sie ab.«

Einen Moment lang brachte ich kein Wort heraus. Als ich den Mund schließlich aufmachte, spürte ich einen dicken Kloß im Hals. Ich atmete tief durch, bevor ich fragte: »Sind Sie sicher? Ich will Ihnen keine Unannehmlichkeiten …«

»Jetzt sei nicht so höflich und amerikanisch, Conor! Dafür bist du schon zu lange hier. Wir nehmen die Kinder auf. Du hast dich bis jetzt gut um sie gekümmert. Bei uns sind sie in besten Händen. Sie haben bestimmt eine Menge Spaß mit den anderen Kindern!«

Nachdem ich den Hörer aufgelegt hatte, starrte ich lange aus dem Fenster. Dann ging ich zu Farid aufs Dach, der mit ein paar älteren Kindern sprach.

»Wir haben ein Zuhause für die Kinder«, sagte ich.

»Gut. Für wie viele?«, fragte er und schien sich innerlich schon auf eine Enttäuschung vorzubereiten.

»Alle sieben.«

Farid schwieg eine Weile. Dann schüttelte er ungläubig den Kopf. »Das ist eine sehr, sehr gute Nachricht, Conor.«

Am nächsten Tag versammelte ich die Kinder, um mich zu verabschieden. Wie es der Brauch war, gaben sie mir Blumen und Tikkas und wünschten mir eine gute Reise. Und wie ich erwartet hatte, fragten sie mich, wann ich wiederkommen würde.

»In einem Jahr, Bruder?«, fragte Anish. »Wie letztes Mal?«

Ich sagte ihnen die Wahrheit. Ich sagte ihnen, wie sehr ich Nepal liebte, wie gern ich bei ihnen war und wie gern ich im Dorf lebte. Aber ich musste nach Hause und würde wahrscheinlich erst in ein paar Jahren wiederkommen, wenn sie schon größer waren. Ich musste arbeiten. Ich war pleite und musste Essen kaufen und ein Haus mieten.

»Und heiraten, Bruder?«, fragte Santosh und lächelte.

»Äh, na ja. Äh, nein, ehrlich gesagt. Ich glaube, du wirst noch vor mir heiraten, Santosh.« Ich war froh, dass die Kinder das als Witz auffassten.

Dann fragten sie durcheinander: »Und ich, Bruder? Heirate ich auch vor dir?« Ich musste die ganze Reihe durchgehen und allen bis hinunter zu Raju versichern, dass sie wahrscheinlich vor mir heiraten würden.

Ich winkte den Kindern zu, um den Abschied nicht unnötig in die Länge zu ziehen. Sie waren in guten Händen. Wir hatten einen Notfallplan für den Fall, dass eine Zeit lang keine freiwilligen Helfer kamen. Das war zum Beispiel im Vorjahr der Fall gewesen, als Farid für einen Monat nach Frankreich zurückmusste, weil sein Visum abgelaufen war. Damals hatten die Mitarbeiter aus Nepal die Betreuung übernommen. Hari war tagsüber mit Bagwati und Nanu im Haus geblieben. Nanu, die Wäsche-Didi, wohnte nebenan, und Bagwati war die Nacht über geblieben. Die drei waren ein gutes Team. Sie konnten sich auf die Unterstützung des gesamten

Dorfes verlassen, die Bewohner hatten ein Auge auf die Kinder, wenn diese durch die Felder und Wiesen rannten. Farid sollte eine Woche nach mir aufbrechen und dann würden die drei wieder die Betreuung der Kinder übernehmen. Auch die älteren Jungen sollten mehr Verantwortung übernehmen und zum Beispiel die Kleinen für die Schule fertigmachen. Ich musste einfach darauf vertrauen, dass die Kinder »okay« waren, wie Sandra gesagt hatte.

Farid begleitete mich zur Straße, wo ich auf den Bus wartete. Er wünschte mir eine gute Heimreise und ein schönes Wiedersehen mit meiner Familie. Er versprach, sich zu melden, wenn die Umbrella Foundation die Kinder abgeholt hatte, und versicherte mir, es würde schon alles gut gehen. Die Kinder hatten so lange überlebt und hatten genug Essen für drei Wochen. Für die paar Tage reichte es allemal. Und wenn nicht, konnte Hari mehr bringen. Das wusste ich natürlich längst alles, aber es war gut, es noch einmal aus Farids Mund zu hören.

»Ich hoffe, du bekommst einen Flug, Farid. Es wird unschön. Ich hoffe, du kommst irgendwie an den Flughafen«, sagte ich. Er lachte.

»Das ist Nepal, Conor. Ich nehme, was es mir gibt«, erwiderte er.

Das Letzte, was ich von Nepal sah, waren die Berge des Himalaja, die auf Augenhöhe an meinem Fensterplatz vorüberzogen. Ich hoffte sehr, dass ich das Land eines Tages wiedersehen würde.

Sieben Nadeln im Heuhaufen

3

Das erste bekannte Gesicht, das ich im Flughafen von Newark sah, gehörte meiner Mutter. Wie immer stand sie in der ersten Reihe der Wartenden, lehnte sich über die Absperrung und blickte suchend in die Gesichter der müden Reisenden, die durch die Tür kamen. Ich sah sie, ehe sie mich sah. Sie wirkte ernst, hielt das Geländer umklammert und blickte auf die Anzeigetafel, um zu sehen, ob der Flug aus Delhi tatsächlich pünktlich gelandet war. Sie erkannte mich sofort, obwohl mir die Kleider am ausgemergelten Körper flatterten, meine Haare abgehackt und zerzaust waren und ich mich seit einem Monat nicht mehr rasiert hatte. Ihre Augen leuchteten und noch ehe sie den Mund öffnete, wusste ich schon, dass sie »Ja! Huhu!« schreien und die kleine Inderin neben ihr erschrecken würde. Nach all den Jahren war mir ihre Reaktion immer noch peinlich. Aber diesmal vielleicht ein bisschen weniger.

Wir fuhren nach Hause nach Jersey City, vorbei an der Skyline von New York. Meine Mutter fragte mich gleich, wie es den Kindern ging, die sie aus meinen E-Mails mit Namen kannte. Nepal war in den Nachrichten, erzählte sie mir. Zum Beweis schaltete sie National Public Radio ein, und tatsächlich, es dauerte keine Viertelstunde, bis wir die aktuellste Meldung über die Situation in Nepal hörten. Ich musste bald feststellen, dass meine Mutter sehr viel besser über die politische Situation Bescheid wusste als ich. Sie hatte jedes Häppchen Information aufgesogen, das sie finden konnte. In zehn Minuten brachte sie mich auf den neuesten Stand und berichtete mir von der maoistischen Offensive, den königlichen Gegenangriffen, den inhaftierten Journalisten und den Übergriffen beider Seiten auf die Zivilbevölkerung.

Sie hielt vor unserem Haus in New Jersey, stellte den Motor ab und wir saßen einen Moment lang schweigend nebeneinander.

»Ich bin jedenfalls froh, dass du wieder zu Hause bist«, sagte sie.

Am nächsten Tag fuhr meine Mutter zurück nach Florida, wo sie sich dauerhaft niedergelassen hatte. Sie wollte das Haus in New Jersey verkaufen, aber sie wollte damit warten, bis ich meine eigene Wohnung gefunden hatte.

Zwei Tage später riefen die ersten Freunde von mir an. Jeden Abend zog ich mit einer anderen Gruppe von Freunden los, die ich seit mehr als einem Jahr nicht mehr gesehen hatte, um meine Heimkehr zu feiern. Zum ersten Mal seit zehn Jahren hatte ich vor, in den Vereinigten Staaten zu bleiben, mir eine Arbeit zu suchen und mich niederzulassen. Wir unterhielten uns, in welchen Stadtteil von New York ich ziehen würde und welche Frauen ich unbedingt kennenlernen musste. Meine Freunde hatten eine Menge Vorschläge für Blind Dates. Sie bestanden darauf, in den Restaurants und Bars meine Rechnung zu übernehmen. »Bitte, du warst im Ausland, um Waisen zu retten«, sagten sie. »Das ist das Mindeste, was wir für dich tun können.«

Ich hätte ihre großzügigen Angebote vermutlich höflich ausschlagen sollen. Aber das Essen … das Essen war so lecker. So unbeschreiblich. So köstlich. Ich hätte Werbespots für die verschiedenen Restaurantketten drehen können, in denen wir aßen, so begeistert muss ich gestrahlt haben, als ich das Essen verdrückte. Ich aß alles, solange es kein Reis war. Ich trank Wasser aus dem Hahn, ohne Angst vor Parasiten. Das Bier schmeckte göttlich. Ich aß mein erstes Stück Schokolade seit Monaten.

Und alles war so blitzsauber. Die Menschen in der Stadt trugen Kleider, die fast zu glänzen schienen, und frisch gebügelte und gestärkte Hemden. Niemand trug zwei Tage in Folge dieselben Kleider, geschweige denn zwei Monate lang. Weit und breit waren keine Fleecejacken und keine Sandalen zu sehen. Die englische Sprache, das Surren von neuen Autos, das Brummen von Klimaanlagen und das Spülen von Toiletten waren wie eine Sinfonie in meinen Ohren. Das Merkwürdigste war vielleicht der Anblick der vielen weißhäutigen Kinder, die genauso ungesund blass aussahen wie ich. Nachdem ich monatelang von brauner Haut in Tausenden Schattierungen umgeben gewesen war, sahen diese Kinder aus, als wären sie gebleicht worden.

Ich stellte meinen Lebenslauf zusammen. Er war hoffnungslos veraltet. Ich hatte beschlossen, eine Stelle in einer Non-Profit-Organisation zu suchen. Das schien mir fürs Erste die beste Anlaufstelle zu sein, und ich war mir sicher, dass ich hier problemlos eine Stelle bekommen würde. Nachdem ich so lange keinen Cent verdient hatte, war das nicht ganz unwichtig. New York war teuer und ich pleite. In meinen Lebenslauf nahm ich die Arbeit beim

EastWest Institute in Prag und Brüssel auf. Ich hoffte, dass meine Weltreise nicht gegen mich verwendet würde. Ganz zum Schluss, in der Sparte »Sonstige Interessen«, schrieb ich: »Kinderheim der Kleinen Prinzen, Nepal: Freiwilliger Helfer«.

Das war alles. Die ganze Erfahrung, die Monate mit diesen achtzehn Kindern, jedes von ihnen einmalig, verrückt und unvergesslich, reduziert auf eine Zeile, die vermutlich niemand las. Vielleicht war das auch ganz in Ordnung so, dachte ich. Es war Zeit, den nächsten Schritt zu gehen, eine Arbeit zu finden, eine Frau zu suchen und in der Nähe meiner Freunde und Familie sesshaft zu werden.

Aber die Sache mit dem nächsten Schritt war nicht ganz so einfach. In vier Tagen hatte ich schon vier E-Mails an die Kleinen Prinzen geschrieben, Farid oder ein anderer Helfer würde sie den Kindern vorlesen. Ich hatte Hari geschrieben und ihn gebeten, nach den sieben Kindern zu sehen, sobald sie von den Mitarbeitern der Umbrella Foundation abgeholt worden waren – wenn sich die politische Situation ein wenig beruhigt hatte – und ihnen auszurichten, dass ich an sie dachte. Ich wollte ihnen die Fotos schicken, die ich von ihnen gemacht hatte. Es war mir wichtig, den Kontakt zu erhalten und anders zu sein als die meisten anderen freiwilligen Helfer, die sich nach ihrem Abschied aus Nepal in ihrem Alltag verloren.

Während der Jobsuche verfolgte ich auf CNN die Nachrichten aus Nepal. Die Menschen gingen auf die Straße, und zwar nicht auf Anweisung der Maoisten – obwohl diese die Bewegung nach Kräften unterstützten –, sondern auf Initiative der übrigen Parteien, die nach dem Staatsstreich des Königs von der Regierungsbeteiligung ausgeschlossen worden waren. Die Proteste wurden von Aktivisten organisiert und von den Journalisten, die noch nicht im Gefängnis saßen, propagiert.

Nepal hatte den Siedepunkt erreicht. König Gyanendra klammerte sich verzweifelt an die Macht und verhängte neue Ausgangssperren, um die Proteste gegen seine Diktatur zu unterdrücken. Als dies nicht fruchtete, gab er der Armee den Befehl, auf Demonstranten zu schießen. Am ersten Tag der Proteste wurden acht Personen getötet.

Aus dem Aufstand der Maoisten war eine breite Bewegung geworden, die stündlich stärker wurde. Ich hielt engen Kontakt mit Farid, der inzwischen wieder in Frankreich war. Wir schickten uns gegenseitig Informationen, Gerüchte und Nachrichten, die wir von Freunden und Kollegen in Nepal bekamen. Wir staunten über die Fernsehbilder und die Gesichter der friedlichen, freundlichen und liebevollen Menschen, aus denen plötzlich Leidenschaft, Entschlossenheit und Revolution sprachen. Es waren die Gesichter von Männern und Frauen, die an die vorderste Front getrieben werden und Kugeln und Schläge einstecken, um die Freiheit für die zu gewinnen, die hinter ihnen stehen.

Mit dem Schießbefehl hatte der König sein Schicksal besiegelt. Es schien, als protestiere das gesamte Land in den Straßen von Kathmandu. Am 24. April 2006 brach die Monarchie zusammen. Während das Volk von Nepal buchstäblich vor den Palasttoren stand, verkündete der König die Wiedereinsetzung des demokratisch gewählten Parlaments. Diese Ankündigung, wahrscheinlich die einzige, die er in dieser Situation noch machen konnte, rettete ihm womöglich das Leben. Auf den Gesichtern der Menschen, die ich in Nahaufnahme unter dem CNN-Logo sah, spiegelte sich Erleichterung, Unglauben, Freude und Zuversicht.

Ich schaltete den Fernseher aus. Ich hatte das Gefühl, ich hätte tagelang vor dem Bildschirm gesessen. Nepal hatte noch einen langen Weg vor sich – was war mit den Maoisten? Wie würde sich der König weiter verhalten? Wer würde Nepal regieren? Doch das Land hatte fürs Erste den Kopf aus der Schlinge gezogen. Ich dachte an die Gesichter, die ich auf dem Bildschirm gesehen hatte. Es waren Väter und Mütter, die sich freuten, weil sie etwas bewegt hatten und weil sie ihren Kindern damit eine bessere Welt ermöglichten. Ich empfand großen Stolz für meine Wahlheimat. Und ich dachte, dass jetzt auch unsere Kinder, die Kleinen Prinzen und die sieben Kinder von der Ringstraße, eine bessere Zukunft vor sich hatten.

Dann erhielt ich die E-Mail, die alles veränderte.

Die E-Mail kam von Viva Bell. Wegen des Aufstands hatte sie drei Wochen gebraucht, um die Kinder auf der anderen Seite der Stadt abzuholen. Davor war es unmöglich gewesen, sich in Kathmandu fortzubewegen, die Straßen waren unpassierbar. Nach dem Sturz des Königs brauchten sie zwei Tage, um einen Kleinbus aufzutreiben, mit dem sie zu ihnen gelangen konnte. Dann fuhr Vivas Partner Jacky mit zwei Mitarbeiterinnen los, die sich um die Kinder kümmern sollten. Dank der genauen Beschreibung hatte Jacky keine Probleme, die Hütte zu finden. Er öffnete das Tor, begrüßte Nurajs Mutter und ihren jüngsten Sohn und betrat die Hütte.

Die sieben Kinder waren weg.

Die Mutter erzählte Jacky, Golkka habe mitbekommen, dass die Kinder gerettet werden sollten. Er kannte meinen Namen und wusste, dass ich das Sozialamt über die Situation der Kinder informiert hatte. Golkka wusste genau, wie er das Gesetz zu seinen

Gunsten nutzen und ungestraft davonkommen konnte, und er wusste, dass diese sieben Kinder – ihre Existenz und die Zustände, unter denen sie lebten – als Beweis gegen ihn verwendet werden würden.

Golkka ging kein Risiko ein. Kaum war der König gestürzt und die Ausgangssperre aufgehoben, schlug er zu. Unter dem Schutz der Euphorie nahm er die Kinder mit und versteckte sie, damit sie ihm keine Probleme bereiteten. Im Wettlauf um die Kinder war er der Umbrella Foundation um 48 Stunden zuvorgekommen. Und jetzt waren sie ganz einfach verschwunden.

Mir klang noch in den Ohren, was ich den Kindern zum Abschied gesagt hatte. Ich hatte ihnen versprochen, dass sie jemand abholen würde, dem sie vertrauen konnten. Jemand würde kommen und sie an einen sicheren Ort bringen, wo sie mit anderen Kindern zusammenleben und zur Schule gehen konnten, wo sie versorgt würden, ein eigenes Bett hatten und Schuhe bekamen. Sie hatten mir nicht geglaubt. Das hatten ihnen ihre Eltern in Humla auch gesagt, doch dann wurden sie einfach ausgesetzt, ohne Essen und ohne ein Zuhause. Ich hatte mich zu ihnen auf den Boden gehockt, ihnen in die Augen gesehen und ihnen gesagt, dass ich sie verstand. Aber ich hatte versprochen, dass es diesmal stimmte.

Drei Wochen später kam tatsächlich jemand, um sie abzuholen, genau wie versprochen. Aber dieser Jemand hatte sie nicht in ein sicheres Heim gebracht. Amita, Dirgha, der kleine Bishnu und die anderen – sie wussten inzwischen, dass ich sie verraten hatte. Dass ich genauso war wie alle anderen. Nur, dass jetzt niemand mehr wusste, wo sie waren.

Ich saß in meinem alten Kinderzimmer und las Vivas E-Mail

wieder und wieder. Zweimal klingelte das Telefon – es waren Freunde, die mir sagen wollten, in welcher Kneipe wir uns am Abend treffen wollten. Ich ließ es klingeln. Als ich wieder auf die Uhr sah, stellte ich fest, dass ich seit einer Stunde auf die E-Mail starrte. Inzwischen war es draußen dunkel geworden.

Neben dem Computer lag ein Notizbuch, das ich bei der Jobsuche benutzte. Es war penibel organisiert, ein Zeichen meiner Begeisterung. Die Aussicht, wieder in New York zu leben, war ein Traum. Es war ein Leben mit Freunden, Geld, Rendezvous und Essen, nach dem ich mich seit über einem Jahr gesehnt hatte. Ich würde in Amerika leben, bei meiner Familie, wo alle Englisch sprachen und meine Geschichte und Kultur teilten.

Ich blätterte zu den letzten Seiten vor, auf denen ich eine Liste der Organisationen und Unternehmen angelegt hatte, die ich in die engere Wahl genommen hatte, mit den Pros und Kontras und den ungefähren Einstiegsgehältern. Ich riss die Seiten heraus. Auf eine leere Seite schrieb ich die Namen der sieben Kinder: Navin, Madan, Samir, Dirgha, Amita, Kumar, Bishnu.

Dann setzte ich mich an mein Laptop und schrieb eine E-Mail an Farid. Ich schilderte ihm, was passiert war, und hängte Vivas Nachricht an. Zum Schluss schrieb ich: »Ich gehe wieder nach Nepal.«

Farid antwortete sofort aus Frankreich: »Ich komme mit.«

Ich verspürte das dringende Bedürfnis, noch an diesem Tag ein Ticket zu kaufen. Wenn ich mir das Geld lieh, konnte ich am Ende der Woche wieder in Kathmandu sein. Nach den jüngsten Unruhen waren die Flugzeuge wahrscheinlich leer. Aber was sollte ich machen, sobald ich da war? Es war aussichtslos, die Kinder in der Millionenstadt Kathmandu finden zu wollen. Während des Bürgerkriegs waren Hunderttausende Flüchtlinge in die Stadt geströmt. Tausende Kinder waren verschwunden. Ich wusste nicht, wo ich anfangen sollte. Dies erforderte mehr Planung, als ich gewohnt war, und das frustrierte mich. Ich war kein guter Planer. Ich war jemand, der spontane Entscheidungen traf, sich in schwierige Situationen stürzte, sich irgendwie durchwurstelte und sich dann irgendwie wieder herauskämpfte.

Wo sollte ich anfangen? Ich nahm mein Notizbuch hervor und legte eine Liste von Schritten an. Mir fiel einer ein, aber das war nicht einmal der Erste: nach Kathmandu fliegen. Danach wusste ich nicht weiter. Ich legte meinen Stift beiseite und dachte nach. Je mehr ich nachdachte, desto ärgerlicher wurde ich. Ich hatte doch nur versucht, sieben Kindern zu helfen und sie auf der anderen Seite der Stadt in einem Kinderheim unterzubringen. Das war alles. Ich wollte mich ja gar nicht als Mutter Teresa aufspielen. Aber nicht einmal das hatte ich geschafft.

Ich sah mir die Bilder aus Nepal an, von den Feiern nach dem Abtreten des Königs. Das heizte meinen Ärger nur noch an. Warum suchten die Nepali nicht selbst nach den Kindern? Es waren ja schließlich ihre Kinder, nicht meine. Das Einzige, was sie konnten, war feiern, als ob plötzlich alles gut wäre. Niemand kümmerte sich um diese verschleppten Kinder. Wenn in den Staaten ein fünfjähriges Kind verschwindet, kennen die Nachrichten tagelang kein anderes Thema. Ganze Ortschaften suchen nach ihm. Es werden Millionen ausgegeben, um das Kind zu finden. Der Gouverneur hält eine Pressekonferenz. In Kathmandu lösen sich sieben Kinder in Luft auf, und sie werden nicht einmal vermisst. Natürlich nicht. Sie haben ja Deppen wie mich, die Reis durch die Stadt schleppen und die halbe Welt anrufen, um einen Platz in einem Kinderheim für sie zu finden.

Geduldig ließ Farid meine unzusammenhängenden Ergüsse über sich ergehen. Nachdem ich mich ausgekotzt hatte, schrieb er mir zurück. In der ihm eigenen Diplomatie gab er mir zu verstehen, dass ich – wie war doch gleich das englische Wort? – ungerecht war. (Nachdem er ein Wörterbuch konsultiert hatte, fügte er *irrational* hinzu.) Er musste nicht erklären, warum. Mit seiner Vernunft kühlte Farid meinen Zorn und ich verspürte Schuldgefühle. Ich hatte mein ganzes Geld auf meinen Reisen verprasst. Ich musste mir nie Sorgen machen, dass meine Kinder keine medizinische Versorgung erhielten oder von bewaffneten Männern entführt wurden. Ich musste nie zusehen, wie meine Nachbarn und Freunde langsam verhungerten. Ich würde nie zu Gott beten und ihn um eine gute Ernte bitten. Wenn ich auch nur einen Teil dieser Sorgen hätte, dann würde ich mir keine Gedanken um die Kinder anderer Leute machen, das wusste ich auch. Ich würde alles tun, um meiner eigenen Familie zu helfen.

Also bemühte ich mich, rationaler zu denken. Farid und ich spielten uns tagelang Ideen zu. Eine schnelle Rückkehr nach Kathmandu würde niemandem etwas nutzen. Wir hatten keinerlei Mittel. Selbst wenn wir diese Kinder wie durch ein Wunder fanden, wie wollten wir uns um sie kümmern? Wie konnten wir sie beschützen? Vielleicht konnten sie eine Weile bei der Umbrella Foundation bleiben, aber die Verantwortung lag bei mir. Die Umbrella Foundation hatte ihren Teil geleistet, um sie zu retten. Die Kinder brauchten ein Zuhause, und wenn ich mich auf die Suche nach ihnen machte, dann war ich auch dafür verantwortlich, ihnen dieses Zuhause zu geben. Das hatte ich ihnen zum Abschied versprochen. Ehe wir nicht das Geld hatten, um ihnen eine gewisse Sicherheit bieten zu können, hatte eine Rückkehr wenig Sinn.

Unser Plan nahm Gestalt an.

Wir mussten Geld auftreiben. Das schrieb ich in mein Notizbuch. Das war der Schritt vor »nach Kathmandu fliegen«. Über meinen Reise-Blog und kleine Berichte über die Kleinen Prinzen hatte ich in der Vergangenheit ein bisschen Geld verdient. Aber ich brauchte eine bessere Struktur. Ich musste andere Menschen davon überzeugen, dass es sich um eine richtige Unternehmung handelte. Spenden mussten steuerlich absetzbar sein. Wie ich diese Spender finden wollte, war eine ganz andere Frage. Diesen Schritt übersprang ich zunächst. Ich brauchte zuerst eine ganz offizielle, gemeinnützige Organisation.

Leider hatte ich keine Ahnung, wie man eine gemeinnützige Organisation gründet. Freunde und Bekannte, mit denen ich sprach, rieten mir, einen Anwalt zu konsultieren. Ein Anwalt?, dachte ich nach einem Gespräch mit einem Freund, der eine gemeinnützige Einrichtung gegründet hatte. Ich kann mir schon den Supermarkt nicht leisten. Da ich keine Lust hatte, aufs Essen zu verzichten, suchte ich mir eine juristische Bibliothek in New York City und pendelte jeden Tag in die Stadt, um dort zu recherchieren. Nach zwei Wochen fühlte ich mich ausreichend informiert, um es selbst machen zu können. Aber das war erst der Anfang – so als würde ich ein Auto kaufen und hätte keinen Führerschein. Für die Gründung der Organisation musste ich bergeweise Formulare ausfüllen. Die Behörden stellten ganz grundlegende Fragen, die ich eigentlich im Schlaf beantworten sollte. Was war unsere Mission? Wie wollten wir sie erreichen? Welche Strategie verfolgten wir dabei? Wie viel Geld wollten wir sammeln? Wer saß in unserem Aufsichtsrat? Ich hatte keine Ahnung. Ich wollte diese Kinder finden, aber ich wusste nicht, wie viel Geld wir dazu benötigten. Ich wollte ihnen ein Zuhause geben, aber ich hatte keine Ahnung, wie ich das schaffen wollte.

Die Gründung der Organisation nahm meine ganze Zeit in Anspruch. Ich hatte kein Privatleben mehr. Gelegentlich versuchte ich, mich abends vor dem Fernseher abzulenken, aber nach einer halben Stunde saß ich wieder am Schreibtisch. Es ließ mich nicht los, vor allem dann nicht, wenn ich mich endlich schlafen legte. Ich brauchte ewig, um abzuschalten und einzuschlafen. Gedanken, Ideen, Menschen, mit denen ich sprechen könnte – sie alle rasten durch meinen Kopf und wollten gehört werden. Eines Nachts wachte ich auf und hatte eine Idee. Plötzlich wusste ich, was zu tun war. Ich schoss aus dem Bett, stolperte zum Rechner und schrieb eine E-Mail an Farid. Ohne lange Vorrede legte ich los:

> Wir können ihre Familien suchen, die Familien der Kinder. Erst die Familien der Kleinen Prinzen und dann die Familien der sieben Kinder, wenn wir diese finden. Es ist Waffenstillstand. Die Armee kämpft nicht mehr. Die Rebellen haben eine Feuerpause angeboten. Jetzt, wo der König weg ist, hat niemand mehr Lust auf Krieg. Wir haben eine Chance, nach Humla zu kommen. Wir können durch die Dörfer reisen, ohne entführt oder angegriffen zu werden, vor allem, wenn die Maoisten versuchen, eine reguläre Partei zu werden. Die Zukunft von Nepal hängt davon ab, die Verbindung zwischen dieser Generation der verlorenen Kinder und ihren Familien und Dörfern wiederherzustellen. Das könnten wir doch versuchen, oder? Meinst du, das klappt?

In Frankreich war es vermutlich früh am Morgen, aber Farid antwortete kaum eine Stunde später: »Conor, die Idee gefällt mir. Wir müssen es versuchen.«

Unser Mission Statement klang vage, aber wir wussten, was damit gemeint war. Wir wollten verschleppte Kinder in einem Kinderheim unterbringen und ihre Familien ausfindig machen. Das reichte zumindest für die Antragsformulare. Ich erwähnte nicht, dass wir eigentlich nur sieben Kinder retten wollten und dass es vielleicht unmöglich war, sie zu finden, von ihren Familien ganz zu schweigen. In puncto Strategie und Spendensammlung hielt ich mich noch bedeckter. Wie wollten wir diese Kinder finden? Keine Ahnung. Wie viel Geld benötigten wir dazu? Ich schätzte ungefähr zwölftausend Dollar. Die einzigen wirklichen Kostenfaktoren waren der Flug nach Nepal und die Eröffnung eines Kinderheims, nicht nur für sieben Kinder, sondern vielleicht für zwei Dutzend. Eine nach der anderen hakte ich die Fragen ab, auch wenn ich meistens raten musste. Ich versuchte, so detailliert wie möglich zu antworten, damit es niemandem auffiel, dass ich keine Ahnung hatte.

Am Ende blieb nur eine Zeile leer: der Name unserer Organisation. Ich brachte den ganzen Abend damit zu, mir Namen auszudenken und laut vor mich hin zu sagen. Dabei malte ich mir aus, wie ich mich als Vertreter dieser Organisation präsentierte und wie der Name klang, wenn er mit nepalesischem Akzent ausgesprochen wurde. Ich fand ein paar ganz ordentliche Namen, die leider schon alle vergeben waren. Dann erinnerte ich mich an meine E-Mail an Farid und die Generation der verlorenen Kinder. Also entschied ich mich für einen Namen, dessen Akronym kein

Schimpfwort war und nannte die Organisation Next Generation Nepal.

An diesem Punkt wurde meine To-do-Liste nicht mehr immer länger, sondern ich fing an, einige Aufgaben abzuhaken. Da ich mich leicht von messbaren Fortschritten begeistern lasse, arbeitete ich nun noch mehr. Tagelang setzte ich keinen Fuß mehr vor die Tür und saß nur noch vor meinem Computer. Ich setzte mich mit den intelligentesten und engagiertesten meiner ehemaligen Kollegen beim EastWest Institute in Verbindung und fragte sie, ob sie nicht einen Posten im Aufsichtsgremium von NGN übernehmen wollten. Ich beantragte Steuerbefreiung beim Finanzamt. Ich stellte die Organisation in meinem Blog vor und bat sämtliche Verwandte um ein weit vorgezogenes Weihnachtsgeschenk: eine Spende für NGN. Ich bat meine Freunde, den Kindern zu helfen, über die sie im Jahr zuvor so viel in meinem Blog gelesen hatten. Und ich bat andere Freunde, kleine Spendenveranstaltungen zu organisieren.

Bei diesen Veranstaltungen wurde mir zum ersten Mal klar, dass unser Projekt Wirklichkeit war. Ich stand vor fünfzig Personen, von denen jede zwanzig Dollar gespendet hatte, und verkündete, dass NGN als erste Organisation (zumindest soweit ich wusste, und ich hatte ausgiebig recherchiert) die Verschleppung von Kindern nicht nur stoppen, sondern rückgängig machen wollte. Wir wollten die Berge Nepals, eine der unzugänglichsten Regionen der Welt, nach den Familien der Kinder durchforsten. Die Spender applaudierten. Ich erwähnte nicht, dass ich ihnen vielleicht blanken Unsinn erzählt hatte.

Auch über mein wirkliches Motiv für die Gründung von Next Generation Nepal schwieg ich mich aus: die sieben Kinder. Die

Vorstellung, nach Familien zu suchen, war schon irrsinnig genug. Aber es war immerhin etwas, das ich versuchen konnte, und wenn ich nur durch die Straßen von Kathmandu ging. Aber Dirgha, Amita, Bishnu, Navin … das waren wirkliche Kinder. Ich behielt ihre Namen für mich. Wenn ich von ihnen erzählt hätte, dann hätte ich mir eingestehen müssen, dass ich für ihr Verschwinden verantwortlich war. Ich redete mir ein, dass ich nichts hätte tun können, aber das stimmte nicht. Ich hätte sie bei den Kleinen Prinzen unterbringen können, bis wir eine bessere Lösung gefunden hätten. Ich hätte die Geschichte nicht überall herumtratschen müssen – Golkka hatte über seine vielen Kontakte Wind davon bekommen, dass wir uns für die Kinder interessierten, und sie prompt erneut verschleppt. So sehr ich mich auch winden mochte: Es war meine Schuld, dass die sieben Kinder verschwunden waren, und es war durchaus möglich, dass sie nie wieder auftauchten. Dieser Gedanke bedrückte mich jeden Tag. Also behielt ich ihre Namen für mich und ließ mich bei den Spendenveranstaltungen für meinen Mut und meine Selbstlosigkeit beklatschen.

Über meine Verbindungen zu internationalen Organisationen, zum Beispiel dem EastWest Institute, erfuhr ich mehr über Nepal und knüpfte für meine Rückkehr neue Kontakte in Kathmandu. Aber niemand wusste etwas über Humla, die abgelegene Heimatregion der Kleinen Prinzen. Bis ich Anna Howe kennenlernte.

Anna lebte in Kathmandu. Als einige der ganz wenigen Menschen, mit denen ich Kontakt hatte, war sie tatsächlich in Humla gewesen und hatte dort humanitäre Projekte betreut. Genau wie Viva von der Umbrella Foundation lebte sie seit fünfzehn

Jahren in Nepal. Sie war Amerikanerin, schätzungsweise Anfang fünfzig und praktizierende Buddhistin. Später sollte sie in ein buddhistisches Kloster eintreten, sich den Kopf scheren und ein prächtiges rotbraunes Gewand überziehen, doch als ich sie kennenlernte, war sie Regionalleiterin einer internationalen Non-Profit-Organisation namens ISIS, die aus Humla verschleppte Kinder betreute. In einer E-Mail stellte ich ihr mein Projekt vor. Sie antwortete sofort und erklärte sich bereit, mir zu helfen. Der Einsatz für die Kinder aus Humla war ihr Lebenswerk.

Wir schrieben uns häufig. Anna kannte Nepal vielleicht besser als irgendjemand sonst. Sie wusste, wie die Kinder verschleppt wurden, und sie kannte Golkka, der neben den Kleinen Prinzen noch viele andere Kinder verschleppt hatte. Leider kannte Golkka auch Anna. In einem langen Artikel hatte ein nepalesischer Journalist ihre Arbeit in Kathmandu ausführlich dargestellt. Zu ihrem Schutz hatte sie ihn gebeten, ihren Namen nicht zu erwähnen, doch der Journalist hielt sich nicht an seine Zusage. Wenige Tage später erhielt sie einen Anruf von Golkka, der über seine Kontakte an ihre Telefonnummer gekommen war. Er forderte sie unmissverständlich auf, sich nicht in Humla einzumischen. Anna antwortete höflich, er solle zur Hölle fahren. Aber sie war fortan vorsichtiger, wenn sie aus dem Haus ging.

Anna wurde meine Mentorin. Von meinem Schlafzimmer auf der anderen Seite des Planeten chattete ich stundenlang mit ihr. Gemeinsam überlegten wir, wie ich nach den Familien der verschleppten Kinder suchen konnte. Sie kannte die Region gut. Während des Bürgerkrieges war sie in Humla gewesen und dort von den Maoisten festgehalten worden. Die Rebellen verlangten ein Lösegeld. Die Maoisten hatten keine Ahnung, mit wem sie sich anlegten. In fließendem Nepali fragte sie, was sie denn von Mao wüssten, wofür sie eigentlich kämpften und ob sie ernsthaft glaubten, dass eine ältere Frau, die allein unterwegs war, um armen Dörfern zu helfen, ihnen ihr ganzes Geld geben würde. Beschämt ließen ihre jugendlichen Entführer sie gehen.

Wieder und wieder versicherte sie mir, dass ich das Richtige tat und die Kinder mich brauchten. Sie machte mir Mut, als ich im Sommer Angst bekam, mir könnte das Projekt über den Kopf wachsen.

Farid war genauso engagiert wie ich. Mehrmals am Tag schrieben wir uns. Er verstand meine Besessenheit, denn ihm ging es nicht anders. In Frankreich gründete er seine eigene Organisation mit dem Namen Karya. Mit einem Seufzer musste ich eingestehen, dass der Name viel besser klang als Next Generation Nepal. In meinen Ohren klang Karya französisch, aber es ist das nepalesische Wort für Arbeit. Über Karya sammelte er Geld und nahm Kontakt zu engagierten Menschen in Frankreich auf, von denen einige selbst Helfer im Kinderheim der Kleinen Prinzen gewesen waren – schließlich war das Haus von einer Französin gegründet worden. Farid und ich trauten uns die Eröffnung eines eigenen Kinderheims zu. Bei den Kleinen Prinzen hatten wir jede Menge Erfahrung gesammelt. Farid wusste, wie viele Kilo Reis ein Kind pro Woche aß, wie viel Kartoffeln kosteten und wie viel ein Schneider verlangte.

Kinder zu retten war jedoch ein anderes Paar Schuhe. Wenn mich jemand fragte, wie wir das anstellen wollten, hatte ich keine Antwort. Genauso wenig wusste ich, wie wir die Familien der verschleppten Kinder in den unzugänglichen Dörfern von Humla ausfindig machen sollten. Ich konnte nur wiederholen, dass wir es versuchen würden und dass wir dazu Spenden benötigten. Viele Menschen unterstützten uns. Sie gaben kleine Beträge, zehn oder zwanzig Dollar. Ich bekam Schecks von Menschen, die in den vergangenen beiden Jahren meinen Blog verfolgt hatten und mir schrieben, sie hätten das Gefühl gehabt, mit mir im Kinderheim zu leben. Ich dankte jedem Spender persönlich und schrieb überschwängliche Dankesbriefe, die vielleicht den einen oder anderen beschämten. Aus jeder Spende sprach ein Vertrauen in mich, das ich nicht hatte.

Nachdem ich vier Monate lang ununterbrochen um Spenden gebeten hatte, erreichte ich im August schließlich mein Ziel von fünftausend Dollar. Das sollte ausreichen, um nach Nepal zu fliegen und ein paar Monate lang ein Heim zu führen, wenn ich gleichzeitig weiter Geld sammelte. Es kostete mich eine Menge Schweiß. Dann hatte ich meinen ersten Durchbruch. Josh Arbaugh, einer meiner früheren Studienfreunde von der University of Virginia, hatte eine Tageszeitung in unserer alten Universitätsstadt Charlottesville angesprochen und die Redakteure überzeugt, einen Bericht über mich zu bringen. Der Artikel samt Foto von mir und den Kindern wurde im September veröffentlicht, als ich schon wieder in Nepal war. Diese kleine Zeitung würde mich an mein Versprechen erinnern.

Ich sah auf meine To-do-Liste. Der nächste Punkt war der, den ich als Erstes aufgeschrieben hatte: nach Kathmandu fliegen. Anfang September 2006 war es so weit.

4

Nepal war ein anderes Land geworden. Bei meiner Abreise im April fuhr ich auf der Ringstraße an brennenden Autoreifen vorüber und wühlte mich am Flughafen durch die Trauben der panischen Touristen. Zum ersten Mal warteten am Gate keine Menschenmengen auf ankommende Freunde oder Verwandte, denn der Ankunftsbereich war für Besucher gesperrt. Die Posten an der Zufahrt zum Flughafen waren verwaist, es standen keine bewaffneten Soldaten mehr an jeder Kreuzung, und der Panzer an der Landstraße nach Godavari war verschwunden. Das Taxi fuhr am ehemaligen Checkpoint vorbei, an dem wir im Frühjahr aus dem Bus steigen mussten, um uns von Soldaten durchsuchen zu lassen. Es war, als habe jemand den Schlussgong geschlagen und der Krieg habe seine Sachen gepackt und sei verschwunden.

Eine Stunde und sieben Dollar später rollten wir nach Godavari, wo alles begonnen hatte.

Ich hatte den Kindern nicht gesagt, dass ich kommen würde. Einen halben Kilometer vom Haus entfernt stieg ich aus dem Taxi. Sie dachten vermutlich, dass ich vielleicht in ein paar Jahren wiederkommen würde, wenn überhaupt. Auf dem Weg zum Kinderheim traf ich Nishal. Er saß im Schneidersitz auf dem Boden, schälte eine kleine Orange und plapperte mit Hriteek, der an den Knien von einem Ast direkt über ihm herunterbaumelte. Nishal hielt ihm die geschälte Frucht hin und schälte eine zweite. Hriteek nahm die Orange und starrte ins Nichts. Plötzlich wurde er hellwach und drehte den Kopf.

»Conor Bruder!«, rief er und fiel aus dem Baum, genau auf Nishal. Der schrie auf, zuerst, weil Hriteek auf ihn stürzte, und dann, weil er sah, wie ich den Weg herunterkam. Die beiden entknoteten sich, rannten auf mich zu und rammten mich. Sie zogen mich freudig an den Händen, dann rannten sie los, um zu sehen, wer die Nachricht als Erster verkündete.

In den wenigen ruhigen Momenten, die mir zwischen dem Verschwinden von Nishal und Hriteek und der Stampede der Kinder blieb, sah ich mich um. Es war das Ende der Regenzeit in Nepal; ich war bisher nur in der Trockenzeit da gewesen. Die hellen, wolkenlosen Tage waren vorbei. Dunstfetzen hingen über den Hügeln und Bergen und umhüllten die Bäume wie in einer Kulisse für *Der Herr der Ringe*. Die Weizenfelder waren saftig grün. Aus dem Garten mit seinem toten Gemüsebeet wucherte ein Bambusdickicht über die zwei Meter hohe Mauer und verdeckte einen Teil des Hauses. Es nieselte – es war das erste Mal, dass ich in Nepal überhaupt Regen erlebte – und einige der Kinder hielten sich riesige, *Jurassic Park*-artige Blätter über den Kopf. Ich wurde überrannt.

So verrückt sich die Kinder in ihrer Freude gebärdeten, sie beruhigten mich. Nicht nur, weil es war, als würde ich nach Hause zu meiner Familie kommen, oder weil ich mich freute, die zwanzig kleinen Wirbelstürme wiederzusehen (ein Gefühl, das ich vor zwei Jahren, als ich zum ersten Mal an dieses blaue Tor kam, kaum für möglich gehalten hätte). Ich spürte auch etwas anderes: Hochachtung für die Kinder. Denn nach all dem Chaos und der Revolution, die Nepal seit Jahren im Griff hatte, nach dem Zwangsmarsch durch die Berge, nach der Trennung von ihren Eltern und dem Kommen und Gehen der Freiwilligen lachten diese Kinder noch immer, sie lernten noch immer und sie waren noch immer Kinder. Sie waren Überlebende. So wie viele Kinder in Nepal. Die Suche nach den sieben Kindern erschien mir nach wie vor dringend, aber ich hatte die Hoffnung, dass sie irgendwie überleben würden, selbst wenn ich sie nicht gleich morgen fand.

Seit meinem zehnten Lebensjahr war ich nicht mehr in der Kirche gewesen, und selbst damals hatte mich der Gottesdienst zu Tode gelangweilt. Aber an diesem schwülwarmen Septemberabend saß ich im Bett und betete laut. Ich bat Gott, dieses vergessene Land und diese sieben Kinder zu beschützen. Ich bat ihn, sie so lange zu behüten, bis ich sie fand. Im Stillen gab ich zu, dass diese Aufgabe zu groß für mich war, aber das wusste er vermutlich schon. Und ich bat ihn, mich meinen Fehler wiedergutmachen zu lassen – für die Kinder.

»Bist du verheiratet, Bruder?«, fragte Santosh. Ich knöpfte gerade Nurajs Hemd zu. Er war beim Anziehen wie immer der Letzte. Die anderen Jungen warteten schon, die Schuhe geputzt, die Hemden ordentlich in die Hose gesteckt und die Rucksäcke mit den französischen Logos auf dem Rücken.

»Noch nicht. Aber es waren ja auch nur …«

»Hast du Freundin?« Das war Bikash, der Älteste.

»Nein. Ich war so beschäftigt wegen …«

»Hast du bald Freundin? Ein Nepali-Mädchen? Du wirst alt, Bruder!«

Meine Alarmglocken schrillten. Wenn ich auch nur die leiseste Andeutung machte, dass ich für eine nepalesische Freundin offen wäre, dann würden die Kinder verrücktspielen und hätten nur noch eines im Sinn: in Godavari eine Freundin für Conor Bruder zu finden.

»Ganz und gar nicht. Ich bin nur für euch hier«, erklärte ich, vielleicht ein bisschen zu deutlich. »Außerdem sind meine Eltern ja nicht hier und können sie nicht kennenlernen.«

Das leuchtete den Kindern ein. In Nepal werden mehr als neunzig Prozent aller Ehen von den Eltern arrangiert. Die Kinder kamen nicht auf den Gedanken, dass das bei mir anders sein könnte und ich auch ohne die Erlaubnis meiner Eltern heiraten würde. Sie nickten verständnisvoll.

Ich sah ihnen nach, wie sie im Gänsemarsch abmarschierten, die Haare für die Schule ordentlich mit Öl geglättet. Sie sahen aus wie eine Reihe von Hotelpagen aus den Vierzigerjahren. Als wieder Ruhe im Haus eingekehrt war, fing meine eigentliche Arbeit an.

Bei meinen Vorbereitungen hatte ich mit allen Menschen Kontakt aufgenommen, die ich in Nepal kannte – Hilfsarbeiter, UNICEF-Mitarbeiter, andere Freiwillige, nepalesische Freunde. Für das, was ich vorhatte, konnte mein Netzwerk gar nicht groß genug sein. Ich erzählte ihnen, dass ich nach sieben Kindern aus Humla suchte, die während des Aufstands im April verschwunden waren. Viele waren neugierig, andere reagierten misstrauisch. Meine Reise hatte doch sicher noch einen anderen Zweck? Diese Kinder waren bestimmt nur ein Teil eines größeren Projekts? Egal, wie die Reaktion ausfiel, die Antwort war immer dieselbe: bewundernswert, aber unmöglich. Wir halten die Augen offen. Aber bitte, mach dir keine Hoffnungen.

Nun lernte ich endlich auch Viva Bell und Jacky Buk von der Umbrella Foundation persönlich kennen. Sie hatten alle Hände voll zu tun; die Umbrella Foundation unterhielt fünf Kinderheime in Kathmandu. Die Heime befanden sich direkt nebeneinander, und die beiden wohnten gleich nebenan. In einem relativ ruhigen Stadtteil von Kathmandu betreuten sie und ihre Mitarbeiter hundertsiebzig verschleppte Kinder. Sie taten, was sie konnten, und hatten vermutlich mehr Kinder aufgenommen als jede andere Organisation im ganzen Land. Doch als wir in Vivas Wohnzimmer Tee tranken, sprach sie nur darüber, wie leid es ihr tue, dass sie die sieben Kinder nicht rechtzeitig abgeholt hatten. Ich erinnerte sie an die Ausgangssperren und daran, dass sie nur zwei Tage zu spät gekommen war. Sie schüttelte den Kopf.

»Nein … das war unsere Chance, Conor«, sagte sie und setzte ihre Tasse ab. »Du hast in dieser Stadt noch nicht nach Kindern gesucht. Ich schon. Es ist wie die Suche nach der berühmten Stecknadel im Heuhaufen. Es ist vollkommen …«

Sie unterbrach sich und sah Jacky an, der sie nur anlächelte. Sie fuhr fort: »Wenn du die Kinder findest, oder auch nur ein Kind – sie sind wahrscheinlich nicht mehr zusammen – dann kannst du sie hier unterbringen. Wir bringen sie bei uns unter, bis du dein eigenes Heim gegründet hast und loslegen kannst. Du machst gute Arbeit.«

Nachdem wir unseren Tee getrunken hatten, brachte sie mich zur Tür. Ich ging nur ungern. Viva hatte einen Sohn im Jugendlichenalter und war seit vierzehn Jahren im Land, Jacky seit zwei. Beide waren Ex-Hippies. Sie hatten sich hier eine Existenz aufgebaut. In ihrem Wohnzimmer, das ich in den nächsten Wochen noch oft besuchen sollte, fühlte ich mich geborgen und zu Hause. Die beiden waren so aufmunternd wie ehrlich. Sie hatten mit den

Jacky, links, und seine Frau Viva, rechts, die Gründer der Umbrella Foundation.

Kindern in Nepal dieselben Schwierigkeiten durchgemacht und ich spürte eine tiefe Verbundenheit mit ihnen. Farid sollte erst Ende November nach Nepal kommen, und ich fühlte mich sehr allein mit meiner großen Aufgabe.

Als ich zur Tür ging, bat mich Jacky, noch einen Moment zu warten. Er nahm sein Handy, wählte und sprach dann schnell mit jemandem am anderen Ende. Das Gespräch dauerte keine zwei Minuten.

»Das war Gyan Bahadur vom Sozialamt – *tu le connais, non?*« Er sprach eine seltsame Mischung aus Englisch und Französisch; ich habe keine Ahnung, ob er sich dessen bewusst war. »Du hast ihn letztes Jahr kennengelernt. Du solltest *immédiatement* in sein Büro gehen. Er hat Zeit. Wenn dir jemand helfen kann, dann Gyan.« Wir gingen zur Tür. »*Bonne chance, eh?*«

Gyan Bahadur, der Beamte des Sozialamts, der mir vor einigen Monaten geholfen hatte, sollte schon bald einer der wichtigsten

Menschen für mich werden. Mir wurde nie klar, welche Position er genau innerhalb der komplexen nepalesischen Bürokratie innehatte, aber er schien Einfluss zu haben. Das war an dem Trubel erkennbar, der in seinem Büro herrschte, und an der Art und Weise, wie sich die Familien um ihn scharten und ihn um Hilfe baten. Dass er sich mitten in einem chaotischen Arbeitstag Zeit nahm, mit mir zu sprechen, war ein Zeichen dafür, wie sehr er die Umbrella Foundation schätzte.

In einem Land, in dem man Staatsdienern besser mit Misstrauen begegnete, war Gyan jemand, der ein ehrliches Interesse daran hatte, Kindern zu helfen. Sein Verantwortungsbereich war schier überwältigend, denn er war für das gesamte Tal von Kathmandu, das Epizentrum der Kinderverschleppung, in Nepal zuständig. Er war jemand, der nie aufgab, sich keine Ruhe gönnte und dabei immer seine buddhistische Ruhe bewahrte. Als ich an diesem ersten Tag in sein Büro kam, winkte er einen Mann weg, der laut auf ihn einsprach, und kam zu mir, um mir die Hand zu geben. Ich erzählte ihm rasch, was mit den sieben Kindern passiert war, denen er helfen wollte, und warum ich nach Nepal zurückgekommen war. Er war betroffen.

»Das war Golkka, das wissen wir«, sagte er und schwieg eine Weile. »Ich will Ihnen keine Angst machen, Conor Sir, aber … die Zeit spielt gegen Sie. Es ist lange her und niemand hat in dieser Zeit nach den Kindern gesehen. Ich werde mich umhören, ob sie jemand gesehen hat.«

Ich hätte ihm gern noch viele Fragen gestellt, aber ich wusste, dass er wieder zurück an die Arbeit musste. Der Mann, der eben laut auf Gyan eingesprochen hatte, pochte nun auf den Schreibtisch, um auf sich aufmerksam zu machen. Gyan lächelte ihn freundlich an und bedeutete ihm, Platz zu nehmen. Ich ging nach draußen und fuhr mit dem Bus zurück nach Godavari.

Mein eigentlicher Arbeitstag begann, wenn die Kinder in die Schule gingen (wo sie ohne die Generalstreiks jetzt fast täglich unterrichtet wurden), und endete, wenn sie nach Hause kamen. Nach zwanzig Uhr, wenn sie in ihren Betten lagen, arbeitete ich weiter. Tagsüber verbrachte ich viel Zeit bei Viva und Jacky. Ich sprach mit jedem, der etwas über Humla wusste, und vor allem über die Sicherheit für Reisende. Niemand konnte mir Genaueres sagen, selbst die Menschen aus Humla nicht. Auch mit Gyan sprach ich häufig. Er war zwar jedes Mal mitten in einer dringenden Angelegenheit, aber er nahm sich immer Zeit für mich. Er spürte meine wachsende Frustration.

»Wir müssen suchen, ja, aber wir müssen auch Geduld haben«, sagte Gyan eines Nachmittags. »Wir finden sie, aber das braucht Zeit … Es tut mir leid, Conor Sir, Sie wissen, wie viel Arbeit ich hier habe.« Wir standen in seinem Büro, und wie immer hatte er ein Gespräch mit einer Familie unterbrochen, um sich um mich zu kümmern. Mein Regenmantel war tropfnass vom Monsun.

»Aber wir haben keine Zeit, Gyan, das wissen Sie.«

»Ich frage mehr Menschen, ob sie etwas wissen.«

»Niemand weiß etwas. Niemand hat sie gesehen. Oder vielleicht sagen sie es uns auch einfach nicht. In wie vielen illegalen Waisenhäusern werden diese verschleppten Kinder versteckt? In zweihundert?« Ich klang ärgerlich.

Gyan schüttelte den Kopf. »Mehr als zweihundert.«

»Und unsere Kinder könnten in irgendeinem davon sein, oder sie könnten ganz woanders sein. Wir finden sie nie, Gyan.« Zum ersten Mal hatte ich es ausgesprochen, und es traf mich hart. Ich fühlte mich schwach. Ich wusste nicht, was ich tat, und niemand konnte mir helfen.

Gyan schaute mich einen Augenblick lang an, dann ging er zurück zu seinem Schreibtisch. Es war das Zeichen, dass unser Gespräch zu Ende war. Ich war nicht einmal mehr zornig, ich hatte einfach nur weiche Knie wie nach einem Autounfall. Ich machte mir etwas vor. Alle hatten mir gesagt, dass es unmöglich war, die Kinder zu finden. So war das Leben in Nepal. Dieser überfüllte Raum mit den verzweifelten Eltern sagte alles.

Gyan war an seinem Schreibtisch angekommen und legte die Papiere ab, die er trug. Dann nahm er seine Jacke vom Stuhl, sagte etwas zu seinem Assistenten und kam zurück zu mir.

»Kommen Sie mit«, sagte er und wir gingen aus seinem Büro, die Treppe hinunter in den Wolkenbruch. Ich rannte hinter ihm her und versuchte, mir über den Regen Gehör zu verschaffen.

»Wohin gehen wir? Gyan?«

Gyan ging einfach weiter, bis wir vor seinem Motorrad standen. Er stieg auf und gab mir seinen zweiten Helm.

»Wir suchen Ihre sieben Kinder«, sagte er und ließ das Motorrad an. »Steigen Sie auf. Und halten Sie sich fest, die Straßen sind glatt.«

Der Regen trommelte auf meinen Helm wie Hagel. Wir kämpften uns voran, durch schmale Gassen in Stadtteilen von Kathmandu, die ich nie gesehen hatte. Nachdem wir uns eine halbe Stunde durch den Verkehr und den Matsch geschlängelt hatten, hielt Gyan vor einem Haus, das typisch für die Gegend zu sein schien. Gyan stieg ab, nahm seinen Helm ab, ging zum Tor und trommelte daran. Das Tor wurde einen Spalt weit geöffnet und eine Frau spähte heraus. Als sie Gyan erkannte, riss sie die Augen weit auf. Sie sprach schnell, doch Gyan ließ sie nicht zu Wort kommen. So hatte ich ihn noch nie gesehen. Er drohte. Sie antwortete mit schwacher Stimme. Gyan starrte sie an. Widerwillig öffnete sie das Tor und trat zurück. Mit müden Augen sah sie mich an.

Ich folgte Gyan durch einen schmalen Gang. Wir standen vor einer alten Holztür, von der die Farbe abblätterte wie tote Rinde. Gyan wandte sich der Frau zu und bedeutete ihr, zum Eingangstor zurückzugehen und auf uns zu warten. Sie widersprach. Gyan sagte nichts, er sah sie nur an. Die Frau murmelte etwas und ging zurück zum Tor.

Gyan öffnete die Tür. Es war dunkel. Als wir uns vorsichtig hineintasteten, schwappte uns ein moderiger Geruch entgegen. Es dauerte einige Sekunden, bis sich meine Augen an die Dunkelheit gewöhnt hatten. Zunächst schien der Raum leer zu sein, erst ganz allmählich schälten sich Formen aus dem Dunkel. In der Mitte stand ein langer Holztisch, die Wände waren von Stockbetten gesäumt. Außer der Tür war die einzige Lichtquelle der schmale Spalt zwischen dem Wellblechdach und der Betonmauer. Die Luft war so stickig wie in einem Sarg. Ich hörte, wie ich atmete.

Neben mir sprach Gyan mit freundlicher Stimme. Nach einer guten Minute hörte ich ein Rascheln aus einer dunklen Ecke des Zimmers. Er sprach weiter. Dann tauchte eine Gestalt auf, die vom Licht der Tür schwach erhellt wurde. Es war ein Junge. Er musste sieben oder acht Jahre alt sein, aber er war bedrohlich dünn. In der Hand hielt er ein bisschen Reis. Gyan kniete sich neben ihn und sprach mit ihm. Seine Stimme klang tröstend, selbst für mich. Der Junge flüsterte etwas. Gyan lächelte und sprach weiter. Der Junge drehte sich um und rief ins Dunkel. Bald kamen mehr Kinder hervor, Jungen und Mädchen. Die meisten hatten keine Haare, ihre Köpfe waren mit plumpen Schnitten kahl geschoren, um die Läuse zu bekämpfen. Sie drängten sich dicht zusammen. Es waren mehr als dreißig Kinder.

»Conor Sir, sehen Sie Ihre Kinder?«

Ich stand wie erstarrt. Die Kinder sahen mich an und wussten nicht, was ich von ihnen wollte und ob mein Besuch Gutes oder doch nur wieder Schlechtes verhieß. Meine Hand zitterte, als ich das Foto mit den sieben Kindern hervorholte, das ich neun Monate zuvor gemacht hatte. Keines der Gesichter sah bekannt aus.

»Nein, sie sind nicht hier«, sagte ich.

»Gut. Dann müssen wir weitersuchen«, sagte er und setzte den Helm wieder auf.

»Aber was ist mit diesen Kindern hier? Wir können sie doch nicht einfach hierlassen! Sie sind am Verhungern!«

Gyan nahm den Helm wieder ab. »Das sehe ich, Conor Sir. Was soll ich tun?«

»Wir nehmen sie mit, bringen sie in ein Heim!«

»Welches Heim, Conor Sir? Ihres?«

»Ich habe noch keins, Gyan, das wissen Sie doch. Ich meine ein staatliches.«

»Wir haben auch kein Heim, Conor Sir, keines, in dem noch Platz wäre. Niemand hat Platz für diese Kinder«, antwortete er. Ich sah ihn nun deutlich im Dunkeln. Er sah mich an, als wartete er darauf, dass mir ein Licht aufging. »Ich weiß, wie schwer das ist. Es ist nicht wie in Ihrem Land. Wir haben keine Lösungen, wie Sie sie haben.«

Ich schwieg und sah die Kinder an. »Das heißt, wir lassen sie einfach hier? Bei dieser Frau? Mit so wenig Essen, in diesem Loch?«

»Das ist Nepal, Conor Sir. Hier gibt es Tausende Kinder wie diese. Aber jetzt müssen wir nach Ihren sieben Kindern suchen. Wir können sie nicht einfach aufgeben, oder?«

»Nein, wir können sie nicht aufgeben.«

»Dann müssen wir jetzt gehen. Ich hoffe, ich kann später wiederkommen und sie holen. Aber diese Frau weiß jetzt, dass ich ein Auge auf sie habe. Sie wird sie nicht sterben lassen. Glauben Sie mir, die Kinder werden heute Abend besser essen.«

Es fiel mir schwer, das Haus zu verlassen.

Gyan und ich düsten wieder durch die Gassen und besuchten weitere dieser schrecklichen Orte auf der Suche nach der Nadel im Heuhaufen. In den kommenden Stunden sahen wir mehr als hundert Kinder. Alle lebten sie unter denselben Bedingungen. In jedem Raum, den ich mit tröpfelnder Regenjacke betrat, zeigte ich mein Foto vor, doch ich konnte nicht mehr denken. Ich suchte nicht mehr nach den sieben Kindern – sie standen vor mir. Die Kinder in diesen Räumen waren Kinder, die ich nicht gefunden und nicht verloren hatte. Niemand hatte sie auf dem Schirm.

In einem Raum plötzlich aufgeregtes Geschnatter. Als ich ihnen das Foto hinhielt, fingen ein paar ältere Jungen an, schnell zu sprechen, erst untereinander, dann mit Gyan. Der nahm mir das Foto aus der Hand und zeigte zur Bestätigung auf vier der Jungen. Ein Junge mit einem langen, schmutzig-weißen T-Shirt, das am Rücken zerrissen war, nickte und zeigte ebenfalls auf die vier Jungen. Ich sah genauer hin. Es waren Navin, Madan, Samir und Dirgha.

»Was haben sie gesagt?«, fragte ich.

Gyan fragte den Jungen noch einmal, und der Junge nickte wieder. Gyan stand auf. »Diese vier Jungen waren hier, vor etwa drei Wochen. Sie sind nicht mehr hier.« Um meine nächste Frage vorwegzunehmen, sagte er: »Sie wissen nicht, wo sie sind. Ein Mann hat sie mitgenommen.«

»Und was ist mit den anderen drei Kindern? Haben sie Amita gesehen, das Mädchen? Oder Bishnu? Der Jüngste, der Kleine – haben sie den gesehen?« Ich sprach den Jungen an.

»Nur die vier hier, Conor Sir. Die anderen waren nicht hier.«

Golkka hatte die Kinder getrennt.

Ich fuhr zurück zu den Kleinen Prinzen. Es gab viel zu tun. Spendensammeln ist ein ermüdender und zäher Prozess. Ich musste meine sämtlichen Bekannten anschreiben und sie über meine Fortschritte auf dem Laufenden halten, auch wenn ich gar keine machte, und meine Freunde und Kontakte bitten, mich mit ihren Freunden und Kontakten in Verbindung zu setzen. Immer und immer wieder musste ich Leute anschnorren.

Ich hatte meinen Laptop dabei. Im Kinderheim hatten wir per Modem eine schwache Internetverbindung, die sporadisch funktionierte. Ich ging in das kleine Büro im Kinderheim, um mich an die Arbeit zu machen.

Mein Laptop war weg.

Ich schlug mir mit der Hand gegen die Stirn, drehte mich um und blickte mich im Raum um. Ohne meinen Laptop konnte ich nicht arbeiten. Sämtliche Aufzeichnungen, Dokumente, E-Mails und Adressen waren auf dem Rechner gespeichert. Ein Gefühl der Panik schnürte mir die Luft ab. Es ist alles in Ordnung, sagte ich mir und atmete ein paar Mal tief ein und aus. Bestimmt wusste eines der Kinder, wo mein Rechner war.

Ich ging nach oben. Keine Kinder. Auch im Schlafzimmer war niemand. Ich ging wieder nach unten. Aus dem Wohnzimmer, in dem es eben noch still gewesen war, drang plötzlich lautes Jubelgeschrei. Ich trat ein und sah zwanzig Kinder, die sich um meinen Laptop versammelt hatten. Sie sahen einen grisseligen, rauschenden Bollywood-Film auf DVD. Der Jubel war ausgebrochen, weil der Held – ein langhaariger, in Leder gekleideter Bursche mit einer adretten Wunde in der linken Wange – von einem Dach herunter in einen Kreis von Schurken gesprungen war, die sich gerade über eine verzweifelte junge Frau hermachen wollten.

»Wo habt ihr diesen Film her?«, fragte ich in die Runde.

Anish drehte sich um. Er war derart erregt, dass er fast zitterte. Plötzlich durchfuhr mich ein Schuldgefühl – meine Frage war nicht böse gemeint. Sie wollten sich den Computer ja nur ausleihen. Anish öffnete den Mund, um sich zu entschuldigen.

»Bruder, still! Bitte, Bruder! Heldenkampf! Heldenkampf!«, rief er atemlos, zeigte auf den Bildschirm und drehte sich wieder um.

Die Bösewichte lachten ihr höhnisches Schurkenlachen, um dem Helden zu zeigen, wie albern es war, sich mit zwölf Männern anlegen zu wollen. Das Gesicht des Helden füllte den gesamten Bildschirm, die aufgemalte Wunde leuchtete. Er riss sich die Sonnenbrille vom Gesicht, starrte den Oberschurken an und knurrte: »*Jabba dabba dabba*!« (Ich spreche kein Hindi.) Dann flog er durch die Luft und versenkte seine Faust bis zum Ellenbogen in der Magengrube eines der Halunken. Die Kinder drehten schier durch.

»Hört zu, Kinder – im Ernst, ich brauche den Computer! Wenn einer von euch den Film abschalten könnte …« Ich wurde von einem neuen Jubelschrei der Kinder unterbrochen, als der Held Fuß voran in die andere Richtung flog. Er schien nicht einmal den Boden zu berühren. Im Flug versenkte er den Fuß im Mund eines anderen Bösewichts, der plötzlich nicht mehr lachte. Die Kinder schwebten fast vor Begeisterung. Nuraj sprang auf und tanzte.

Hari stand mit verschränkten Armen in der gegenüberliegenden Ecke des Zimmers und spähte auf den kleinen Bildschirm.

»Hari, wo haben sie den Film her?«

»Freund von der Schule bringt Film, Bruder. Bollywood-Film. Gut?«

»Ich weiß nicht, ich bin eben erst gekommen. Wie lange dauern diese Filme?«

Hari überlegte. »Ich denke … vier Stunden?«

Vier Stunden? Von diesem Zeug?

»Wann hat er angefangen?«

»Zehn Minuten, Bruder.«

Ich sah auf die Uhr. Ohne Computer konnte ich nichts tun. Die Meute quiekte vor Freude. Was soll's?, dachte ich, und setzte mich dazu. Auf dem Bildschirm wurden zwei Köpfe von zwei Händen zusammengeschlagen. Die Kinder tobten.

Ende September erhielt ich eine E-Mail, die ich besonders aufmerksam las. Sie kam von einer ehemaligen Jurastudentin der University of Virginia, meiner alten Universität. Sie hieß Liz Flanagan, hatte über den Artikel in der Tageszeitung von Charlottesville von NGN erfahren und wollte mehr wissen. Ich hatte viele E-Mails von Menschen erhalten, die hofften, dass sie eines Tages die Möglichkeit bekamen, mit armen Kindern zu arbeiten, aber sie war die Erste, die mir berichtete, wo sie bereits gearbeitet hatte und warum sie weitermachen wollte. Sie wandte sich an mich, weil sie beabsichtigte, im kommenden Winter in Indien als freiwillige Helferin zu arbeiten. Von mir wollte sie wissen, ob Next Generation Nepal mit einer internationalen Organisation assoziiert war, die ich empfehlen könnte.

Ich antwortete ihr noch am selben Tag und erklärte, wir seien unabhängig, aber ich würde ihr gern helfen, wenn ich konnte. Außerdem fragte ich sie, wo sie schon gewesen war.

»In einem Waisenhaus in Sambia«, schrieb sie. »Es klingt, als wärst du ein Naturtalent im Umgang mit Kindern – das war ich gar nicht! Am Anfang wollte ich auf alle Wünsche der Kinder eingehen und ihnen so viel Zuneigung wie möglich schenken, aber sie wollten vor allem Fangen spielen. Ich konnte sie nicht beruhigen, also habe ich irgendwann aufgegeben und wir haben neun Tage am Stück Fangen gespielt. Manchmal haben sie ein bisschen langsamer gemacht und ich konnte mit ihnen sprechen und sie ein bisschen kennenlernen. Ich habe ein paar Lieder über sie gedichtet. Wenn ich es mir recht überlege, habe ich keine Ahnung, was mein Beitrag war. Ich bin mir sicher, die Kinder reden immer noch über das komische weiße Mädchen aus Amerika.«

Es war gut zu hören, dass jemand genauso planlos war, wie ich es in den ersten Tagen und Wochen gewesen war. Es gefiel mir, dass sie zugab, wie schwer die Arbeit mit den Kindern am Anfang war. Ich erzählte ihr von meinem ersten Tag bei den Kleinen Prinzen.

»Ich hatte keine Ahnung, was ich da sollte«, schrieb ich, nachdem ich ihr geschildert hatte, wie sich die Kinder an mich gehängt hatten. »Mir ging es vor allem darum, meine Angst zu überspielen, dass ich jetzt für diese Kinder verantwortlich sein sollte.«

»Ja, das kenne ich. Aber ich bin sicher, die Kinder hatten ihren Spaß, als sie sich auf dich gestürzt haben. Vielleicht brauchen sie manchmal ja gar nicht mehr.«

In den folgenden E-Mails erfuhr ich, dass Liz Anwältin war und einige Jahre in einer großen New Yorker Kanzlei als Unternehmensanwältin gearbeitet hatte. Vor zwei Jahren, im Jahr 2004, hatten sie und ihre beste Freundin Elena beschlossen, eine dreimonatige Weltreise zu unternehmen, ehe sie eine Stelle in der Rechtsabteilung eines Technologiekonzerns antrat. Sie hatte dasselbe Bedürfnis wie ich an einem ähnlichen Punkt: Sie wollte mehr von der Welt sehen.

Am Ostermorgen des Jahres 2004, nach einer langen Nacht mit anderen Backpackern in der Kleinstadt Hoi An in Vietnam, unternahm Liz einen kleinen Spaziergang. In den stillen Straßen traf sie einen kleinen Jungen, der vielleicht acht Jahre alt und körperlich schwerstbehindert war. Irgendetwas veranlasste sie, sich eine Weile zu ihm zu setzen, auch wenn die beiden sich nicht verständigen konnten. Der Junge verliebte sich offensichtlich auf der Stelle, nahm Liz bei der Hand und führte sie die Straße hinunter zu dem Haus, in dem er lebte: ein Waisenhaus für behinderte Kinder in den Gassen von Hoi An. In diesem Moment passierte etwas in ihr. Im folgenden Sommer arbeitete sie in Heimen für HIV-infizierte Kinder, erst in Sambia, dann in Südafrika. Dieses Jahr zu Weihnachten wollte sie nach Indien.

»Klingt, als hättest du Zigeunerblut«, schrieb ich.

»Ganz und gar nicht«, antwortete sie und beschrieb, wie sie im Alter von 22 Jahren mit ihrem damaligen Verlobten nach England gezogen war. In der ersten Woche sei sie kaum aus dem Haus gegangen. »Ich hatte Angst vor dem Londoner Dialekt. Ich hatte Angst vor den Bussen und der U-Bahn. Ich hatte Angst vor dem Essen. Ich verstand nicht, warum die Engländer Mais auf ihre Pizza machten. Mein Verlobter durfte nur Essen einkaufen, das ich aus den Staaten kannte. Ich wollte einfach nur nach Hause. Und das war *England.*«

Liz war mir auf Anhieb sympathisch.

Anfang Oktober klingelte eines Morgens das Telefon. Es war Anna Howe. Vor einer Stunde hatte sie etwas gehört, das ich sofort erfahren musste.

Seit unseren langen Gesprächen im Sommer, in denen sie mir ihre Erfahrungen in Humla geschildert hatte, stand ich mit Anna in engem Kontakt. Sie war ungefähr so alt wie meine Mutter und behütete mich fast genauso. Einige Tage nach meiner Ankunft in Kathmandu trafen wir uns in einem Teeladen. Danach sahen wir uns regelmäßig in Cafés und erörterten, wie ich sicher nach Humla kam und vor allem wieder zurück. Wir diskutierten die sicherste Route, die beste Reisezeit und mögliche Kontakte vor Ort.

Bei unserem dritten Gespräch schien Anna besonders begeistert. D. B. aus Humla, ein Kollege und alter Freund, wollte für ISIS dorthin reisen. ISIS war die internationale Organisation, für die Anna arbeitete und die Kinder aus Humla betreute. Anna schlug mir vor, ich solle mich doch mit D. B. zusammentun und mit ihm gemeinsam in entlegenen Dörfern nach den Familien der Kinder suchen. Sie arrangierte ein Treffen. Diese Begegnung in D. B.s mit buddhistischen Figuren geschmücktem Wohnzimmer war ein Wendepunkt. Meine Reise nach Humla schien plötzlich in greifbare Nähe zu rücken. Während wir im Schneidersitz auf den traditionellen Teppichen saßen, planten wir eine gemeinsame Reise und beschlossen, unsere Teams zusammenzulegen.

An diesem Oktobermorgen hatte Anna wichtige Nachrichten. Sie hatte gehört, dass einige der Kinder kürzlich in Thangkot, einem Dorf im Westen des Tals von Kathmandu, gesehen worden waren. Ich kannte den Ort, hier hatten Golkka und seine Schergen ihr Hauptquartier. Ich war selbst zwei Wochen zuvor da gewesen und hatte ein paar illegale Waisenhäuser besucht, von denen ich wusste. Dort lebten Dutzende Kinder aus Humla, aber die sieben waren nicht darunter gewesen. Das sagte ich auch Anna.

»Es lohnt sich auf jeden Fall, noch einmal nachzuforschen«, meinte Anna. »Die meisten Kinder im Dorf sind zu alt und passen nicht auf deine Beschreibung. Aber da war ein kleines Mädchen mit langen schwarzen Haaren und tibetanischen Gesichtszügen, vielleicht sieben oder acht Jahre alt. Niemand hatte sie zuvor gesehen. Du suchst doch nach einem Mädchen in diesem Alter, oder?«

Ich kann mich nicht einmal daran erinnern, aufgelegt zu haben. Minuten später war ich zur Tür hinaus und saß in einem Minibus nach Kathmandu, um dort einen Bus nach Thangkot zu nehmen. Wenn es tatsächlich Amita war, dann konnte niemand sagen, wie lange sie da sein würde. Golkka hatte sie mindestens einmal verlegt, und es war unmöglich zu kalkulieren, wie oft er die Kinder von einem Ort zum anderen transportierte. Die Zeit drängte. Leider war der Zeitpunkt denkbar ungünstig. Es war *Dasain.*

Dasain ist das wichtigste hinduistische Fest in Nepal. Ich weiß bis heute nicht, worum es geht. In diesem Moment wusste ich nur, dass zu Dasain die Ringstraße auf der Westseite von

Kathmandu so gut wie unpassierbar war, weil dort ein riesiger Ziegenmarkt stattfand. Ziegen spielen eine wichtige Rolle bei Dasain: Jede Familie, und sei sie noch so arm, schlachtet zu diesem Fest eine Ziege. Bevor sie das Tier verzehren, besprenkeln sie Autos, Mopeds und natürlich auch Busse mit Ziegenblut, um sie zu segnen. Es zeigt, wie sehr ich inzwischen in Nepal angekommen war, dass ich ohne mit der Wimper zu zucken den blutbespritzten Bus bestieg und nur daran denken konnte, wie schlimm der Verkehr wohl werden würde.

Der Minibus mied die Ringstraße und schlängelte sich durch ein Gewirr von Gassen, die bestenfalls für dicke Esel ausgelegt zu sein schienen. Manchmal schrammte der Bus zu beiden Seiten an den Hauswänden entlang; wenn wir stecken geblieben wären, hätten wir die Windschutzscheibe einschlagen und vorne aussteigen müssen. Wieder auf der Hauptstraße improvisierte der Fahrer weiter, um uns ans Ziel zu bringen. Zuerst fuhr er über den unbefestigten Seitenstreifen, und als der verstopft war, wechselte er auf den Seitenstreifen der Gegenfahrbahn und hupte wie ein Irrer, um die Fußgänger zu verscheuchen. Das war selbst für nepalesische Verhältnisse ein gewagtes Manöver. Aber so kam ich am späten Vormittag in Thangkot an.

Es war heiß und ich hatte nicht daran gedacht, Wasser mitzubringen. Fast über Nacht war die Regenzeit zu Ende gegangen. Die Wege waren von getrockneten, betonharten Reifenspuren durchpflügt, die nach dem letzten Regen im Schlamm zurückgeblieben waren und jetzt dauerhaft die neuen Straßen markierten. Ich ging den Hauptweg entlang durch ein Reisfeld. Am Ende teilte sich der Weg. Nach links führte er in die Berge, nach rechts zu einigen Lehmhütten. Ich wandte mich nach rechts.

Zwei Stunden später war ich verschwitzt und müde und wusste nicht, was ich in diesem Dorf sollte. Ich hatte keinen Plan, ich hoffte nur, dass das Mädchen im richtigen Moment genau auf meinem Weg stand und ich über sie stolperte. Ich blickte über die Reisfelder, die Pfade, die Hütten und den Hauptweg. Es war nicht unmöglich, dass sie da war, aber sie war eine Nadel im Heuhaufen. Hatte ich wirklich geglaubt, dass ich einfach nach Thangkot spazieren müsste, um sie wie durch ein Wunder zu finden? Ich brauchte einen Suchtrupp, der an jede Tür klopfte und jedes Haus durchsuchte.

Es war das erste Mal, dass ich mich selbst auf die Suche nach den Kindern machte. Von Anfang an hatte ich meine Zweifel gehabt, aber nach diesen zwei Stunden kam ich mir vollkommen lächerlich vor, ein Hochstapler. Ich trat den Rückweg zur Landstraße an, um den Bus zurück nach Godavari zu nehmen. Ich würde eine Möglichkeit finden, den Kindern in Nepal zu helfen. Aber nicht so.

Dann sah ich sie.

Das kleine Mädchen stand auf dem Weg, fünf Meter entfernt, und sah mich an. Sie trug ein übergroßes T-Shirt, ihre Haare waren lang und verfilzt. In jeder Hand hielt sie eine leere Plastikflasche, vermutlich, um Trinkwasser vom Gemeinschaftsbrunnen zu holen.

Ich rührte mich nicht. Dann griff ich langsam in meine Hosentasche, holte das zerknitterte, fleckige Foto der sieben Kinder heraus, faltete es auf und sah es an. Das Mädchen auf dem Foto hatte ein freches Grinsen im Gesicht, das Mädchen vor mir zeigte keinerlei Regung. Langsam ging ich auf sie zu. Zwei Meter von ihr entfernt ging ich in die Hocke und fragte sie in einfachstem

Amita, das einzige Mädchen unter den sieben Kindern, in dem Moment, als ich sie in dem kleinen Dorf im westlichen Tal von Kathmandu wiederfand. Sie wurde von der Frau eines Schleppers festgehalten (Oktober 2006).

Nepali, ob sie sich an mich erinnerte. Sie blinzelte nicht einmal. Ich drehte das Foto um, damit sie es sehen konnte. Ihre Augen glitten über das Bild und blieben an ihrem Gesicht in der rechten Ecke hängen. Ich fragte sie noch einmal, ob sie sich an mich erinnerte.

Sie nickte. Die Tränen schossen ihr in die Augen. Ich nahm ihr die Flaschen aus der Hand und legte sie auf den Boden. Dann nahm ich sie an der Hand und führte sie zur Straße. Sie folgte mir ohne ein Wort. Nach einer kurzen Suche fanden wir einen Laden, ein einfaches Holzhäuschen, mit einem Telefon. Von dort aus rief ich Gyan Bahadur an und berichtete ihm, dass ich Amita gefunden hätte.

»Sie haben sie gefunden, Conor Sir? Wie? Wo war sie?«

»In Thangkot. Auf einem Feldweg.«

Pause. »Ja, das klingt logisch. Eine von Golkkas Frauen lebt in Thangkot. Vielleicht war das Mädchen bei ihr. Und die anderen sechs? Haben Sie die auch gefunden?«

»Nein, nur Amita. Ich bin nicht in das Haus. Ich weiß nicht einmal, wo es ist.«

»Okay, Conor Sir. Kein Problem. Jemand von der Umbrella Foundation holt sie am Teeladen an der Kreuzung ab. Ich komme heute Nachmittag mit einem Mitarbeiter. Wir werden sehen, ob die anderen Kinder auch da sind.«

»Das wäre wunderbar, Gyan. Danke.«

»Ich freue mich, Conor Sir.«

Eine Stunde später kam ein Mitarbeiter der Umbrella Foundation. Ich erkannte ihn, weil ich ihn im Haus gesehen hatte, und er erkannte mich, weil ich das einzige Bleichgesicht weit und breit war. Er nahm Amita in einem Taxi mit und ich wartete noch zwei Stunden auf Gyan. Er kam mit einem jungen Mann, den ich in seinem Büro gesehen hatte. Er sprang von seinem Motorrad, lief auf mich zu und schüttelte mir mit einem breiten Lächeln die Hand.

»Das haben Sie ausgezeichnet gemacht, Conor Sir. Und jetzt steigen Sie in den Bus und fahren nach Godavari. Wir können nicht riskieren, dass Golkka oder seine Frau Sie sehen. Wir suchen selbst. Wenn die Kinder da sind, bringen wir sie zurück. Gehen Sie jetzt. Freuen Sie sich«, sagte er, klopfte mir auf die Schulter und rief nach seinem Assistenten. Mit schnellen Schritten gingen sie den Feldweg hinunter.

Wieder in Godavari erhielt ich einen Anruf von Gyan.

»Ich habe mit Viva und Jacky gesprochen, Conor Sir. Amita ist bei Umbrella in Sicherheit, sie kümmern sich um sie«, sagte er.

»Und die anderen, haben Sie die gefunden?«

»Nein, sie waren nicht in diesem Haus bei dem Mädchen. Aber wir geben nicht auf, Conor Sir.«

Ich hatte mir so gewünscht, dass er die übrigen sechs Kinder finden würde. Aber ich wollte mich auch über unseren Triumph freuen. Es war das Einzige, was ich erreicht hatte. Als ich den Hörer auflegte, schrieb ich zuerst an Liz und erzählte ihr, was passiert war. Ich hängte sogar ein Foto von Amita an, wie sie mit versteinertem Gesicht und den beiden Wasserflaschen in der Hand auf dem Weg stand. Ich schrieb ihr, das Mädchen sei wohlbehalten bei der Umbrella Foundation angekommen.

Liz antwortete mit einer kurzen E-Mail: »Juuuuuuuhuuuuuuuu!!!!«

Einige Minuten später schrieb sie: »Das musste ich loswerden. Was für ein tolles Foto, und was für ein süßes Mädchen! Ich freue mich so, dass sie in Sicherheit ist. Wie war es, als du sie gesehen hast?«

Ich schrieb ihr, die Begegnung sei so unwahrscheinlich gewesen, dass ich erst meinte, es sei eine Fata Morgana oder Gott hätte sie mir direkt vor die Nase gesetzt, damit ich sie auch ja nicht übersehe.

»Das verstehe ich«, antwortete Liz. Ich wusste, was sie meinte – Liz war sehr christlich. Das hatte sie mir schon in einer ihrer ersten E-Mails geschrieben, aber es war das erste Mal, dass sie sich darauf bezog. »Vielleicht siehst du das anders«, schrieb sie. »Aber ich glaube, Gott will, dass du diese Kinder findest.«

Ich hatte schon lange keine Christen mehr in meinem Freundeskreis gehabt. Im Grunde seit meiner Kindheit. In Prag und Brüssel setzten meine Freunde und Bekannten amerikanische

Christen gern mit durchgeknallten Fundamentalisten gleich. Ich war froh, dass dieses Klischee nicht auf Liz zutraf. Ihr Glaube war einfach ein Teil von ihr – ein sehr wichtiger vielleicht, aber eben nur ein Teil. Sie machte keinen Hehl daraus, aber sie versuchte auch nicht, mich zu bekehren. Mit jeder E-Mail, die sie schrieb, wollte ich mehr über sie erfahren.

Drei Tage später klingelte das Telefon wieder. Dawa, einer der älteren Jungen, lief hinaus aufs Feld, wo ich mit den anderen Jungen Fußball spielte.

»Conor Bruder, Telefon! Ein Mann!«, keuchte er.

»Wer?«

»Ein Nepali, Bruder.«

Es war Gyan. Er rief an, um mir mitzuteilen, dass er vier weitere Jungen gefunden hatte. Ich war euphorisch. Allmählich glaubte ich, dass Liz Recht haben könnte: Vielleicht würden wir tatsächlich alle sieben Kinder finden. Ich nahm mir vor, an diesem Abend ein Dankesgebet zu sprechen.

Aber Gyan war noch nicht fertig. Er hatte schlechte Nachrichten. Zwei der Jungen – Navin, der Älteste, und Dirgha, dem ich vor langer Zeit sein Foto gezeigt hatte – waren stark unterernährt und ins Krankenhaus eingeliefert worden.

»Es tut mir sehr, sehr leid, Conor Sir«, sagte Gyan mit leiser Stimme. »Der kleinere Junge, Dirgha, wird die Nacht vermutlich nicht überstehen.«

Die Ernährungsstation des Krankenhauses von Kathmandu ist ein schrecklicher Ort für Kinder, die an der Schwelle des Todes stehen. Als ich am Abend eintraf, brachte ein Arzt mich zu

Dirgha. Er lag in einem Bett auf dem Gang. Navin saß am Fuß des Bettes und starrte auf den Boden. Er sah mich nicht an, aber vielleicht hatte er auch einfach nicht die Kraft dazu. Der Arzt bat mich, den bewusstlosen Dirgha zum einzigen freien Bett der Abteilung zu tragen. Der Junge war federleicht. Bei unserer letzten Begegnung hatte er so getan, als mache es ihm keinen Spaß, mit Amita und mir zu spielen. Ich konnte es kaum ertragen, ihn so ohnmächtig vor mir zu sehen und die pessimistische Stimme des Arztes zu hören.

Navin stolperte neben mir her wie ein Schlafwandler. Er war der Älteste der sieben und der Chef der kleinen Truppe. Jetzt konnte er sich kaum auf den Beinen halten. Wir betraten einen Saal mit vielen Betten, von denen nur das Letzte frei war. Die wenigen funktionierenden Neonröhren flimmerten, während es draußen allmählich dunkel wurde. Der Arzt zeigte auf das freie Bett und bedeutete mir, dass die Jungen es sich teilen müssten. Dann ließ er uns mit den übrigen Patienten allein.

Navin wollte auf das Bett klettern, doch ich hielt ihn zurück. Auf dem Laken lag eine blutige Spritze. Mit Fingerspitzen hob ich sie auf, hielt sie so weit von Dirgha weg wie möglich und sah mich nach einem Abfalleimer um. Es gab keinen. Also ließ ich die Spritze fallen und kickte sie unter das Bett. Dann legte ich Dirgha auf die schmutzigen Laken. Navin kletterte neben ihn auf das Bett.

Insgesamt standen etwa zwanzig Betten im Saal. In jedem lag ein Mädchen oder ein Junge mit seinem Vater oder seiner Mutter, die leise und tröstend mit ihrem Kind sprachen. Ich sah die beiden Jungen an. Dirgha war noch nicht zu sich gekommen. Navin hatte glasige Augen und war kurz davor, das Bewusstsein zu verlieren. Die beiden Jungen waren lebensgefährlich unterernährt

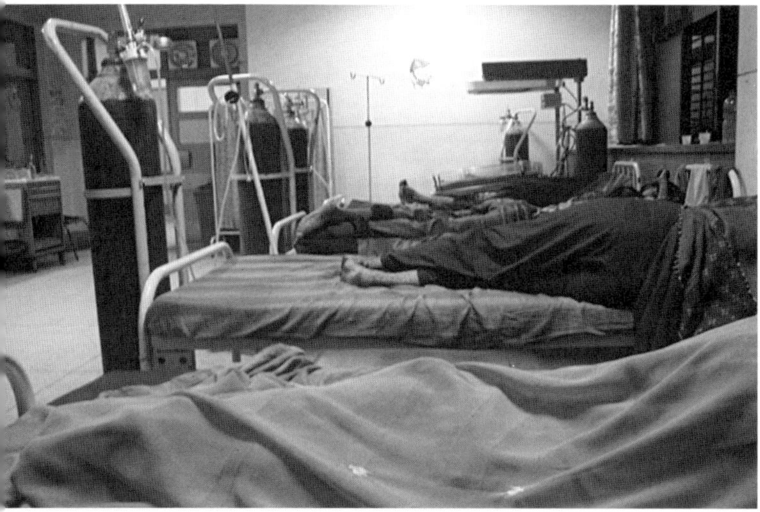

Im Krankenhaus von Kathmandu mit Dirgha und Navin, die beide stark unterernährt waren.

und verwirrt. Sie konnten sich natürlich nicht an meinen Namen erinnern. Ich konnte ein paar einfache Sätze auf Nepali sagen und ihnen nicht den geringsten Trost spenden. In Nepal hatte ich gelernt, dass Kinder wenig zum Überleben benötigen. Aber in diesem Moment, in dem wir am Rande des Undenkbaren standen, fühlte ich mich hoffnungslos überfordert. Ich konnte nichts tun, als neben ihnen im Bett zu sitzen und meine Hände auf ihre Füße zu legen.

Der Arzt kam mit Anweisungen zurück. Wenn die Jungen wach waren, sollte ich ihnen alle zehn Minuten eine Elektrolytlösung zu trinken geben, und wenn sie essen wollten, ein paar Kekse. Dirgha aufzuwecken war nicht einfach. Es gelang mir nur alle paar Stunden und dann auch nur für ein paar Minuten. Er weigerte sich zu trinken, also musste ich ihn dazu zwingen. Dann nahm er einen kleinen Schluck und verlor erneut das Bewusstsein. Sein Atem war flach.

Navin schien im Laufe der Nacht ein bisschen zu Kräften zu kommen. Irgendwann wachte er auf und fragte mich, ob ich etwas zu essen hätte. Ich gab ihm einen Keks. Sekunden später übergab er sich in einen Eimer neben dem Bett. Als ich den Eimer ausleeren wollte, sah ich, dass er einen dreißig Zentimeter langen Bandwurm erbrochen hatte. Ich kippte den Inhalt des Eimers in die Toilette – ein Loch im Boden – und suchte nach einem Waschbecken, um ihm wenigstens das Gesicht waschen zu können. Da es keine Handtücher gab, hielt ich ein Ersatz-T-Shirt, das ich mitgebracht hatte, unter den Wasserhahn und wusch ihn sorgfältig. Er ließ es widerstandslos über sich ergehen, aber er sah mich dabei an, als wolle er nie wieder ein Wort mit mir sprechen. Als er schließlich einschlief, setzte ich mich auf einen kleinen Hocker und legte meinen Kopf auf das Fußende der Matratze und versuchte, ein Nickerchen zu machen.

Der nächste Tag und die folgende Nacht verliefen ähnlich. Am späteren Nachmittag legte ich eine Pause ein, um etwas zu essen aufzutreiben. Eine freundliche Mutter aus einem Nachbarbett, die uns mit großem Interesse beobachtet hatte, bedeutete mir mit Zeichensprache, dass sie auf die Kinder aufpassen würde. Als ich mit meinem »Essen« zurückkam – ein undefinierbares Objekt, frittiert und in Zeitungspapier gewickelt – fragte ich mich, wie ich hierhergekommen war. Nicht nur in dieses Krankenhaus, sondern in diese Stadt und in dieses Land. Nepal sollte nur eine kurze Zwischenstation auf einer Weltreise sein. Oder nicht?

Als ich die letzten Jahre an mir vorüberziehen ließ, erinnerte ich mich an nichts, was ich anders machen würde. Jede Entscheidung hatte mich genau hierhergeführt, in dieses Krankenhaus, das ich in einem anderen Leben gemieden hätte wie die Pest. In diese Abteilung, in der es nicht ein einziges Stück Seife gab, in diese zweite Nacht mit zwei kleinen Jungen, deren Sprache ich nicht sprach, in der Hand ein unvorstellbar ekelerregendes Abendessen. Aber genau hier war mein Platz. Diese Erkenntnis war ungemein tröstlich.

Am zweiten Tag wachte Dirgha auf. Es war früh am Morgen, ich war endlich eingeschlafen und saß auf dem Hocker, den Kopf an die Matratze gelehnt. Ich wurde von der Sonne geweckt, die durch die Vorhänge auf mein Gesicht schien. Zuerst spürte ich die Wärme, dann sah ich ein rotes Licht und öffnete vorsichtig die Augen. Dirgha saß aufrecht an das Metallgestell gelehnt im Bett, seine dünnen Ärmchen hingen kraftlos herunter. Mit versteinertem Blick sah er mich an. Aber er war wach.

Das Schlimmste war überstanden, die Jungen hatten überlebt. Mit dem Taxi brachte ich sie zur Umbrella Foundation. Viva hatte mir am Telefon gesagt, die Mitarbeiter und einige ältere Kinder erwarteten uns, um sich um Dirgha und Navin zu kümmern. An der Tür eines der Heime wurden wir in Empfang genommen. In diesem Haus gab es eine kleine Krankenstation mit zwei Betten und einem Arzneimittelschränkchen. Es erwarteten mich aber keine Mitarbeiter, sondern ein vierzehnjähriger Junge namens Jagrit.

Jagrit war eines der mehr als hundertsiebzig Kinder, die von der Umbrella Foundation betreut wurden. Bei meinen Besuchen lernte ich einige Dutzend von ihnen kennen. Ich bemühte mich,

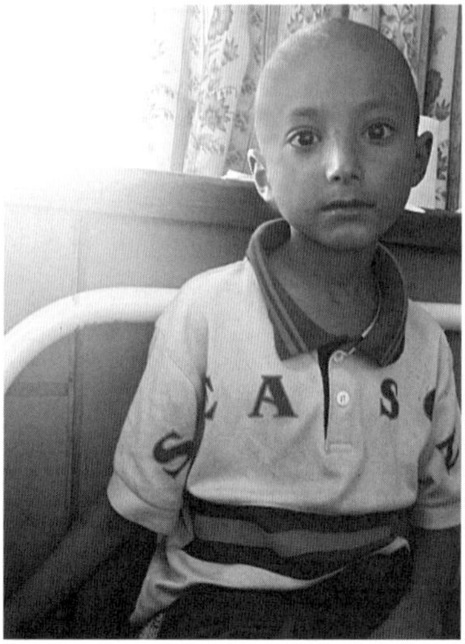

Dirgha im Krankenhaus, an dem Morgen, als er wieder aufwachte.

keines zu bevorzugen, aber es war aussichtslos. Ich liebte Jagrit. Er war ein ungewöhnlich heller Junge und sprach erstaunlich gut Englisch. Vor allem war er ein Klugscheißer. Und für Klugscheißer habe ich nunmal eine Schwäche.

Bei meinem allerersten Besuch bei der Umbrella Foundation streunte ich durch das Haus, in dem er lebte, um die Kinder kennenzulernen. Es waren so viele. Ich stand einfach nur da und sah ihnen zu, wie sie auf der Wiese hinter dem Haus herumtollten. Jagrit kam auf mich zu.

»Sie sind ein Freund von Viva und Jacky, Sir. Wenn Sie wollen, führe ich Sie durch das Haus, Sir!«, sagte er laut. »Wie heißen Sie?«

»Das klingt gut. Aber nenn mich nicht Sir, ich heiße Conor«, antwortete ich.

»Okay, Conor! Ich bin Jagrit. Und ich verlange keinen Eintritt, Sir. Aber keine Sorge, es ist eine gute Führung. Ich bin sehr unterhaltsam«, informierte er mich.

Jagrit war urkomisch und intelligent und genoss den Respekt der jüngeren Kinder. Er stellte viele Fragen über Amerika und meine Familie. Ich fragte ihn, woher er kam.

»Aus Humla, Sir! Sie kennen Humla vermutlich nicht, es ist keine Touristenregion wie Sagarmatha. Nur wenige Kinder in Umbrella kommen aus Humla. Aber es ist sehr schön.«

Ich klärte ihn auf, dass ich Humla sehr wohl kannte. Die Kleinen Prinzen hatten mir schließlich alles darüber erzählt.

»Sie machen Witze, Sir! Das ist ein guter Witz, herzlichen Glückwunsch.«

»Das ist kein Witz, Jagrit, ich kenne es«, antwortete ich. »Es liegt im Nordwesten von Nepal. Das größte Dorf heißt Simikot.«

Jagrit verschlug es einige Sekunden lang die Sprache. »Okay. Jetzt verlange ich wirklich keinen Eintritt. Ich wollte am Ende der Führung ein paar Tausend Rupien verlangen, aber jetzt nicht.«

Das war ein typisches Gespräch mit Jagrit. Je öfter ich die Heime von Umbrella besuchte, desto besser lernten wir uns kennen. Wir zogen uns gern gegenseitig auf.

»Sie sind sehr dick heute, Sir«, sagte Jagrit, wenn ich nach ein paar Tagen Abwesenheit wieder zu Umbrella kam. Nach meiner monatelangen Linsen-Reis-Diät war ich wohl eher untergewichtig.

»Dick? Wo hast du deine Brille gelassen, Jagrit? Vermutlich setzt du sie aus Eitelkeit nicht auf, stimmt's? Damit die Mädchen dich nicht so sehen!«

»Ich setze sie zum Lesen auf! Ich muss Sie nicht so riesig sehen! Ich höre Sie schon von Weitem kommen. Sie trampeln wie ein Elefant.«

Als ich mit Dirgha auf dem Arm und langsam neben Navin hergehend beim Heim der Umbrella Foundation ankam, wartete Jagrit schon am Tor auf uns. Viva hatte ihm die Situation geschildert. Wortlos nahm er Navin an die Hand und führte ihn zu einem der Betten in der Krankenstation.

Ich folgte ihm mit Dirgha und legte den Kleinen in das andere Bett. Jagrit holte Wasser für die beiden und kam mit zwei Jungen seines Alters und zwei etwas jüngeren Mädchen zurück.

»Sie schauen nach den Jungen, Sir. Wenn sie Wasser oder Kekse brauchen, dann bringen sie sie, kein Problem«, erklärte er.

»Okay, prima«, sagte ich und wandte mich an die vier Kinder, die auf unsere Jungen aufpassen sollten. »Danke, das ist sehr freundlich von euch«, sagte ich. Die Kinder lächelten und freuten sich, dass sie einem Erwachsenen helfen konnten.

»Conor Sir, Sie sehen sehr müde aus. Schlafen Sie in meinem Bett – das obere Bett oben im Schlafzimmer«, sagte er. »Es ist sehr bequem.«

»Ist schon gut, Jagrit. Ich habe ein Bett nebenan.«

»Wie heißen diese Jungen?«, wollte er wissen. Ich sagte es ihm. Er gab die Namen an die anderen weiter.

»Okay, kein Problem, Sir. Gehen Sie. Wir kümmern uns um sie.« Damit schob mich Jagrit freundlich zu Tür hinaus.

Ich vertraute ihm und ging nach nebenan in ein winziges Zimmer im Obergeschoss eines benachbarten Heims, in dem freiwillige Helfer übernachten konnten. Ich schlief sofort ein. Als ich zwei Stunden später nach unten ging, war Jagrit noch da, aber vier neue Kinder passten auf die Jungen auf. Neben den Betten lag ein Stapel von selbst gemalten Karten, in denen die Kinder der Umbrella-Häuser den beiden Neuankömmlingen gute Besserung wünschten. Dieses Bild werde ich nie vergessen: Ein hübsches sechsjähriges Mädchen reichte Dirgha ein Blatt Papier mit der unbeholfenen Zeichnung einer Blume, die über den Worten »Gute Besserung« schwebte. Das hatte ihr vermutlich Jagrit beigebracht. So ist Nepal: Kinder kümmern sich um Kinder.

Fünf der sieben Kinder waren nun wohlbehalten in den Heimen der Umbrella Foundation in Kathmandu untergebracht. Fehlten noch zwei: der neunjährige Kumar und Bishnu, der Jüngste. Bald erhielt ich wieder einen Anruf: Gyan hatte Kumar ausfindig gemacht. Ich konnte es kaum glauben. Die neue Nachricht kam weniger als eine Woche nach der Entdeckung der vier Jungen. Ich konnte es nicht abwarten, ihn abzuholen.

Es war zu spät, um mit dem Bus nach Kathmandu zu fahren, aber am nächsten Morgen saß ich im Minibus in die Hauptstadt. Vor Gyans Büro stieg ich aus – ich wollte dabei sein, wenn er Kumar abholte. Ich wartete vor seinem Büro, bis er die Angelegenheiten der Eltern vor seinem Schreibtisch erledigt hatte, dann zwängte ich mich durch die Wartenden und stellte mich so hin, dass er mich sah. Er sagte etwas zu seinem Assistenten, dann kam er zu mir herüber, nahm mich am Arm und führte mich in den feuchten Flur.

»Es haben sich Komplikationen ergeben, Conor Sir«, informierte er mich. »Kumar ist in Kathmandu, wir haben ihn im Stadtteil Kalanky entdeckt. Aber er ist verkauft worden. Er ist Hausdiener.«

»Hausdiener? Aber er ist doch erst neun! Hausdiener bei wem?«

»Das ist die Komplikation.«

Ich war es gewohnt, dass Nepalis um den heißen Brei herumredeten. Oft drang man erst nach mehrmaligem Nachhaken zum eigentlichen Kern vor, vor allem, wenn es sich um ein sensibles Thema handelte. Von Gyan war ich das nicht gewohnt. Irgendwann unterbrach ich seine umständlichen Erklärungen.

»Wer hält ihn fest, Gyan?«

Er zögerte. »Ich habe gehört, dass es ein hoher Beamter aus der Stadtverwaltung ist. Ich weiß nicht, ob das stimmt, aber ich versuche, es herauszufinden. Wenn ja, dann müssen wir ihn überzeugen, den Jungen freiwillig herauszugeben. Sonst wird es … schwierig.«

»Sie wissen, wer es ist?«

»Ja.«

»Dann können wir doch einfach hingehen! Das ist doch illegal, oder? Einen neunjährigen Jungen als Haussklaven zu halten? Ihr Job ist es doch, das Gesetz durchzusetzen! Oder habe ich irgendetwas falsch verstanden?«

Gyan seufzte. »Conor Sir, Ich verspreche, dass ich mein Möglichstes tue, um den Jungen zu bekommen. Glauben Sie mir?«

»Natürlich glaube ich Ihnen. Darum geht es ja gar nicht. Aber wir müssen jetzt gehen, Gyan. Wir können ihn nicht dalassen. Sie haben gesehen, was mit Navin und Dirgha passiert ist. Sie haben sie doch gefunden!«

»Wenn Sie mir glauben, dann müssen Sie mir auch vertrauen, Conor Sir. Das ist die Komplikation.« Er gab mir zu verstehen, dass er wieder in sein Büro zurückmüsse, vor dem eine lange Schlange wartete. »Nepal ist schwierig, ich weiß. Aber ich werde Kumar bekommen.«

Ich stand vor seinem Büro und war wütend. Aber ich konnte nichts tun. Frustriert nahm ich den Bus zurück nach Godavari.

Wieder im Kinderheim ignorierte ich Hriteeks Versuche, mir über den Rücken auf die Schultern zu klettern. Raju kam angelaufen und zeigte mir ein Spielzeug, das er aus Flaschendeckeln gebastelt hatte, aber ich ignorierte auch ihn. Die älteren Jungen spürten, dass etwas nicht stimmte, und gingen auf Sicherheitsabstand. Ich stürmte in mein Büro, setzte mich an den Rechner und schrieb eine E-Mail an Farid. Er schrieb mir oft und ich hielt ihn auf dem Laufenden. In ein paar Tagen sollte er sein Visum bekommen. Er freute sich, dass wir die fünf Kinder gefunden hatten. Aber nun hatte ich schlechte Nachrichten. Ich musste ihm berichten, dass Kumar ein Haussklave war und dass Gyan zwar wusste, wo er war, aber nichts unternehmen konnte. Er würde mich fragen, warum ich mich nicht sofort auf den Weg machte und warum ich am Computer saß, während der Junge in Gefahr war, doch ich hatte keine Antwort.

Während ich noch überlegte, was ich ihm schreiben sollte, kam mir eine schmerzliche Erkenntnis. Ich war nicht nur deshalb so mies gelaunt, weil ich mich um Kumars Sicherheit sorgte, sondern auch, weil ich mich schuldig fühlte. Ich wollte Farid nicht eingestehen, dass ich mich vor einem Konflikt mit Gyan gedrückt und Kumar im Stich gelassen hatte, obwohl ich mit eigenen Augen gesehen hatte, in welcher Gefahr diese Kinder waren. Aus Schuld und Frustration wollte ich mit den Fäusten die Zementwand einreißen. Ich wollte zurück in Gyans Büro, das mit dem Bus fast zwei Stunden entfernt war, und von ihm verlangen, dass wir Kumar sofort abholten.

Das schrieb ich fast wörtlich in meine E-Mail – aber ich

schickte sie nicht an Farid, sondern an Liz. Ich schilderte ihr, was passiert war. Ich gestand ihr, dass ich ein Kind zurückgelassen hatte, und zwar aus Gründen, die ich nicht verstand, und dass ich Gyan nicht weiter bedrängt hatte, weil ich ihm vertraute. War das falsch? Was, wenn Gyan jemanden schützte und Kumar wieder verschwand? Der Junge würde seine Kindheit in der Sklaverei verbringen, und ich wäre schuld, weil ich Gyan nicht die Stirn geboten hatte.

Eine lange Stunde später antwortete Liz. In Washington D. C. war es früh am Morgen. »Es tut mir leid, das muss unglaublich schwierig sein«, schrieb sie. »Glaubst du wirklich, dass Gyan korrupt ist? Oder hast du nur Angst, dass er korrupt sein könnte? Hat er irgendetwas getan, das deine Zweifel begründet? Es klingt doch so, als habe er bisher alles gehalten, was er dir und den Kindern versprochen hat.«

Ich dachte nach. »Ja, ich habe Angst, dass er korrupt sein könnte. Und nein, er hat nie etwas getan, das mich an ihm zweifeln ließe«, schrieb ich zurück.

»Was du machst, ist wirklich großartig, Conor«, antwortete Liz. »In diesem Fall musst du die Augen schließen und darauf vertrauen, dass jemand die Arbeit für dich macht. Das ist vermutlich kein besonders hilfreicher Rat, und es klingt auch nicht so, als bliebe dir sehr viel anderes übrig. Aber aus dem, was du mir schreibst, habe ich den Eindruck, dass Gyan ehrlich ist, und wenn jemand Kumar helfen kann, dann er. Du hast richtig gehandelt.«

Sobald ich diese Zeilen las, wusste ich, dass ich genau das hören wollte. Jemand musste mir sagen, dass ich mich richtig verhalten hatte, auch wenn ich kaum eine andere Wahl hatte. Es war nicht einfach für mich, alles alleine zu machen. Bei jeder Gelegenheit fragte ich mich, ob ich eine Sache richtig anpackte oder die richtigen Entscheidungen traf. In diesem Fall hatte ich keine Ahnung, ob es Kumar gut ging oder ob jemand mit mehr Erfahrung anders gehandelt hätte. Aber Liz hatte Recht: Gyan hatte mich noch nie enttäuscht. Dann berichtete ich Farid, was passiert war. Ich erzählte ihm von meinen Sorgen und sagte ihm, ich habe so gehandelt, weil Gyan bislang immer Wort gehalten hatte.

Farid schrieb sofort zurück und war unglaublich frustriert. Ich konnte ihn verstehen, aber ich hatte die richtige Entscheidung getroffen. Ich war nur froh, dass er nicht da war, denn er hätte mir den Zweifel an der Nasenspitze angesehen. In meiner letzten E-Mail schrieb er mir, wenn ich die Entscheidung für richtig hielte, dann war sie es vermutlich auch. Er vertraute mir und bat mich, ihn auf dem Laufenden zu halten.

Eine Woche verging. Ich war dauernd schlecht gelaunt. Jeden Tag rief ich Gyan an und jeden Tag erhielt ich dieselbe Antwort: Ich müsse ihm vertrauen. Mehr sagte er nicht. Es war zum Verrücktwerden. Auch Liz schrieb ich jeden Tag. Ich brauchte ihre Unterstützung und die Bestätigung, dass ich richtig handelte. Ich befürchtete insgeheim, dass sie irgendwann antworten würde: »Es tut mir leid, ich habe keine Ahnung. Du bist da, ich bin hier, ich kann dir nicht helfen.«

Aber das passierte nie. Tag für Tag sprach sie mir Mut zu, fragte mich nach neuen Entwicklungen und versicherte mir, dass alles gut enden würde. Ihre E-Mails waren der Hoffnungsschimmer in einer finsteren Woche.

Weitere acht Tage vergingen. Da ich keine Nachricht von Kumar erhielt, schrieb ich Farid seltener. Bei Gyan hatte ich mich seit vier Tagen nicht mehr gemeldet.

In einem Kinderheim gibt es wenige Orte, an denen man allein sein kann. Am Sonntagmorgen war ich fast allein auf dem Dach. Raju stand ein paar Meter von mir entfernt und tat so, als würde er mich nicht sehen, doch die ganze Zeit schielte er verstohlen nach mir, in der Hoffnung, ich würde mit ihm spielen. Die peinliche Stille wurde durch schnelle Schritte auf der Betontreppe unterbrochen. Haris Kopf erschien in der Öffnung. Als er mich in der entferntesten Ecke sitzen sah, lief er eilig zu mir. Auf seinem Gesicht spiegelte sich die Sorge.

»Viva ist am Telefon, Bruder«, sagte er nervös. Er ahnte, was das bedeutete. Wenn Viva anrief, dann bedeutete dies meist nichts Gutes. Ich dankte ihm und ließ mir Zeit, die Treppe hinunter zum Telefon zu gehen. Ich wusste nicht, wie viel ich noch ertragen konnte.

»Conor, wie geht's dir?«, fragte Viva. Die Verbindung knisterte.

»Gut. Was ist los?« Um sie besser zu verstehen, presste ich das Ohr fest an den Hörer.

»Hör zu, Conor. Gyan hat gerade einen sehr netten Jungen vorbeigebracht. Er sagt, es ist einer von deinen. Er steht hier neben mir, sein Name ist Kumar. Kennst du ihn?«

Ein tiefer Seufzer und ich plumpste auf einen Stuhl. »Ja, ich kenne ihn. Ich bin gleich da.«

Ich blickte auf die Uhr – es war nicht eilig. Ich feuerte E-Mails an Farid und Liz ab. Dann ging ich auf das Dach zu Raju, der sich nicht von der Stelle gerührt hatte und noch immer über die Mauer auf die Felder schaute. Ich schlich mich von hinten an, schnappte ihn um die Hüfte, warf ihn über meine Schulter und schleppte ihn die Treppe hinunter. Im Wohnzimmer legte ich den lachenden Jungen aufs Sofa. Dann drehte ich ihm den Rücken zu und ging langsam weg, weil ich wusste, dass Raju in diesem Moment auf die Rückenlehne der Couch klettern würde. Oben angekommen, würde er einen lauten Schrei ausstoßen, springen und mir gerade genug Zeit geben, um mich …

»RAAAAAAAAA!«

… umzudrehen und Raju aufzufangen, der einen Bauchplatscher auf mein Gesicht machte.

Das Leben war wieder gut.

Ab Mitte November 2006 verbrachte ich die meiste Zeit in Kathmandu. Sechs der sieben Kinder waren bei der Umbrella Foundation untergekommen und ich wollte ihnen helfen, sich an ihr neues Leben zu gewöhnen. Außerdem suchte ich nach einem Haus für das Kinderheim von NGN. In den Vereinigten Staaten hatte ich weiter Spenden gesammelt. Mit den sechstausend Dollar auf meinem Konto konnte ich die ersten vier Monate Miete im Voraus bezahlen, Möbel anschaffen und die Kinder, die wir aufnahmen, betreuen. Ich wollte ein Haus haben, wenn Farid kam, und das war vermutlich schon bald. Über einer Tasse Tee sprach ich mit Viva und Jacky über meine Pläne.

»Jacky, hast du Conor von dem Haus erzählt?«, fragte Viva. Wir saßen im Wohnzimmer, dem wärmsten Raum in ganz Nepal. Ihr Kerosin-Ofen bullerte und der Boden wurde durch einen dicken Teppichboden isoliert. Wir hätten bei ihr zu Hause in Nordirland sein können.

Ich sah Jacky an. »Welches Haus?«

»Ja, Conor, wir haben das perfekte Haus für dich. Es ist wirklich einmalig. Es ist das gelbe Haus neben den Umbrella-Häusern, erinnerst du dich? Da kannst du problemlos 25 Kinder unterbringen. Im Hof hat es einen eigenen Brunnen, einen richtig tiefen

Brunnen! Da bekommst du kostenlos Wasser und musst nicht den blöden Lastwagen bezahlen, der das Wasser bringt«, erklärte er. Er zog an seiner Zigarette und streckte die Arme nach Viva aus. »Kathmandu ist verrückt! Kein Wasser! Warum gibt es hier kein Wasser?«

»Sie haben diesen Teil der Stadt hoffnungslos zugebaut und keine Kapazitäten mehr, Jacky. Ich schlage mich seit Jahren damit herum. Seit Jahren. Du gewöhnst dich besser daran, das ändert sich nicht, solange du lebst. Aber genug davon, Schatz. Erzähl ihm lieber was über das Haus!«

»*Ah oui, la maison. C'est parfait,* Conor. Und frei. Ich habe mit dem Eigentümer gesprochen, er macht dir einen guten Preis. Zwölftausend Rupien pro Monat, etwa hundertsechzig Dollar. Das ist ein sehr guter Preis, glaub mir.«

Da ich mich nicht an das Haus erinnerte, suchte ich gleich nach meinem Besuch nach Jagrit, der die Gegend wie seine Westentasche kannte. Er saß draußen bei einigen älteren Jungen, neben dem Tor eines der Umbrella-Häuser.

»Jagrit«, rief ich, als ich näher kam. »Kannst du mal bitte zu mir kommen, Bai. Ich brauche deine Hilfe.« (*Bai* ist der »jüngere Bruder«, so nannten wir die Kinder.)

»Ja, Conor Sir! Zu Diensten!«, rief er. Dann drehte er sich zu den anderen Jungen und erklärte ihnen mit dramatischer Stimme und auf Englisch, sodass ich auch alles mitbekam: »Es tut mir leid. Ich muss gehen. Ich habe wichtige Arbeit zu tun. Sir braucht mich. Ohne meine Hilfe könnte er sogar sterben …«

»Schon gut, Jagrit …«

»Hört ihr seine Stimme? Sie zittert! Er hat Angst! Ich muss gehen!«

Als er näher kam, grinste er mich an. Ich nahm ihn in den Schwitzkasten, aus dem er sich schnell herauswandte.

Jagrit kannte das Haus und ich folgte ihm. Es war nur vier Häuser weiter und lag am Ende eines schmalen Weges. Auf den ersten Blick wusste ich, dass das unser Haus war. Direkt vor der Tür lag ein Acker, es hatte einen kleinen Vorgarten und ein Tor mit einem Schloss. Das Beste war, dass es sich gleich neben den Umbrella-Häusern befand und nur wenige Minuten von einer kleinen Grundschule und dem Haus von Viva und Jacky entfernt lag. Am Nachmittag handelte ich mit dem Eigentümer die Konditionen aus. Jagrit war unser Übersetzer. Wir schlugen ein und der Deal war perfekt. Next Generation Nepal hatte ein Kinderheim.

Ich schickte Farid ein Foto des Hauses. Er war begeistert. Liz wollte das Haus auch sehen, also schickte ich ihr das Foto ebenfalls. Und wo ich schon dabei war, schickte ich ihr gleich einige andere Bilder mit, von den Kleinen Prinzen, den sechs Kindern, die zusammen spielten, vom lächelnden Kumar, der von Gyan zum Haus der Umbrella Foundation gebracht wurde. In ihrer Antwort schickte mir Liz ein Foto von sich, das erste. Auf dem Foto umarmte Liz ein Mädchen, das sie lieb gewonnen hatte, eine zehnjährige Waise namens Basinati aus Sambia. Ich hatte von dem Mädchen gehört, denn Liz hatte sie mir detailliert beschrieben. Auf dem Bild trug Basinati ein einfaches gelbes Kleidchen und lächelte fröhlich.

Aber als ich das Foto sah, hatte ich nur Augen für Liz. Sie sah verdammt gut aus.

Ich war derart überrascht, dass ich ihr betont harmlos antwortete: »Bist du das auf dem Bild?«

»Ja, Conor, das bin ich, die mit dem gelben Kleidchen. Keine Ahnung, wer die komische Blondine ist, die mich da im Arm hält.«

Das hatte ich verdient. Aber ich konnte meine Augen nicht mehr abwenden. Diese Frau, die meine Vertraute gewesen war, die mich in schwierigen Zeiten am Laufen gehalten hatte und zu der ich eine echte Freundschaft aufgebaut hatte, war umwerfend schön. Ich stellte das Bild auf meinen Tisch. Wenn es in der Nähe eine Kirche gegeben hätte, dann hätte ich vierhundert Kerzen angezündet.

Farid kam am 21. November nach Nepal. Er war sauberer, als ich ihn je gesehen hatte. Das würde sich bald ändern, dachte ich, und sah an meiner staubigen Fleecejacke und meinen abgewetzten Trekkinghosen hinunter. Die Ankunft von Farid in Godavari war wie ein Familienfest. Die Kinder waren außer sich vor Freude, und mir ging es kaum anders. Er hatte mir gefehlt.

Ich hatte auf seine Ankunft gewartet, um es den Kindern zu sagen: Ich zog in Godavari aus. Wenn wir ein Haus für verschleppte Kinder in Kathmandu errichten wollten, dann musste ich auch in Kathmandu sein.

Die Kinder protestierten. Farid und ich erzählten ihnen von den sieben Kindern und warum es so wichtig war, dieses neue Heim zu eröffnen. Wir erklärten ihnen, wie viel Glück sie hatten, dass sie im Kinderheim der Kleinen Prinzen in einer sicheren Umgebung lebten. Sie hatten Leute, die sich um sie kümmerten, ein gutes Zuhause und die Möglichkeit, die Schule zu besuchen. Viele andere Kinder hatten weniger Glück. Sie brauchten Hilfe und wir wollten versuchen, ihnen zu helfen. Außerdem waren sie inzwischen groß geworden. Sie brauchten uns kaum noch. Die größeren Kinder kümmerten sich hervorragend um die kleineren, genauso, als wären sie zu Hause in ihren Dörfern. Die älteren Jungen grinsten und sahen einander stolz an.

Farid hob sich die gute Nachricht bis zum Schluss auf. Er wollte mindestens eine Woche in Godavari bleiben. Die Kinder jubelten. Sie liebten Farid und hatten dauernd nach ihm gefragt, während er in Frankreich war. Er war wie ein Vater und ein großer Bruder für sie.

Es war ein sonniger Novembernachmittag, und da die Kinder keine Schule hatten, schickten wir sie nach draußen. Während wir eine Tasse Tee tranken, kickten die Kinder einen platten Fußball über die Wiese und warfen ein altes Frisbee, das sich entweder direkt in die Erde bohrte oder einen unberechenbaren Bogen flog und das Ziel um fünfzig Meter verfehlte. Während wir ihnen amüsiert zusahen, rannte Rohan, eines der jüngsten Kinder, zu uns.

»Bruder, ich hole Jablo, ja?«

Ich sah erst Farid an, dann Rohan.

»Du holst was?«

»Jablo, Bruder! Jablo!«

»Was ist das?«

Er marschierte an uns vorbei ins Haus. Wir sahen, wie er im Büro in einer Kiste mit Spielsachen wühlte. Wenig später kam er mit zwei Stöcken zurück, die mit einer Schnur verbunden waren, und einem gelben Plastikding, das aussah wie zwei Kegel, die an der Spitze zusammengeklebt waren, oder wie eine Sanduhr.

»Jablo, Bruder!«, rief Rohan und hielt es in die Höhe. »Ich hole!«

Bei einem Phish-Konzert der Universität hatte ich das Spielzeug schon einmal gesehen. Ein paar Studenten mit Dreadlocks hatten in einer Haschwolke herumgestanden und damit gespielt. Aber ich hatte keine Ahnung, wie es funktionierte. Auch Rohan wusste es nicht. Er wusste, dass man die beiden Stöcke beziehungsweise die Schnur dazwischen benutzt, um den Doppelkegel durch die Luft zu werfen. Als er mit den Stöcken nach dem Kegel stocherte, sah er aus wie Edward mit den Scherenhänden, der versucht, eine Teetasse in die Hand zu nehmen. Er hatte kein Glück. Dann sah uns Nishal, der gerade die Frisbeescheibe in einen Baum geschleudert hatte, und kam angerannt. Er nahm Rohan die Stöcke aus der Hand und baute sich vor Farid und mir auf.

»Ich kann, Bruder! Schau!«

Nishal wusste offensichtlich, wie das Ding funktionierte. Er rollte den gelben Doppelkegel hin und her, bis er ihn mit der Schnur aufheben konnte. Geschickt bewegte er das Ding von einer Seite zur anderen und warf es schließlich hoch. Der Kegel flog durch die Luft und zerriss das Netz einer riesigen grünen Spinne über uns. Das achtbeinige Ungeheuer stürzte an einem Faden auf uns herab, was natürlich außer Farid und mir niemand mitbekam. Wir schrien, sprangen auf und fielen übereinander, um dem Vieh auszuweichen. Die Kinder erstarrten. Wortlos packte Nishal den Jablo in seine Kiste, und monatelang rührte ihn niemand mehr an.

Später erfuhr ich, dass die Kinder unseretwegen nicht mehr damit spielen wollten. Sie waren zu dem Schluss gekommen, dass Ausländer aus unerfindlichen Gründen Angst vor dem Jablo hatten.

Die Einrichtung von Dhaulagiri House, wie wir das Kinderheim von Next Generation Nepal nannten, brauchte ihre Zeit. In Kathmandu gab es kein Möbelhaus, in dem man alles bekam, was man brauchte. Zusammen mit unseren nepalesischen Freunden fuhren Farid und ich durch die Gassen von Kathmandu, um die Einrichtung zusammenzusuchen. Der Teppichboden war der einzige Einrichtungsgegenstand, der nicht von Hand gefertigt wurde. Dreißig Bettgestelle? Wir gingen zu einem Schlosser und handelten einen Preis aus. Matratzen? Wir konnten uns die Füllung aussuchen: Die teuersten waren mit synthetischen Materialien gefüllt, die billigsten waren Strohsäcke, wie wir sie im Kinderheim der Kleinen Prinzen hatten. Wir entschieden uns für den goldenen Mittelweg: Matratzen, die mit Kokosfaser gefüllt waren. Sie waren nicht unbedingt bequem, aber immer noch besser als diese mit Gras gestopften Dinger in Godavari. Wo die Kokosfaser herkam, war mir allerdings ein Rätsel, denn ich konnte mich nicht erinnern, im ganzen Land auch nur eine einzige Kokosnuss gesehen zu haben. Ein Bambusschreiner zimmerte frei stehende Regale. Die Holzböden für Wandregale fertigte ein anderer Schreiner, der sich in nepalesischer Tradition den Kopf geschoren hatte und ein Jahr lang Weiß trug, um den Tod seines Vaters zu betrauern. Beim Kauf der Laken mussten wir den besten Preis für den Meter Stoff aushandeln, und beim Kauf der Decken feilschten wir um das Gewicht und die Qualität der Baumwollfüllung.

In meiner Naivität war ich davon ausgegangen, dass die Decken fertig und frei Haus geliefert würden. Stattdessen kam am nächsten Tag ein Mann, und zwar nicht mit den Decken, sondern mit Stoffballen und Säcken voller Baumwolle. Ich erinnerte mich an das Gespräch mit dem Deckenmacher und fragte mich, ob von einem zusätzlichen Honorar für die Herstellung der Decken die Rede gewesen war. Es stellte sich jedoch heraus, dass es üblich war, die Decken auf der Veranda des Kunden zu nähen. Der Deckenmacher kippte einen sesselgroßen Berg Baumwolle aus. Dann nahm er einen langen, dünnen Stecken und schlug damit auf die Watte ein, bis sie den richtigen – ja, ich weiß nicht, vielleicht Flauschigkeitsgrad hatte. Dann stopfte er sie in die Laken, die er zuvor zusammengenäht hatte, und fertig war die Decke.

Noch interessanter ist das, was passiert, wenn man nach einem Jahr feststellt, dass die Decke nicht mehr die gewünschte Flauschigkeit hat. Man wartet einfach auf einen Mann, der alle paar Tage durch die Straßen geht. Man hört ihn schon von Weitem kommen, denn er zupft an einem Werkzeug, das er über der Schulter hängen hat und aussieht wie eine Harfe mit einer Saite. Man winkt ihn ins Haus und gegen ein geringes Honorar schneidet er die Decke auf, kippt den Inhalt auf der Veranda aus und schrammelt mit seiner Harfe auf die Baumwolle ein, bis die Flauschigkeit wiederhergestellt ist. Als ich Liz dies beschrieb, entspann sich eine heiße Debatte um das Verfahren.

»Das heißt, er klimpert auf seiner Harfe, und dadurch wird die Baumwolle wieder flauschig? Wie soll das funktionieren, rein physikalisch?«, fragte sie.

»Keine Ahnung. Vielleicht wirkt die metallische Vibration ja revitalisierend?«, meinte ich.

»Ich bin keine Physikerin, aber irgendwie überzeugt mich das nicht.«

»Mich auch nicht. Aber es klang doch gut, oder?«

»Nicht schlecht«, antwortete sie. »Vielleicht hättest du noch sagen sollen, dass du aus *Nature* zitierst. Das hätte cool geklungen.«

»Beim nächsten Mal.«

Schließlich war Dhaulagiri House bezugsfertig. Farid und ich machten die Betten selbst, worüber sich die nepalesischen Frauen, die uns halfen, sehr amüsierten. Als wir die letzten Betten bezogen hatten, gingen Farid und ich nach draußen und betraten das Haus erneut, um es auf uns wirken zu lassen. Langsam gingen wir durch die Räume. Es war wunderschön. Farid hatte eine Menge Arbeit hineingesteckt, er hatte die meisten Pläne gemacht und die meisten Käufe erledigt. Es hatte etwas Magisches, so als ob wir die Augen geschlossen und uns ganz fest ein Haus für 25 Kinder gewünscht hätten. Und als wir sie wieder öffneten, stand es plötzlich vor uns, unberührt, sauber, ohne Fußstapfen auf dem Boden und ohne Flecken an der Wand. Das würde sich bald ändern. Aber in diesem Moment war es noch ganz frisch wie ein Geschenk in seiner Originalverpackung. Und wir hatten es gemacht.

Wir gingen wieder nach draußen. Farid grinste breit.

»Conor, hättest du was dagegen, wenn ich die Kinder hole?«, fragte er. Auf diesen Augenblick hatte er seit Monaten gewartet. Nun war es so weit, und ich hatte das Gefühl, dieser Moment gehörte Farid.

»Los!«, sagte ich.

Farid klapperte die benachbarten Kinderheime der Umbrella Foundation ab und sammelte Kumar, Amita, Dirgha, Navin, Madan und Samir ein. Er brachte sie vor das Eingangstor unseres Hauses, wo ich auf sie wartete. Er ließ sie in einer Reihe aufstellen, dann stellten wir uns vor sie.

»Wart ihr schon in diesem Haus?«, fragte Farid.

Sie schüttelten heftig die Köpfe. »Nein, Bruder! Ehrenwort, Bruder!« Die Kinder meinten offenbar, sie hätten etwas falsch gemacht. Nach allem, was sie in ihrem kurzen Leben erfahren hatten, bedeutete dies, dass sie geschlagen würden.

Farid ging zur Eingangstür, in die Bilder aus dem Leben Buddhas geschnitzt waren. Er öffnete sie und drehte sich zu den Kindern um.

»Das gehört euch. Das ist euer neues Zuhause«, sagte er.

Sie rührten sich nicht. Wahrscheinlich dachten sie, es sei ein Spiel oder ein Test oder irgendetwas, das sie noch nicht verstanden. Navin, der seit seiner Genesung wieder der Boss war, löste

Farid mit sechs der sieben Kinder, an dem Tag, als Dhaulagiri House, das neue Kinderheim von Next Generation Nepal, eröffnet wurde. Das siebte und letzte verschleppte Kind, Bishnu, sollte erst nach sechs weiteren Wochen gerettet werden.

sich schließlich zögernd aus der Gruppe und betrat das Haus. Die anderen fünf folgten ihm langsam. Sie fassten nichts an. Drinnen lugten sie ins Wohnzimmer. Sie drängten sich neben der Eingangstür zusammen, einige lächelten nervös. Der sechsjährige Samir zupfte an meiner Hose und fragte auf Nepali, wem dieses Haus gehörte. Die anderen Kinder starrten mich an. Alle lächelten jetzt, so als würden sie auf die Pointe warten.

»Bruder, Farid hat es schon gesagt. Das ist euer Haus.«

»Unser Haus?«

»Euer Haus.«

Sie schwiegen.

»Unser Haus?«

»Ja, euer Haus.«

»Wir schlafen hier?«

»Eure Betten sind oben.«

Sie schwiegen wieder.

»Können wir schauen?«, fragte Kumar zögernd und hatte offenbar Angst, dumm auszusehen.

»Ja, ihr könnt schauen«, sagte ich.

Niemand wollte der Erste sein. Aber als Navin den Fuß auf die erste Stufe setzte, rannte Kumar an ihm vorbei. Plötzlich flitzten sie alle los und stolperten übereinander, um zuerst nach oben zu kommen. Selbst der störrische Dirgha hielt sich nur ein paar Sekunden zurück, ehe er hinter den anderen hersprintete. Ich freute mich, ihn nach dem Überlebenskampf in der Ernährungsstation wieder so rennen zu sehen.

Farid und ich gingen nach draußen. Von oben hörten wir die Freudenschreie und das Quieken der Kinder. Sie streckten die Köpfe aus den Fenstern, tauchten auf Balkonen auf und fragten vom Dach herunter, ob das auch wirklich ihr Haus war. Wir riefen zurück, ja, es war wirklich ihr Haus.

Dann düsten die sechs Kinder an uns vorbei, zur Tür hinaus und in das benachbarte Heim der Umbrella Foundation, in dem sie die letzten Wochen verbracht hatten. Keine fünf Minuten später stürmten sie in ihr neues Haus zurück, unter dem Arm ihre Kleider – das Einzige, was sie besaßen – und rannten die Treppe hinauf.

Wir gingen ihnen hinterher und sahen, wie sie sich in dem Schlafzimmer einrichteten, in dem wir die Betten gemacht hatten.

»Du schläfst hier, Bruder?«, fragte Samir und zeigte auf das siebte, leere Bett.

Kumar antwortete. »Nein. Für Bishnu, ja, Bruder?«

Ich war überrascht. Ich hatte Bishnu nicht erwähnt. Ich war nicht einmal sicher, ob sie sich an ihn erinnerten. Er war vor neun Monaten verschwunden, und das war für Kinder in ihrem Alter eine Ewigkeit.

»Ja, das ist für Bishnu«, antwortete ich.

Farid kam herein und sagte, es sei Zeit zu schlafen. Sie legten sich in die Betten, die sie sich ausgesucht hatten. Dann schalteten wir das Licht aus und gingen nach unten. Wir nannten das Heim Dhaulagiri House, nach einem der höchsten Berge des Himalaja.

Die Wohnung, die ich mir ansah, hatte drei Schlafzimmer und roch frisch wie ein neues Auto. Im langen, mit Marmor ausgekleideten Gang hallten meine Schritte. Es war absurd. Die Miete war in Ordnung, ich konnte sie mir leisten, aber sie war einfach zu groß. Eine nepalesische Familie würde neun Generationen in dieser Wohnung unterbringen. Wie immer gab es keine Heizung, kaum heißes Wasser, keinen Kühlschrank, keinen Ofen, keine Mikrowelle, und die Dusche war nichts als ein Duschkopf, der mitten im Bad von der Decke hing, und ein Abfluss darunter im Boden.

Der Eigentümer folgte mir durch den Flur. In der Mitte des Gangs blieb ich mit theatralischer Geste stehen und hielt die Luft an. Er lachte.

»Ja, es ist sehr groß, Sir. Groß genug für die ganze Familie, Sir. Und viel Marmor«, fügte er stolz hinzu.

»Es ist zu groß. Ich bin nicht verheiratet. Aber danke, dass Sie es mir gezeigt haben«, antwortete ich.

Er erstarrte. »Keine Frau?«

»Nein, keine Frau.«

»Eine Freundin?«

»Nein, keine Freundin.«

»Sie sind schwul?«

Ich nahm an, dass dieser Schluss in Nepal nahelag.

»Nein, ich bin nicht schwul. Aber ich habe kein Interesse an einer Beziehung. Ich habe alle Hände voll zu tun mit den Kindern. Ich habe nicht viel Freizeit.«

»Wann haben Sie zuletzt Freundin?«

Ich dachte, ich hörte nicht recht. »Nein. Das letzte Mal … äh …« Ich musste nachdenken und zählte nicht Wochen oder Monate, sondern Jahre. »Ich weiß nicht. 2003? 2004?«

»2003? Das Jahr 2003?«, fragte er ungläubig.

Ich erinnerte mich daran, dass in Nepal ein anderer Kalender verwendet wurde. Nach diesem Kalender schrieben wir das Jahr 2066 oder so. »Nein, natürlich nicht! Vielleicht vor drei Jahren oder so.«

Er nickte und sah mich schräg an. »Sie müssen schnell Frau finden und Kinder machen. Sie können hier leben. Ich mache guten Preis«, sagte er. »Sie brauchen diese Wohnung.«

Lachend ging ich weiter in das rückwärtige Schlafzimmer. Es war wunderbar hell und hatte Fenster auf zwei Seiten. Ich öffnete eines davon, lehnte mich hinaus und schaute auf die Wiese. Es war seltsam, solche Wiesen mitten in der Stadt zu sehen. Wahrscheinlich würden sie bald zugebaut werden. Ich wollte mich erneut bei dem Eigentümer bedanken. Eigentlich wollte ich schon längst wieder in Dhaulagiri House sein.

Dann sah ich es, auf der anderen Seite der Wiese. Weniger als hundert Meter entfernt war die Rückwand eines hohen gelben Hauses. Es war Dhaulagiri House. Mir war nicht klar gewesen, dass die Wohnung so nah am Kinderheim lag, denn es gab keine direkte Verbindung zwischen beiden, der Weg führte durch enge Gassen. Aber es war so nah, dass ich sehen konnte, wie zwei Kinder, die aussahen wie Samir und Dirgha, auf der Dachterrasse spielten.

Ich drehte mich zum Eigentümer um.

»Sie haben Recht. Ich brauche diese Wohnung.«

Fünf Tage später verbrachte ich die erste Nacht in meinem neuen Zuhause. Die Marmorfliesen waren heimelig, aber ich konnte meinen Atem sehen. Da ich mich in beengten Verhältnissen wohler fühlte, schlug ich meine Zelte in einem Zimmer auf. Hier baute ich meinen Schreibtisch auf, klemmte mein Modem an ein Telefonkabel vor dem Fenster, warf eine Matratze auf den Boden und legte die dickste Decke darauf, die mir der Deckenmacher nähen konnte. Das Gute – das sehr Gute – war, dass die Wohnung eine Toilette hatte.

Das Beste war vielleicht der Blick vom Balkon, von dem aus ich auf einen der größten und wichtigsten buddhistischen Stupas blickte. Er hieß Swayambhu und war mit bunten Gebetsfahnen behängt. Der Stupa, ein buddhistischer Schrein, sah ein bisschen aus wie ein umgekehrter weißer Trichter. Die meisten Touristenführer bezeichneten ihn als »Affentempel« – diesen Namen hatten ihm die Hippies verpasst, die in den Siebzigerjahren gekommen waren, wegen der Scharen von Affen, die um den Platz herumturnten. Ich sah ihnen zu, wie sie über die Dächer sprangen, und verscheuchte sie, wenn sie an meinem Internetkabel hingen. Sie rissen es häufig ab und kappten damit meine Verbindung zum Rest der Welt.

Wie jeder gute Tourist hatte ich den Affentempel während meiner ersten Nepalreise besucht. Ich hatte nie zuvor so viele Affen gesehen. Sie waren relativ klein und hellbraun. Die kleineren waren so groß wie flinke Katzen, aber die größeren waren fast so groß wie Säuglinge – Säuglinge, die eine Wand hinaufrennen und Kabel durchbeißen konnten. Es waren faszinierende Tiere.

Den Lebensraum mit ihnen teilen zu müssen, war allerdings eine andere Geschichte. Ich entwickelte rasch eine Hassliebe zu den Affen. An manchen Tagen konnte ich ihnen lange zusehen, denn sie wirkten so menschlich und bewegten sich gleichzeitig mit einer unmöglichen Flinkheit und Eleganz. Ein anderes Mal setzte ich mich auf den Balkon, um von meinem Computer wegzukommen und zu Mittag zu essen; als ich nur für einen kurzen Moment aufstand, um mir etwas zu trinken zu holen, konnte ich beim Zurückkommen zusehen, wie einer der Affen mit eben dieser Flinkheit und Eleganz über ein Telefonkabel balancierte, mein Sandwich in der einen Hand und ein paar Kartoffelchips in der anderen. Das erzählte ich Viva, die auf Affengeschichten aus fünfzehn Jahren zurückblicken konnte, und fügte hinzu, ich hätte große Lust gehabt, ihm hinterherzuklettern und ihm das Sandwich wieder abzunehmen.

»Pass auf, Conor, das ist kein Witz. Leg dich nicht mit Affen an«, sagte sie und erzählte mir ein paar Anekdoten, die mich zweifeln ließen, ob ein Ringkampf mit einem Affen wirklich eine so gute Idee war.

Trotz allem war die Gegend sehr friedlich, zumindest solange ich mich nicht mit den Affen um mein Mittagessen streiten musste. Die tibetanischen Mönche, von denen viele in Nepal in der Diaspora leben, wohnen in der Regel so nah am Tempel wie möglich und hatten gleich um die Ecke ihr Kloster eingerichtet. Jeden Morgen kurz nach Sonnenaufgang wurde ich vom Dröhnen ihrer tiefen Glocken geweckt. Zu Hause hätten sie mich vermutlich an den Rand des Wahnsinns getrieben; hier waren sie mein Wecker.

Wenn ich mich besonders motiviert fühlte, schloss ich mich dem Strom der singenden Mönche in ihren rotbraunen Roben an, die jeden Morgen nach Sonnenaufgang den Stupa gegen den Uhrzeigersinn umrundeten. Dabei drehten sie Hunderte von Gebetsmühlen, die aussahen wie große Coladosen mit Sanskrit-Zeichen und die an der Wand des Tempels angebracht waren. Sie waren ursprünglich vermutlich rot gestrichen, doch nachdem sie von Tausenden Händen gedreht worden waren, war von der Farbe nichts übrig geblieben. Die Mönche brauchten gute 25 Minuten, um den Stupa zu umrunden.

Von diesem Platz gingen einige schmale Gassen aus, die sich zwischen den Häusern hindurchschlängelten. Hier patroullierten Affen und streunende Hunde, Männer schoben Fahrräder mit rostigen Waagen und boten an, Kartoffeln gegen Altmetall zu tauschen. Der Touristenbezirk Thamel war nicht weit entfernt, und doch hatte ich das Gefühl, hier in einer anderen Welt zu leben.

In meinen E-Mails an Liz beschrieb ich diese Welt lang und breit. Sie sollte sich genau vorstellen können, wo und wie ich lebte.

»Das ist toll, dass du eine Wohnung so nahe bei den Kindern gefunden hast!«, schrieb sie.

»Ich weiß. Nur deswegen habe ich sie genommen.«

»Sie klingt aber ein bisschen wie ein Mausoleum«, meinte sie. »Wie eine Wohngemeinschaft mit einem toten Diktator.«

»Ich habe zwei Gästezimmer. In einem könnte ich ihn unterbringen. Und vielleicht täglich eine Audienz abhalten und ein paar Rupien Eintritt kassieren.«

»Das wär es mir wert.«

Ich hoffte, dass Liz bemerkte, wie ähnlich unser Sinn für Humor war, und dass sie aus fünfzehntausend Kilometern Entfernung über meine Witzchen lachte.

Einen Monat zuvor hatte ich sie gefragt, warum sie Indien besuchen wollte. Insgeheim hatte ich gehofft, sie würde mir antworten: »Es gibt keinen Grund. Warum, gibt es in der Nähe auch noch andere interessante Länder? Es spielt nämlich keine große Rolle.« Leider schrieb sie das nicht. Stattdessen antwortete sie mir, wie sehr sie von Mutter Teresa inspiriert sei, von ihrem Mitgefühl, ihrem Glauben und ihrer Selbstlosigkeit. Sie wollte sehen, wo sie gelebt und gearbeitet hatte. Das klang ziemlich schlüssig. Leider.

Liz und ich schrieben uns nun schon seit sieben Wochen. In einem Monat wollte sie nach Indien fliegen. Wenn ich jetzt nichts sagte, dann würde ich die Chance verspielen, sie kennenzulernen. Aber ich hatte nicht den Mut, sie nach Nepal einzuladen. Das kam mir irgendwie aufdringlich vor. Wie leicht war es gewesen, in einer Kneipe Frauen anzugraben, die kaum Englisch sprachen. Aber bei dieser Frau, die ich wirklich kennenlernen wollte, war ich wie gelähmt und nicht in der Lage, sie zu fragen, ob sie mich nicht besuchen mochte.

»Ich erinnere mich an meinen ersten Besuch in Nepal«, schrieb ich. »Der Flug von Delhi ist so kurz und billig!« Ein anderes Mal beschrieb ich ihr den Stadtteil, in dem ich lebte, und schloss mit den Worten: »Aber das ist einfach alles viel zu kompliziert, um es dir per E-Mail zu schildern. Du müsstest es dir schon selbst anschauen, um zu verstehen, wie schön es ist.« Sie versicherte mir, wenn sie meine Beschreibungen lese, dann habe sie das Gefühl, selbst da zu sein. Das war nett, aber wenig hilfreich.

In meiner Wohnung, dem Mausoleum, hatte ich eine neue Idee. Ich fand einen Vorwand, um ihr wieder zu schreiben und hob hervor, dass ich drei getrennte Schlafzimmer hatte, jedes mit Tür und Schloss, und dass ich mich freuen würde, wenn mich jemand besuchen käme. Ich erwähnte, dass sich für die Zeit um Weihnachten zwei Freunde angekündigt hatten, Kelly und seine Frau Beth, die wie wir beide an der University of Virginia studiert hatten. Ich schrieb, wie schön es wäre, wenn wir uns – rein theoretisch natürlich – hier treffen könnten. Sie schrieb, das wäre bestimmt witzig, und wechselte das Thema.

Nach der Eröffnung des Kinderheims spürte ich, dass sie ernsthafter über einen Besuch nachdachte. Jeden Tag schickte ich ihr neue Geschichten über die sechs Kinder in dem großen Haus. Eine Woche nach dem Umzug nahm ich meinen ganzen

Mut zusammen und schrieb ihr. Ganz vorsichtig schlug ich ihr vor, wenn sie Zeit habe, wenn sie sich ein paar Tage freinehmen könne und ansonsten nichts Besseres zu tun habe und natürlich nur, wenn sie wirklich wolle, dann sei sie herzlich willkommen, nach Kathmandu zu reisen und die Kinder kennenzulernen. Natürlich nur, wenn sie sich in Indien langweilte. Oder so.

Ihre Antwort blinkte in meinem Eingangsordner. Ich ging hinaus auf den Balkon. Ich ging wieder hinein. Ich holte ein Glas Wasser. Dann setzte ich mich an den Computer und klickte ihre Antwort an.

»Ja, ich würde gern kommen. Ich möchte die Kleinen kennenlernen. Sie klingen faszinierend«, schrieb sie. »Ich wette, dass ich sie dazu bringe, auf dich zu klettern, alle auf einmal, bis du dich nicht mehr bewegen kannst. Das wäre bestimmt lustig …«

Ich ließ eine Viertelstunde vergehen, ehe ich antwortete. Dann schrieb ich: »Ja, die Kinder sind wirklich faszinierend! Du kannst dir gar nicht vorstellen, wie gern sie auf mir herumklettern! Komm doch!« Dann löschte ich es wieder, weil es mir zu begeistert klang, und schrieb stattdessen: »Das wäre schön – du wirst die Kinder mögen. Ich freue mich!« Über diesen beiden Sätzen schwitzte ich mindestens zwanzig Minuten.

Liz kam zu Besuch. Für den Rest des Nachmittags hatte ich ein breites Grinsen im Gesicht. Bis mir plötzlich siedendheiß einfiel, dass ich sofort den Schlosser besuchen musste, um Bettgestelle in Auftrag zu geben. Und den Lakenschneider. Und den Deckenmacher. Und den Kissenschneider. Meine beiden Gästezimmer waren vollkommen leer. Außer meiner Matratze und meinem Computer hatte ich keine Möbel. Das musste ich ändern. Ich bekam Besuch.

In die Berge

5

Farid und ich lebten jetzt in Kathmandu. Ich hatte meine Wohnung und Farid zog in ein kleines Zimmer im Erdgeschoss von Dhaulagiri House, das früher offenbar eine Speisekammer gewesen war. Er übernahm die Aufgabe des Hausverwalters und kümmerte sich um die Kinder. Farid wollte wenigstens ein paar Monate lang im Haus leben, um Tag und Nacht ein Auge auf die Kinder zu haben. Ich bot ihm eines der Zimmer in meiner Wohnung an, denn ich fühlte mich ein bisschen einsam. Abgesehen von der eisigen Kälte hatte mein Leben im Mausoleum wenig mit dem Nepal zu tun, das ich im Kinderheim der Kleinen Prinzen kennengelernt hatte. Farid lachte nur.

»Ich könnte nie in dieser Wohnung leben, Conor«, sagte er. »Sie ist viel zu groß! Das ist ja wie eine Kirche! Überhaupt nicht kuschelig!«

Ich musste ihm zustimmen. Die Wohnung war schön, weil sie in der Nähe von Dhaulagiri House lag, aber sonderlich wohl fühlte ich mich hier nicht. Ich hatte immer im Kinderheim der Kleinen Prinzen gelebt, aber wenn Dhaulagiri House voll belegt war, dann war nicht genug Platz für mich und Farid. Momentan betreuten wir nur sechs Kinder, aber wir hatten Platz für gut zwanzig weitere. Also lebte Farid in Dhaulagiri House und ich nebenan. Trotzdem verbrachte ich viel Zeit im Kinderheim.

Wir fuhren immer noch oft nach Godavari, um die Kleinen Prinzen zu besuchen. Während eines Besuchs erzählten wir den Kindern von Next Generation Nepal. Wie erzählten ihnen, was wir vorhatten und dass wir Kinder aufnehmen wollten, um ihnen ein Zuhause zu geben. Eines verrieten wir den Kindern nicht: Dass ich seit sechs Wochen eine Expedition in die Berge von Humla vorbereitete, um ihre Eltern und die der sechs anderen Kinder zu finden.

Zusammen mit Farid traf ich die letzten Vorbereitungen. Aus Sicherheitsgründen erzählte ich nur wenigen Leuten von meinen Plänen. Golkka war ein mächtiger Mann in Humla, er hatte Anna Howe und anderen mit Gewalt gedroht, wenn sie sich in seine Geschäfte in Kathmandu einmischten. Im äußersten Nordwesten des Landes gab es kein Gesetz, und ich stand nicht mehr unter dem Schutz einer internationalen Organisation. Er wusste, wer ich war. Wenn er erfuhr, dass ich nach Humla reiste, konnte er meine Mission torpedieren oder sogar offen gegen mich vorgehen. Er hatte viel zu verlieren, wenn ich Erfolg hatte.

Vor meinem Aufbruch musste ich so viele Informationen wie möglich über die Kleinen Prinzen zusammenstellen. Ich hatte eine Menge Fotos und wichtige biografische Daten, zum Beispiel die Namen ihrer Heimatdörfer (soweit sie sich daran erinnern konnten) und die ihrer Eltern. Leider waren viele Kinder bei ihrer Entführung so jung gewesen, dass sie ihre Eltern nur als

»Mama« und »Papa« kannten. In unseren Gesprächen versuchte ich vorsichtig, ihrem Gedächtnis Details über ihre Dörfer, ihre Familien oder irgendetwas anderes zu entlocken, das mir helfen könnte, die Eltern in dieser riesigen und einsamen Region ausfindig zu machen. Auch über die sechs Kinder in Dhaulagiri House stellte ich solche Informationen zusammen.

Nur Anna und Farid wussten von meiner Expedition nach Humla. Aber einem Jungen musste ich einfach davon erzählen: Jagrit. Ihm konnte ich vertrauen. Außerdem würde er mir sowieso auf die Schliche kommen, wenn ich ihn nach seiner Familie und Humla ausfragte.

Jagrit war aufgeregt, als ich ihm davon erzählte.

»Bringen Sie mir Äpfel aus Humla mit, Sir?«

Er nannte mich immer noch »Sir«. Es machte mich verrückt, und das wusste er. Ein paar Mal versuchte er, mich »Bruder« zu nennen, wie die anderen Kinder. Immerhin sagte er »Entschuldigung, Bruder«, wenn ich ihn korrigierte, aber kurz darauf war er wieder beim »Sir«. Ich fragte mich, ob ich ihn vielleicht auch mit »Sir« anreden sollte.

In den letzten beiden Monaten hatte ich viel über Jagrit erfahren. Er war im Alter von fünf Jahren verschleppt worden. Anders als die anderen war er tatsächlich ein Waisenkind; seine Eltern waren im Abstand von einem Jahr gestorben. Seine Akte war ungewöhnlich, denn sie enthielt die Totenscheine seiner Eltern. Viva fand ihn zusammen mit zwei Dutzend anderen Kindern in einem heruntergekommenen illegalen Waisenhaus in der Nähe des schmutzigen Flusses, der durch Kathmandu floss. Er wohnte in dem Umbrella-Heim direkt neben Dhaulagiri House.

»Tut mir leid, Jagrit, ich kann dir keine Äpfel mitbringen.«

»Warum nicht?« Er hatte die Angewohnheit, zu schreien statt zu sprechen.

»Zu schwer. Vielleicht bringe ich dir einen mit.«

Er überlegte. »Besuchen Sie mein Dorf?«

Ich erzählte Jagrit, dass ich nach Humla reiste, aber ich sagte ihm nicht, wohin genau, und er fragte auch nicht direkt. Ich suchte nach den Eltern der Kinder in unseren Heimen, aber natürlich nicht nach seinen.

»Wie heißt dein Dorf?«, fragte ich ihn.

»Jaira, Sir! Jaira!«, rief er.

Ich wusste natürlich schon, dass Jagrit aus Jaira kam, aber er sagte es mir so gern. Er klang stolz, als würde er die Erinnerung umso leidenschaftlicher bewahren, je blasser sie wurde.

Als ich später mit einer Karte von Humla die Route plante, suchte ich zuerst nach Jaira. Ich wollte jemanden für ihn finden, vielleicht einen Verwandten oder irgendjemanden, der ihn kannte, von ihm gehört hatte oder der die Eltern gekannt hatte – irgendetwas, das ich ihm mitbringen konnte, um ihm zu zeigen, dass er nicht allein auf der Welt war.

»Ja, ich gehe auch in dein Dorf, Jagrit.«

»Bringen Sie mir Äpfel aus meinem Dorf mit, Sir! Sie sind sehr, sehr lecker!«

»Keine Chance.«

»Sie sind ein fauler Mann!«

»Einen Apfel«, sagte ich ihm. »Wenn du Glück hast.«

Ich wusste, dass es ein riskanter Trip werden würde, aber ich wusste nicht, wie riskant. Das wusste niemand. Weder Anna noch D. B., mein Begleiter aus Humla. Wir hatten geplant, Anfang November aufzubrechen, aber zu diesem Zeitpunkt war das offizielle Friedensabkommen zwischen den Maoisten und der Regierung noch nicht unterzeichnet worden. Ohne das offizielle Ende der Kampfhandlungen konnten wir nicht nach Humla, das Risiko wäre einfach zu groß. Doch in der Zwischenzeit rückte der Winter immer näher. Sobald der erste Schnee fiel, waren Reisen von und nach Humla unmöglich, und zwar bis zum kommenden Frühjahr. Den ganzen November hindurch verfolgte ich mit wachsender Verzweiflung die Nachrichten und den Wetterbericht.

Am 22. November 2006 musste ich die Zeitung nicht einmal aufschlagen. In dicken Lettern prangte die historische Überschrift: FRIEDENSVERTRAG UNTERZEICHNET. Ich sah mir den Wetterbericht an: In Humla war noch kein Schnee gefallen. Das war unsere Chance. Niemand konnte sagen, wie lange der Friedensvertrag halten würde. Wenige Minuten nachdem ich die Überschrift gelesen hatte, erhielt ich einen Anruf von D. B.

»Bist du bereit, Conor?«, fragte er. Mehr musste er nicht sagen. Ich war bereit. Am nächsten Tag wollten wir aufbrechen.

Am Abend saßen Farid und ich über einer Karte von Humla. Ich hatte noch nie eine vergleichbare Landkarte gesehen. Auf den Karten, die ich kannte, befanden sich Straßen und die Namen von Städten und Ortschaften, die je nach Einwohnerzahl unterschiedlich groß waren. Die Karte von Humla war so gut wie leer. Straßen gab es überhaupt keine. Wir mussten uns zu Fuß fortbewegen. Hin und wieder befand sich neben einem Fluss ein Pünktchen, das ein Dorf markierte. Zwischen den Dörfern lagen große, leere Flächen, über die sich dicht gedrängt die Höhenlinien wanden. Ebenen gab es in dieser Region offenbar keine.

Wir schätzten grob, wie lange wir wohl über die Pässe, von denen Anna gesprochen hatte, von einem Dorf zum anderen unterwegs sein würden. Aber solange ich das Gelände nicht vor Augen hatte, konnte ich es unmöglich einschätzen. Ich konnte lediglich von den Wanderungen ausgehen, die ich zum Basislager am Mount Everest und am Annapurna gemacht hatte. Beides waren anstrengende Touren gewesen, doch die Wege waren immerhin touristisch erschlossen und es gab alle paar Stunden eine Rastmöglichkeit. Diese Infrastruktur gab es in Humla nicht. Außerdem machte ich mir Sorgen, dass uns der Schnee mitten

Die Landebahn von Simikot, Humla, wo wir mit der Suche nach den Familien der verschleppten Kinder begannen.

in der Region überraschte und der Flugplatz geschlossen würde. Die Startbahn musste mit der Hand geräumt werden, bei Dauerschneefall war das nahezu unmöglich.

Telefone gab es nur im Hauptort Simikot, dem Dorf mit der Landebahn, das heißt, sobald ich in Humla war, hatte ich keine Möglichkeit mehr, mit der Außenwelt zu kommunizieren. Sollte etwas schiefgehen, konnte ich Farid nicht informieren. Wir sprachen nicht aus, was »schiefgehen« bedeutete – das war auch gar nicht nötig. Es konnte eine Verletzung sein, eine Entführung oder Schlimmeres. Da uns kein besserer Name einfiel, setzten wir ein »Panikdatum« fest. Wenn wir konservativ schätzten, wie viel Zeit nötig war, um die verschiedenen Dörfer zu erreichen, müsste ich um den 18. Dezember herum wieder in Kathmandu sein. Ich würde alles tun, um diesen Termin einzuhalten, denn für diesen Tag hatten sich meine Freunde Kelly und Beth angekündigt. Als Panikdatum vereinbarten wir den 22. Dezember. Wenn ich bis dahin nicht zurück war, konnte Farid mit einiger Sicherheit annehmen, dass etwas schiefgegangen war, und sollte ein Suchteam losschicken.

Am Abend vor meinem Aufbruch schrieb ich eine E-Mail an Charlie Agulla, meinen früheren Mitbewohner von der University of Virginia. Ich schrieb ihm, dass ich nicht wisse, wie dieser Trip ausgehen würde: Vermutlich würde mir nichts passieren, und wir würden nicht sonderlich viel ausrichten. Das Wichtigste war mir, ihn über unser Panikdatum zu informieren. Ich schrieb ihm, wenn ich mich bis dahin nicht bei ihm gemeldet hätte, dann möge er bitte meine Familie anrufen, die er seit Jahren kannte, und sie über die Situation informieren.

Wenige Minuten später erhielt ich eine Antwort von Charlie: »Und was, bitte schön, wäre diese Situation genau?«

Es war keine einfache Bitte. »Sag ihnen bitte, sie sollen sich mit Farid in Verbindung setzen«, antwortete ich.

Bevor ich mich schlafen legte, schrieb ich noch einmal an Liz. Wir hatten Pläne gemacht. Sie wollte am 23. Dezember nach Kathmandu kommen und zwei Tage bleiben. Am Weihnachtstag wollte sie nach Indien zurückfliegen. Sie hatte meine Handynummer und wollte mich nach ihrer Ankunft in Kathmandu anrufen. Ich schrieb ihr, wie viel Spaß wir haben würden, zusammen mit meinen Studienfreunden, die ich insgeheim schon als unsere Anstandswauwaus titulierte. Ich schrieb ihr aber auch, dass die Möglichkeit bestünde, ganz unwahrscheinlich natürlich, dass ich aufgehalten werden könnte. Wenn ich zum Beispiel meinen Flug verpasste, dann war ich vielleicht nicht *genau* zu ihrer Ankunft da. Sie sollte sich aber keine Sorgen machen, denn ich ließ mein Handy bei Farid, und der würde sie abholen und meinen Freunden vorstellen, und ich wäre ganz bestimmt am nächsten Tag da. Allerspätestens. Ich stellte es dar, als wäre das mein Plan D, der Notfallplan des Notfallplans des Notfallplans.

Zu diesem Zeitpunkt schrieben Liz und ich uns mehrmals am Tag. Es war fast so, als würden wir in derselben Stadt leben. Ich schrieb ihr nicht nur Dinge, mit denen ich sie beeindrucken konnte, sondern auch andere, die bestimmt nicht dazu angetan waren. Zum Beispiel verheimlichte ich ihr nicht, warum ich ursprünglich nach Nepal gekommen war: nämlich, um meine Freunde zu beeindrucken. Als wir auf verflossene Beziehungen zu sprechen kamen, gestand ich ihr, dass ich meine letzte Freundin in Prag zum Schluss so scheußlich behandelt und derart verletzt hatte, dass sie schließlich die Beziehung beendete – das war einfacher für mich. An dieser Sache hatte ich auch drei Jahre später noch zu knabbern.

Liz schrieb mir, sie sei Anfang zwanzig verheiratet gewesen. Als die Ehe einige Jahre später zerbrach, sei sie nicht mehr in die

Kirche gegangen. Sie erzählte mir, sie habe sich nicht vorstellen können, welche Gemeinde jemanden wie sie haben wollte. Sie empfand Angst und Scham – wer war denn in ihrem Alter *geschieden*? Für sie wäre es Heuchelei gewesen, in ihrem Zustand den Gottesdienst zu besuchen. »Aber Gott nutzte diese Zeit der Traurigkeit, um mich neu zu gewinnen«, schrieb sie. »Was zerbrochen ist, kann wieder heil werden.«

Jetzt, da ich ihr meine unmittelbar bevorstehende Humla-Reise beschrieb, blieb ich bewusst vage. Wir versuchten oft, uns zum Lachen zu bringen, aber in dieser E-Mail war mir nicht nach Späßchen zumute. Sie sollte sich keine Sorgen machen. Ehe ich den Computer schließlich ausschaltete, antwortete sie: »Ich weiß, dass das, was du vorhast, nicht hundertprozentig sicher ist. Ich versuche, mir keine Sorgen zu machen und nicht allzu sehr darüber nachzudenken. Ich hoffe sehr, dass wir uns am 23. sehen.«

»Wir sehen uns ganz bestimmt«, erwiderte ich. »Glaubst du, ich lasse mir die Chance entgehen, dich endlich kennenzulernen?« Mit klopfendem Herzen unterzeichnete ich mit »Alles Liebe, Conor«. Es war das erste Mal, und ich schickte die E-Mail schnell ab, ehe ich es mir anders überlegte.

Am nächsten Morgen fuhr ich kurz nach Sonnenaufgang mit einem zerbeulten Taxi zum Flughafen von Kathmandu, wo ich mich mit D. B. traf. Wir hatten uns noch nicht allzu häufig gesehen. Ich wusste nur, dass er sich leidenschaftlich für sein Land und seine Heimatregion Humla einsetzte und dass er Buddhist war. D. B. hatte seine eigene Liste von Kindern, deren Familien er für die ISIS Foundation suchte. Es hatte einen großen Vorteil, die Expedition gemeinsam durchzuführen: Wenn wir unsere Teams zusammenlegten, kamen wir auf eine achtköpfige Gruppe. Je größer unsere Gruppe, umso sicherer waren wir vor den Maoisten oder Golkkas Schlepperbanden, die vermutlich kein allzu großes Interesse am Erfolg unserer Mission hatten.

Wir hatten unsere Tickets. Die Rucksäcke waren gepackt. Am Flughafen gab es keine Anzeigetafel, nur ein handgemaltes Schild informierte uns, dass unser Flug planmäßig starten würde. Ein letztes Mal rief ich Farid an und bat ihn, sich gut um die sechs Kinder zu kümmern. Er versicherte mir, es sei alles in Ordnung. In seiner Stimme hörte ich, dass er mich beneidete. Er wäre gern mitgekommen. Seit zwei Jahren erzählten uns die Kinder in Godavari Geschichten von Humla. Es waren immer dieselben einfachen Anekdoten und verschwommenen Erinnerungen, wir kannten sie bald auswendig.

Bikash erzählte uns eine Geschichte, an die ich mich besonders erinnerte. Er war von einem Schlepper mitgenommen und mit anderen Kindern zu einem mehrtägigen Fußmarsch gezwungen worden. Er kam durch unbekannte Täler und Dörfer, deren Namen er nie gehört hatte. Eines Tages sahen die Häuser plötzlich anders aus, sie waren größer und aus einem härteren, glatteren Material als der Lehm, den er gewohnt war. Als die Gruppe über einen Pass kam, stand Bikash plötzlich auf einem Weg, der breiter und ebener war als alle Wege, die er bis dahin gesehen hatte. Dann hörte er ein Geräusch, eine Art Brummen. Er blickte diesen harten, ebenen Weg entlang und sah, wie aus der Ferne ein Mann auf sie zugerannt kam. Aber der Mann rannte nicht nur, er rannte schneller als jeder Mensch, den Bikash je gesehen hatte. Mit übermenschlicher Geschwindigkeit rannte er in ihre Richtung. Bikash erstarrte und war hypnotisiert von dieser neuen

Welt, in der Menschen schneller liefen als Wölfe. Donnernd raste der Mann an ihm vorüber, auf einer Maschine, die Bikash nicht kannte. Der Mann saß auf einem Motorrad.

Mit seiner Frage holte mich Farid an den Flughafen von Kathmandu zurück.

»Die Maschine geht rechtzeitig?«, fragte er.

»Ich denke, ja. Wir haben die Tickets. Man hat uns gesagt, dass wir planmäßig abfliegen. Und eben habe ich sogar die Piloten gesehen.«

»Okay. Wenn ihr heute nicht fliegt, essen wir heute Abend Büffel-Momos in diesem tibetanischen Restaurant. Ich habe heute einen Riesenhunger auf Momos, Conor!«

Farid kannte Nepal inzwischen gut genug. Er wusste, dass nichts sicher ist, selbst dann nicht, wenn man das Ticket in der Hand hält und die Maschine abflugbereit auf dem Rollfeld steht. Deswegen benutzte ich das Wort »sicher« schon gar nicht mehr. Sicher war für mich nur eines: Wenn ich Wasser aus der Leitung trank, wachte ich im Krankenhaus auf. Wir konnten uns erst sicher sein, dass wir tatsächlich nach Simikot flogen, wenn das Flugzeug von der Landebahn abhob und wir den Flughafen von Kathmandu unter uns sahen. Alles andere war Spekulation.

Nepal lehrt Geduld. Nehmen wir zum Beispiel an, Sie bitten jemanden, Ihnen in einem Laden Bananen zu kaufen. Nehmen wir an, Sie haben ihn schon vor einer Woche gebeten, die Bananen zu kaufen und ihn tagelang stündlich daran erinnert. Als Sie ihm zum x-ten Mal ins Gedächtnis rufen, dass er Ihnen versprochen hat, die Bananen zu kaufen, könnte er Ihnen etwa Folgendes antworten: »Heute passiert es ganz bestimmt, mein Freund. Ich schwöre dir beim Leben meines Sohnes, dass deine Bananen heute gekauft werden, mit Sicherheit schon in der nächsten Stunde. Zweifeln Sie nicht. Nein, es passiert schon jetzt, genau in diesem Moment werden sie gekauft. So sicher wie die Sonne heute morgen aufgegangen ist, sind die Bananen schon gekauft. Sie gehören dir. Der Händler hat kein Recht mehr an ihnen. Sie können schon den Mund öffnen und sich darauf vorbereiten, Ihre Banane zu verzehren, sie ist hier, jetzt. Ich habe sie in der Hand, sie ist auf dem Weg in Ihren Mund, und ich hoffe, diese leckere Banane schmeckt Ihnen. Sie können den Mund schließen und zu kauen beginnen, die Banane ist in Ihrem Mund. Wie schmeckt sie? Köstlich?«

In Wirklichkeit bedeutet dies: »Welche Bananen?«

Der Flugzeug startete tatsächlich an diesem Tag, wenn auch etwas später als angekündigt. Da D. B. und ich die einzigen Passagiere waren, wurden die Sitze herausgenommen, die Kabine in einen Frachtraum umgewandelt und mit Reissäcken beladen. In Humla herrschte seit drei Jahren eine schwere Dürre, und die Menschen benötigten dringend Nahrungsmittel.

Als ich auf einem Plastikstuhl im Wartesaal saß, war ich froh, dass außer Jagrit keines der Kinder wusste, wohin ich unterwegs war. Unsere Mission wurde immer realer, und der Druck war groß genug, auch ohne dass 24 Kinder in Kathmandu darauf warteten, dass ich mit Nachrichten von ihren Eltern zurückkam.

Selbst bei der niedrigen Flughöhe, mit der wir uns durch die Täler schlängelten, wäre man nie darauf gekommen, dass die Gegend unter uns bewohnt sein könnte. Aus der Luft war kein einziges Haus zu sehen. In der Trockenzeit war die Landschaft ein

Flickenteppich aus Rost- und Goldtönen, der vom Fluss Karnali in Nord-Süd-Richtung in zwei Teile zerschnitten wurde. Von der schmalen Fensterluke aus konnte ich nicht einen ebenen Quadratzentimeter entdecken. Eine Kette von Hügeln und schneebedeckten Bergen folgte auf die andere, über die Grenze ins nördlich gelegene Tibet und weiter bis zum Horizont.

D. B. zeigte hinunter auf sein Dorf, doch ich entdeckte nichts. Ich hörte mir seine Beschreibung einer unsichtbaren Ansammlung von Lehmhütten und strohgedeckten Dächern an – hier das Haus seines Onkels, da die Grundschule, die nur aus einem Raum bestand – und sah an seinem Finger entlang, aber das Dorf verschmolz mit der Umgebung. Er bemerkte meinen leeren Blick. »Macht nichts«, sagte er. »Wir sehen es ja bald aus der Nähe.«

Zuerst landeten wir in Simikot, dem Hauptort des Bezirks, der auf einer Höhe von dreitausend Metern über dem Meeresspiegel lag. Ich hoffte, dass es wenigstens da ein bisschen ebenen Untergrund gab. Das Erste, was ich unter uns erkannte, war die Landebahn, und auch die sah ich erst wenige Sekunden, bevor wir aufsetzten. Es war ein besserer Feldweg. Pisten wie diese hatte ich bisher nur im Kino gesehen, wo sie für Drogenschmuggler und von Dinosauriern bevölkerte Inseln reserviert waren.

Auch ein Flughafengebäude gab es nicht. Die Propellermaschine blieb einfach am Ende der Landebahn stehen, die Tür ging auf, und ein paar Männer begannen, den Reis auszuladen. Ich reckte den Hals und spähte in den Himmel – es schien mir ein gefährlicher Parkplatz. Aber da sich niemand daran zu stören schien, kletterte ich mit D. B. aus dem Flugzeug. Wir hatten Ausrüstung für unsere Begleiter mitgebracht, unter anderem Daunenjacken und Stiefel, damit sie nicht in Sandalen gehen mussten.

Leider tragen die Träger in Nepal fast ausschließlich Sandalen, selbst im Hochgebirge.

Einer der Männer sah, wie wir ausstiegen, legte seinen Sack Reis ab und half uns. Vorsichtig hob er meinen Rucksack auf, der in dieser Umgebung futuristisch wirkte, betrachtete ihn eine Weile lang und setzte ihn dann verkehrt herum auf. Er klipste willkürlich ein paar Schnallen zusammen und zurrte die Bänder fest, bis ihn der Rucksack umklammert hielt wie ein panischer Tintenfisch. Er trug ihn die Landebahn entlang zum einzigen Gasthaus in Simikot, das einer regionalen Hilfsorganisation gehörte. Der Regionalleiter Rinjin war kaum älter als ich. Er begrüßte D. B. mit einer Umarmung. Es stellte sich heraus, dass die beiden Schwager waren.

D. B. und ich begannen sofort, unsere Teams zusammenzustellen. Wir wollten insgesamt zu acht aufbrechen, uns eingeschlossen. Jeder sollte eine vierköpfige Gruppe anführen. Wenn wir gezwungen sein sollten, uns zu trennen, um die Familien zu finden, dann waren beide Gruppen gleich gut ausgerüstet. Also musste ich zuerst einen Bergführer finden. Noch im Flugzeug hatte D. B. mir vorgeschlagen, Rinjin anzusprechen. Als ich ihm zur Begrüßung die Hand gab, war ich sofort überzeugt: Er war mein Mann. Er sprach ausgezeichnetes Englisch, und er hatte sich durch seine Arbeit an Staudammprojekten, die elektrischen Strom in die Region brachten, das Vertrauen der Dorfbewohner in Südhumla erworben. Ich brauchte ihn. Das Problem war nur, dass er einen Vollzeitjob hatte und ich ihn für drei Wochen brauchte.

Nach dem abendlichen Daal Bhat tranken Rinjin und ich Tee und wärmten uns am Feuer. Wir unterhielten uns bis spät in die

Nacht. Rinjin wusste, wie wichtig unsere Arbeit war. Immer wieder fragte er mich mit immer neuen Worten, warum ich das für die Kinder in Nepal tat. Warum nicht anderswo? Warum nicht bei mir zu Hause? Ich hatte keine gute Antwort und konnte nur sagen, dass sich in Nepal niemand sonst um sie kümmerte. Gab es noch einen anderen Grund?

Als wir uns verabschiedeten, nahm Rinjin meine Hand und sagte, wenn ich, ein Amerikaner, bereit war, mich für die Kinder von Humla in Gefahr zu begeben, dann war es seine Pflicht und Ehre, mich zu begleiten. Ich dankte ihm. Insgeheim freute ich mich über seine Formulierung: In Amerika nahm außer den Marines niemand die Worte »Pflicht« und »Ehre« in den Mund, wenn es um den Dienst für das eigene Land ging.

Jetzt hatte ich meinen Bergführer und Dolmetscher. Außerdem versprach Rinjin, einen ausgezeichneten Träger zu organisieren. Damit fehlte mir nur noch ein zweiter Träger. Rinjin meinte, der beste Kandidat sei ein junger Mann namens Min Bahadur, der für den Außenposten der UNICEF in Simikot arbeitete. Da ich für den nächsten Tag ein Treffen mit den UNICEF-Mitarbeitern verabredet hatte, konnte ich mein Vorhaben gleich ansprechen.

Puspika, Leiterin des dreiköpfigen UNICEF-Büros, wusste von Golkka und versuchte seit zwei Jahren, ihm das Handwerk zu legen. Sie riet mir, eine möglichst große Gruppe zusammenzustellen und hoffte, dass ich nicht allzu vielen Leuten von meinen Plänen erzählt hatte. Golkka hatte selbst in Kathmandu seine Spitzel. In Südhumla war sein Netzwerk tief verwurzelt, sagte sie. Seine Leute wären nicht erfreut, wenn sie mitbekämen, dass ich die Familien davor warnte, Golkka ihre Kinder anzuvertrauen, weil er ihnen ein besseres Leben versprach.

Während unseres Gesprächs kam ein schlaksiger junger Mann herein und schenkte uns mit einem fröhlichen Lächeln Tee ein. Puspika dankte ihm. Als er wieder ging, bemerkte ich ein Lächeln auf ihrem Gesicht – das Grinsen des Mannes wirkte ansteckend. Ich ahnte, dass das der Mann war, von dem Rinjin gesprochen hatte, und Puspika bestätigte meinen Verdacht.

»Der Mann, der uns eben den Tee gebracht hat, heißt Min Bahadur«, sagte sie. »Er arbeitet seit acht Jahren für uns. Es gibt niemanden, dem ich mehr vertraue, und niemanden, der die Gegend besser kennt. Wenn du noch drei Tage warten kannst, machen wir für die Weihnachtsferien zu und er kann dich begleiten.«

Ich dankte ihr und erklärte, dass wir schon am nächsten Tag aufbrechen mussten. Es würde bald schneien. Sie nickte.

»Ich frage ihn für dich und überlasse die Entscheidung ihm«, sagte sie und stand auf. Ich dankte ihr nochmals, dass sie sich die Zeit genommen hatte, und machte mich auf die Suche nach D. B. Der stand vor dem Geschäft des Ortes, einer Holzhütte, in der es Reis, Linsen und ein paar Kartoffeln zu kaufen gab. Südhumla war derart arm, dass wir unsere eigene Verpflegung mitnehmen mussten, weil wir wussten, dass die Menschen zu wenig hatten, um uns etwas abzutreten. Unsere Träger würden den Proviant schleppen.

In einem kleinen Rucksack, den ich immer bei mir trug, hatte ich etwas, das genauso wertvoll war: eine blaue, wasserdichte Mappe mit den Fotos und Daten der 24 Kinder. Es war das Einzige, woran ich mich orientieren konnte, und ich hatte sie so oft gelesen, dass ich sie fast auswendig kannte.

Am nächsten Morgen waren wir startklar. Während wir unseren Tee schlürften und unsere Blechtassen umklammert hielten, um unsere Hände in der frostigen Morgenluft zu wärmen, sah ich, wie plötzlich ein Lächeln über das Gesicht von Rinjin huschte. Ich drehte mich um und sah, wie Min Bahadur den Weg herunterkam, mit einer dicken Jacke und seinem ansteckenden Grinsen. Er würde also mit uns gehen.

Nachdem wir unseren Tee getrunken hatten, unterhielt sich D. B. einige Minuten lang auf Nepali mit Rinjin. Dann wandte er sich mir zu.

»Eine Sache müssen wir noch erledigen. Erinnerst du dich?«

Unser Team auf dem Weg in den Süden, nach Humla, wo wir einen Monat lang nach den Familien der Kinder suchten.

»Ja, ich erinnere mich.«

Wie hätte ich das vergessen können. Ehe wir nach Südhumla aufbrachen, ehe wir überhaupt Simikot verlassen konnten, mussten wir die Erlaubnis des maoistischen Kommandanten einholen.

Das Friedensabkommen war zwar erst eine Woche zuvor unterzeichnet worden, aber die Maoisten hatten sich bereits in Simikot eingerichtet. Sie hatten einen kleinen Holzschuppen neben dem kaum solider gebauten Hauptquartier der Armee zusammengezimmert. Es war ein unwirklicher Anblick, die rote Fahne mit Hammer und Sichel einige Meter neben der nepalesischen Flagge flattern zu sehen. Die Rebellen saßen nun buchstäblich neben den Gebäuden, auf die sie jahrelang nachts Anschläge verübt hatten.

Mit weichen Knien betrat ich das Gebäude. Die Regierung der Vereinigten Staaten hatte während der Auseinandersetzungen die Partei der königlichen Regierung ergriffen. Das heißt, sie hatte die Armee mit Waffen versorgt, um die Rebellen zu bekämpfen. Die Maoisten hatten keinen Grund, Amerikaner zu mögen.

Aber es gab keine andere Möglichkeit: Der Weg zu den Familien der Kinder führte durch diese Tür. Südhumla war seit einem Jahrzehnt maoistisches Territorium. Und wir konnten nicht wissen, ob die Rebellen – beziehungsweise seit einigen Tagen die Ex-Rebellen – sich an den Friedensvertrag halten würden. Wenn sie überhaupt schon davon gehört hatten.

Wie alle anderen Menschen in diesen Gebirgsdörfern saßen die maoistischen Anführer draußen vor ihrer Hütte und ließen sich von der Sonne wärmen. Zu viert saßen sie auf kaputten Plastikstühlen wie die Hühner auf der Stange und erwarteten uns. Selbst diese wackeligen Stühle waren ein Luxus, denn die Humli saßen in der Regel auf geflochtenen Matten auf dem Fußboden. Stühle waren ein Privileg für Reiche und Regierungsbeamte. Nach der Unterzeichnung des Friedensabkommens betrachteten sich die Maoisten als die rechtmäßigen Nachfolger der Regierung.

Der Bezirkssekretär der Maoisten musterte uns mit dem Blick eines Mannes, der sich den Respekt verdient hatte, den wir ihm mit unserem Besuch zollten. Er trug eine einfache graue Wollmütze, die seinen Kopf um gute fünfzehn Zentimeter überragte und sein Gesicht noch schmaler aussehen ließ, als es ohnehin schon war. Die drei Offiziere neben ihm trugen weder Uniform noch Waffen.

Wir grüßten sie respektvoll und setzten uns auf die beiden freien Stühle neben ihnen.

Ich hatte keinen Übersetzer, doch ich verstand zumindest einige Fetzen des Gesprächs und vor allem sah ich D. B.s Körpersprache. Der gab sich bescheiden und stellte mich gleich zu Beginn der Unterredung vor. Meine Nationalität unterschlug er dabei geflissentlich. Das bemerkten die Maoisten natürlich sofort und fragten ihn direkt, woher ich denn komme. D. B. antwortete, ich sei Ire. Theoretisch stimmte das sogar. Ich hatte meinen irischen Pass mitgebracht und meinen amerikanischen Ausweis in Kathmandu gelassen.

D. B. erzählte die Geschichte der Kinder von Humla, die aus ihren Dörfern verschleppt und in den Straßen von Kathmandu ausgesetzt wurden. Die Maoisten schenkten mir keine Beachtung mehr. Dafür war ich ihnen nicht undankbar, denn D. B. würde als Humli sicher in die Region reisen dürfen. Ob ich ihn begleiten durfte, war allerdings eine andere Frage.

Man kann einer Diskussion in einer fremden Sprache nur eine gewisse Zeit lang zuhören, ehe eine schmerzhafte Langweile aufkommt – selbst wenn alles von dieser Unterredung abhängt. Die Mittagssonne tat das ihre. Zwei Stunden später, mir waren die Augen schon fast zugefallen, sprangen die Männer plötzlich auf und schüttelten mir kräftig die Hand. Ich bekam einen Riesenschrecken, als die Meute der Maoisten plötzlich auf mich lossprang, doch ich wachte gerade noch rechtzeitig auf, um nicht instinktiv die Fäuste hochzunehmen und noch halb benommen auf meine Gastgeber einzuschlagen. Das wäre D. B.s diplomatischen Bemühungen nicht zuträglich gewesen. Ich schüttelte den Männern die Hand, während D. B. seinen Rucksack vom Boden aufhob. Aus dem Augenwinkel blickte ich zu ihm hinüber.

»Scheint ja gut gelaufen zu sein«, raunte ich ihm zu.

»Besser als gut«, erwiderte er leise und zog seinen Reißverschluss zu. »Du wirst gleich sehen.«

Er hatte Recht. Am Abend brachte uns ein Junge einen Umschlag. D. B. nahm ihn an, wartete, bis der Junge wieder gegangen war, öffnete ihn dann vorsichtig und zog einen Brief heraus. Im Licht der Taschenlampe sah ich ein Dokument mit rotem Briefkopf, auf dem erstaunlicherweise in englischer Sprache »Communist Party of Nepal (Maoist)« stand. Der übrige Text war auf Nepali. D. B. übersetzte. Er beschrieb unsere Mission detailliert: Wir wollten die Familien der verschleppten Kinder aus Humla finden. Wichtiger noch, er wies alle Maoisten der Region an, uns in jeder erdenklichen Weise zu helfen.

»Das kann nicht schaden«, staunte ich.

»Das kann es bestimmt nicht«, bestätigte D. B. lächelnd.

Am nächsten Tag brachen wir auf. Der Weg schien senkrecht in die Tiefe zu stürzen. Ich fühlte mich an die atemlosen Momente beim Skifahren erinnert, wenn ich zu Beginn eines Laufs die steile Piste hinunterschaute. Es war mir ein Rätsel, wie irgendjemand diesen Weg hinunterkam. Min Bahadur ging voran, und ich sah, wie er auf einen Serpentinenpfad sprang, der sich in breiten Schwüngen über den Berg zog. Siebenhundert Meter unter uns schlängelte sich der Karnali.

Für die Humli war dies ein Hügel, für mich ein Berg. Die Berge, das waren für die Humli der Himalaja, und man bestieg sie mit Eispickeln, Steigeisen und, wenn man ein ausländischer Bergsteiger war, mit Sauerstoffmasken. Südhumla war von diesen schneebedeckten Riesen umringt. Dies war lediglich das Vorgebirge des Himalaja, der Pfad nach Süden sollte bald dem Karnali folgen. Unser Pfad, der einzige in der ganzen Gegend, war gerade breit genug für eine Person. Durch Sand und loses Geröll war er extrem rutschig, und an manchen Stellen stieg er so steil an, dass ich mich an Felsbrocken an der Seite hochziehen musste. Beim ersten Abstieg verlor ich ein paar Mal den Halt und rutschte ab. Rinjin hielt mich jedes Mal an meinen Rucksackgurten fest. Er nahm seinen Job als Bergführer sehr ernst.

Meine Knie und Hüfte waren vom Abstieg derart mitgenommen, dass mir die wenigen ebenen Strecken vorkamen, als würde ich auf einem Rollband fahren. Ich sah nach oben. Der Abstieg war schwierig gewesen, aber der Aufstieg würde noch schlimmer werden. Zum Glück hatte ich drei Wochen Zeit, ehe ich mir darüber Gedanken machen musste. Weniger, wenn wir dieses Tempo durchhielten.

Einige Minuten später standen wir am Karnali. Wir mussten

den Fluss überqueren, wenn wir weiter nach Süden wollten, denn der einzige Pfad befand sich auf der Westseite des Flusses. Es gab nur ein kleines Problem: Die Rebellen hatten die Brücke gesprengt.

Die Maoisten hatten fast alle Brücken in Humla zerstört, um die Armee am Vormarsch zu hindern. Wenn Dorfbewohner oder Maoisten auf dem Weg nach Simikot den Fluss überqueren mussten, wurden sie an improvisierten Seilbahnen über den Fluss transportiert. Über den Fluss war ein Seil gespannt, und auf jeder Seite standen Männer, die die Fahrgäste für ein paar Rupien ans andere Ufer zogen. An acht Männern mit Gepäck konnten sie eine hübsche Summe verdienen. Einer nach dem anderen kletterten wir in kleine Metallgondeln, die fast zehn Meter über dem Wasser hingen, und wurden über den Fluss gezogen.

Am anderen Ufer gingen die Träger voran. Der schmale Pfad hatte noch nie ein Rad gesehen und war von den Füßen der Dorfbewohner, der Schafherden und der Kinder auf der Suche nach verirrten Büffeln getreten worden. Stundenlang kamen wir an keinem einzigen Dorf vorbei. Wir marschierten mit einem Höllentempo, selbst Min Bahadur, der sich trotz seiner schweren Last sonst fröhlich mit den anderen Männern unterhielt, schwieg. Ich konnte kaum mithalten. Das lag allerdings nicht nur daran, dass die anderen stärker und ausdauernder waren als ich. Der zweistündige Abstieg und der dreistündige Sprint machten meinen Knien zu schaffen.

Im Winter werden die Nachmittage in Humla rasch vom Abend abgelöst. Gegen sechs Uhr abends hatten wir unser Ziel erreicht. Es schien überhaupt das einzige Ziel in der ganzen Gegend zu sein, es sei denn, wir hätten im Freien übernachten wollen. Das nächste Dorf war viele Stunden entfernt. Rinjin sagte mir, der Ort heiße Bokche Ganda, aber das Einzige, was ich sah, war ein windschiefer Holzschuppen, der gewisse Ähnlichkeit mit den Hüttchen aufwies, die ich als Kind im Wald hinter unserem Haus zusammengezimmert hatte. Der Schuppen bot allerdings Platz für zwanzig Personen und sah nicht so aus, als würde er gleich einstürzen, wenn ich mit meinen Comicheftchen hineinkletterte. Ich zog mir die Stiefel aus und sah den Männern zu, wie sie mit erstaunlicher Leichtigkeit ein Feuer entzündeten. Mich hätte es mehrere Stunden schweißtreibende Arbeit und literweise Feuerzeugbenzin gekostet. Allein würde ich hier nicht einen Tag überleben.

Die Träger schöpften uns riesige Teller Linsenreis auf, der kochend heiß aus dem Feuer kam. Beim Essen saßen wir auf dem kalten Erdboden. Danach rollte ich mich in den Schlafsack und hörte den Männern zu, die sich bis spät in die Nacht unterhielten, Tee tranken und das Feuer am Leben hielten.

Schon nach diesen wenigen Stunden in Humla war mir klar, warum die Eltern keinerlei Kontakt zu ihren Kindern in Kathmandu hatten. Man brauchte Tage, um irgendwohin zu kommen. Die Armut war allgegenwärtig, die meisten Dorfbewohner wurden vom Welternährungsprogramm der Vereinten Nationen unterstützt. Die Menschen hatten keinen Strom und lebten in Ein-Raum-Lehmhütten. Es gab kaum medizinische Versorgung, die Krankenstationen waren verlassen. Wenn die Dorfbewohner nachts das Haus verließen, nahmen sie Fackeln mit.

Bei Tagesanbruch brachen wir auf. Es war kalt, obwohl wir jetzt tausend Meter tiefer waren als in Simikot. Die umliegenden Berge waren so hoch, dass die Sonne erst gegen neun Uhr ins Tal schien. Vor dem Abmarsch tranken wir Tee und aßen Kekse. Den morgendlichen Linsenreis sollte es in ein paar Stunden bei unserer ersten Rast geben. Wir hatten einen langen Tagesmarsch vor uns.

Als ich mich in meinem Heubett aufsetzte, schmerzte mein Rücken. Ich war steif vor Kälte und von der Nacht auf dem harten Boden. Aber als ich aus meinem Schlafsack stieg, bemerkte ich noch etwas viel Schlimmeres: einen stechenden Schmerz in meinem Knie. Nach ein paar schmerzhaften Schritten setzte ich mich auf einen Stein.

Ich konnte es nicht fassen. Nach dem ersten halben Tag einer dreiwöchigen Wanderung mit diesen Männern, die über die Wege rannten, als hätten sie Rollschuhe an den Füßen, humpelte ich und winselte vor Schmerzen. Doch es war weniger der Schmerz selbst, der mir Sorgen machte, obwohl der schon schlimm genug war; viel mehr Kopfzerbrechen bereitete mir die Tatsache, dass es im Umkreis von vielen Kilometern keinerlei medizinische Versorgung gab. Wenn wir mit diesem Tempo weiterliefen, konnte ich mich ernsthaft verletzen und musste vielleicht sogar zurückgetragen werden. Das durfte auf gar keinen Fall passieren.

Ich durchsuchte meinen Medizinbeutel und holte zwei starke Schmerztabletten heraus, die ich mit dem Tee schluckte. Dann wickelte ich mir einen Verband ums Knie, um es zu stabilisieren, und stützte mich beim Gehen auf meine Wanderstöcke. Zum Glück hatte ich die dabei. Ich hatte sie auf den letzten Drücker gekauft, weil Anna mir dazu geraten hatte. Plötzlich hing meine Mobilität von ihnen ab. Selbst mit den Stöcken hinkte ich.

Beschämt informierte ich D. B. und Rinjin. Sie waren freundlich und besorgt und setzten mich erst einmal hin, ehe sie sich beratschlagten. Nach ein paar Minuten kam D. B. zurück und setzte sich zu mir.

»Wir können nach Simikot zurückgehen, Conor. Ich bringe dich selbst hin. Wir können so langsam gehen wie nötig. Der Aufstieg ist einfacher als der Abstieg, und wir schaffen es bis heute Abend zum Gasthaus.«

»Es ist alles in Ordnung, D. B. Ich bin langsam und will euch nicht aufhalten. Aber wenn die anderen nichts dagegen haben, dann kann ich weitergehen.« Diese Bitte war mir furchtbar peinlich, und ich hatte das Gefühl, ich klang wie ein jammernder Kleiner Prinz. Doch nur so konnte ich weitergehen.

D. B. nickte und ging zurück, um die anderen zu informieren. Ich bemerkte, wie sie zu mir herübersahen, während sie die Sachen zusammenpackten. Ich konnte ihnen nicht in die Augen sehen.

Mit steifem Knie derart auf meine Stöcke gelehnt, dass ich Angst hatte, sie würden umknicken, humpelte ich vorneweg. Ich wollte den anderen beweisen, dass wir meinetwegen nicht bloß im Schneckentempo vorankamen. Ich hielt die Stöcke umklammert, die Augen fest auf den steinigen Pfad gerichtet und blinzelte die Tränen weg, die mir vor Schmerz in die Augen stiegen. Vor allem war ich dankbar, dass niemand vor mir ging und mich sah. In einem Stoßgebet bat ich Gott, die Schmerztabletten mögen endlich wirken, und schwor, wenn ich lebend zurückkam, dann würde ich mein erstes Kind »Wanderstock« nennen.

Nach zwei Tagen hielt Rinjin an und zeigte nach Süden, wo der Fluss eine Biegung beschrieb.

»Wenn wir da sind, ist es nicht mehr weit nach Ripa«, sagte er und tätschelte mir den Arm. Ich ging vorneweg und gab das Tempo vor. D.B. bestand darauf. Als wir an einen Pfad kamen, der eine Felswand hinaufführte, wollte er sicher sein, dass ich nicht zurückblieb.

Langsam stieg ich den schmalen Pfad hinauf. Zu meiner Linken fiel die Wand steil fünfzig Meter in den Fluss hinunter. Ich hatte das Gefühl, als würde ich Ripa schon kennen. Bikash, sein Bruder Ishan und einige andere der Kleinen Prinzen kamen aus dem Dorf. Sie hatten oft davon erzählt und mir von den steilen Terrassen berichtet, die hinunter zum schäumenden Karnali führten, von der Ansammlung der Lehmhütten, die beinahe aufeinandergebaut waren, und von dem nahen Wald, in dem die Kinder Kräuter sammelten, die ihre Familien verkauften. Ich fragte mich, wie viel Ähnlichkeit die Bilder in meinem Kopf mit der Wirklichkeit hatten.

Min Bahadur rief nur ein einziges Wort. Ich schreckte aus meinen Tagträumen. Ich hatte keine Ahnung, was das Wort bedeutete. Als ich zurückblickte, sah ich, dass sich alle sieben Männer an die Felswand gedrückt hatten, als habe der Granit sie plötzlich wie ein Magnet angezogen. Rinjin schrie eine Übersetzung, aber so lange wartete ich gar nicht. So fest ich konnte, drückte ich mich gegen den Fels. Der Boden bebte. Ich spürte sie, lange bevor ich sie sah: Eine Herde von etwa hundert Ziegen, bepackt mit reisgefüllten Satteltaschen, donnerte um die Ecke des Pfades. Es war mir ein Rätsel, wie sie sich auf dem Weg hielten, ich wusste nur, dass ich mich nicht mehr lange halten konnte. Voller Angst klammerte ich mich an den Fels und spürte, wie die Tiere in einer Staubwolke an uns vorbeirasten, verfolgt von einem Hirten, der sich nicht einmal nach uns umdrehte.

Ich klammerte mich noch immer an den Fels, als Rinjin zu mir kam und mir sagte, ich könnte jetzt loslassen.

»Wenn du so eine Herde siehst, halt dich innen am Fels«, sagte er. Dabei hatte er seine Hand auf meine Schulter gelegt und sah mir tief in die Augen.

»Okay, verstanden. Halt dich innen, wenn du Ziegen siehst. Danke.«

»Sonst fällst du in den Fluss«, fügte er erklärend hinzu und zeigte nach unten, nur für den Fall, dass ich noch Zweifel hatte. »Die Ziegen fallen nicht. Wir Humli, wir fallen auch nicht. Aber du, du fällst.«

»Ja, das habe ich gesehen. Eben jetzt, mit den Ziegen.«

»Du warst gut. Es ist gut, dass du nicht gefallen bist. Du bist sehr hoch geklettert, wie ein Affe«, sagte er und schaute die Felswand hinauf.

»Ja. Und ich habe mir fast in die Hosen gemacht …«

»Du musst mal?«

»Nein, ich muss nicht. Nein, alles okay. Gehen wir weiter. Danke.«

Ich hatte keine Ahnung, ob die Familien einiger der Kinder überhaupt noch in Ripa lebten. Aber das sollte ich herausfinden. Während wir über einen steilen Anstieg in das Dorf kamen, zog die Abenddämmerung herauf. Eine Ansammlung von Lehmhütten duckte sich auf einem terrassenartigen Abhang, genau wie Bikash beschrieben hatte. Die Hütten klebten aneinander und sahen aus, als wären sie übereinandergestapelt worden.

Für mein geschwollenes Knie war es ein furchtbarer Tag gewesen. Ripa erschien mir wie Shangri-La. Oder wie das Four

Seasons. Jetzt, da wir fast am Ziel waren, schmerzte es umso schlimmer. In meiner Erleichterung, dass wir bald übernachten würden, humpelte ich zum ersten Mal offen.

Ich war jetzt der Letzte, obwohl Rinjin sich wenige Meter vor mir hielt. In den engen Gassen zwischen den Hütten wurde ich plötzlich von Dorfbewohnern umringt. Sie hatten uns kommen sehen oder zumindest mich. Meine blassen Arme waren vermutlich kilometerweit zu sehen – verglichen mit der Hautfarbe meiner Kollegen müssen sie geleuchtet haben wie Neonröhren. Die Dorfbewohner hielten Sicherheitsabstand, die meisten starrten von den Dächern herunter. Der eine oder andere rief D.B., der vorneweg ging, eine Frage zu, die sich ganz offensichtlich auf mich bezog. Ich fühlte mich wie ein eingesperrter Affe, der im Käfig auf dem Weg zum Zirkuszelt durch ein Dorf des 19. Jahrhunderts gerollt wird.

Da die Dorfbewohner mich anstarrten, verspürte ich keine Hemmungen, zurückzustarren. Die Frauen trugen große goldene Nasen- und Ohrringe und Dutzende Perlenketten. Einige stützten sich auf ruderähnliche Stöcke, die sie gleich wieder auf glatte, runde Steine stoßen würden; die Steine hatten eine Vertiefung, aber ich konnte nicht sehen, was sie enthielt – ich tippte, dass sie Weizen zu Mehl zermahlten. Andere Frauen schleppten Feuerholz in geflochtenen Körben auf dem Rücken. Wie in den meisten nepalesischen Dörfern schienen die Männer nichts zu tun, als auf dem Boden zu hocken, Tee zu trinken und den Frauen bei der Arbeit zuzusehen. Es sah nicht so aus, als würden sie sich um die Kinder kümmern; diese Aufgabe kam den älteren Töchtern zu, die die Kleinen in groben, handgewebten Tüchern auf dem Rücken trugen.

D. B. hielt an. Er hockte sich neben einen Mann, der vor seiner Tür saß, und sprach mit ihm. Der Mann erwiderte nichts, sondern hörte sich nur D. B.s minutenlangen Monolog an. Dann setzte er seinen Tee ab, stand wortlos auf und bedeutete uns, ihm zu folgen. Das Dorf war klein und schon bald standen wir vor einer Lehmhütte, die fast so aussah wie alle anderen, mit dem Unterschied, dass sie weiß gekalkt war. Neben der niedrigen Tür lehnte ein Baumstamm mit eingehauenen Stufen, der auf das Dach hinaufführte. Dort oben saßen Frauen um einen Berg Stroh und flochten Körbe. Vor der Tür hockte ein Mann mit einem schmutzigen weißen Turban und rauchte eine Pfeife, um die er schützend die Hände hielt.

Der Turban verriet, dass es sich um den Medizinmann und Dorfältesten handelte. D. B., Rinjin und ich setzten uns zu ihm und D. B. erklärte unsere Mission. Wir erklärten ihm, dass wir, abgesehen von ein paar Namen der Eltern, so gut wie nichts über die Kinder wussten. Wir nahmen an, einige Familien würden aus Ripa stammen, aber Genaues wussten wir nicht. Was mir die Kinder erzählt hatten, war mehr als vage, und Dokumente hatte ich ebenfalls so gut wie keine. Manche der Kinder erinnerten sich an den Namen ihres Dorfes, andere nicht. Oft waren sie zu jung, um die Namen ihrer Eltern zu kennen.

Der Dorfälteste bat mich, ihm die Fotos der Kinder zu zeigen. Er besah sie sich genau und hörte sich die Namen an, die zu den sauberen Gesichtern, den gestriegelten Haaren und den westlichen Secondhand-Kleidern gehörten. Sie hatten wenig Ähnlichkeit mit den Dorfkindern in ihren Lumpen, die um uns herumrannten und lange Hälse machten. Der Mann lud uns ein, bei seiner Familie zu übernachten. Er würde ein Feuer machen und seine Frau würde das Essen zubereiten. Das war typisch für Humla: Egal, wie arm die Menschen auch waren und wie viel Not sie durchlitten hatten, für sie war es selbstverständlich, Fremde in ihrem Haus zu bewirten.

In der Hütte des Mannes aßen wir unseren Linsenreis. Der Raum wurde nur durch das kleine Feuer in der Mitte erhellt, die Wände waren vom Ruß geschwärzt. Die Luft war voller Rauch, und das Licht erinnerte mich an die Lagerfeuer und Spukgeschichten meiner Kindheit. Auf einem niedrigen Bett in der Ecke lag ein alter Mann, der nichts als seine Decke anzuhaben schien. Er lag auf der Seite und starrte ins Feuer. Ich war wie immer als Letzter fertig, obwohl ich mein Bestes tat, den Reis so schnell wie möglich hinunterzuschlucken. Ich weiß nicht, wie die anderen den Reis essen konnten, während er noch buchstäblich auf dem Blechteller kochte. Wir gingen nach draußen und wuschen die Teller in einem Eimer. Rinjin, D. B. und die Träger versammelten sich um das Feuer. Nun drängten auch einige Dorfbewohner hinzu, die draußen geblieben waren und es nicht abwarten konnten, endlich herauszufinden, was wir in ihrem Dorf wollten.

Ein Sohn der Familie führte mich zu einem Schuppen. Er ging voran und bedeutete mir, mit meiner Kopflampe in den Raum zu leuchten. Dann räumte er ein paar Holzwerkzeuge heraus – offenbar Ackergeräte – und winkte mich hinein. Mein Rucksack stand schon neben der Tür und jemand hatte meinen Schlafsack auf dem Boden ausgerollt. Es würde eng werden, wenn wir uns alle in diesen Raum quetschen sollten, aber darüber würde ich mir später Gedanken machen. Ich legte mich hin, rollte meine verrauchte Fleecejacke zu einem Kopfkissen zusammen und schlief sofort ein.

Das Rauschen des Regens weckte mich auf. Die zwei Träger, die draußen geschlafen hatten, stolperten in den Schuppen. Es war ohnehin schon unangenehm eng gewesen, und jetzt fühlte es sich an, als wollten wir ins *Guinnessbuch der Rekorde* kommen. Ich fürchtete, das Fußende meines Schlafsacks könnte irgendjemandem im Mund stecken. Also schälte ich mich aus dem Schlafsack, zog meine Regenjacke an und ging nach draußen. Es war noch dunkel, aber im Mondlicht konnte ich die Gipfel der Berge erkennen, die sich zweihundert Meter über dem Dorf erhoben.

Irgendetwas stimmte nicht. Selbst im Mondlicht hätten die Hügel im Nachthimmel verschwimmen müssen. Stattdessen hoben sie sich deutlich ab und sahen aus wie auf einem billigen Ölgemälde. Es dauerte eine Weile, bis sich meine Augen an die Dunkelheit gewöhnt hatten. Häuser wurden erkennbar, dann der Fluss. Ich starrte weiter auf die Berge. Dann erkannte ich plötzlich, was nicht stimmte, und spürte, wie mich der Mut verließ. Auf den Hügeln lag Schnee.

Das war eine ganz schlechte Nachricht. Es bedeutete, dass Simikot und damit auch der Flugplatz eingeschneit waren. Man hatte mich gewarnt, aber ich hatte gehofft, dass wir Glück hatten und das Wetter hielt. Jetzt sah es ganz so aus, als wäre ich für den Rest des Winters gefangen, es sei denn, ich verließ die Region zu Fuß. Die nächste Straße war zehn Tagesmärsche entfernt.

Diese Gedanken gingen mir durch den Kopf, als ich zu den schneebedeckten Hügeln hinaufsah, die wie hellblaue Wolken vor dem Nachthimmel schwebten. Meine Hoffnung verflog wie eine Pusteblume. Ich quetschte mich zurück in den Schuppen und betete, dass ich mindestens einen Vater oder eine Mutter fand, damit der Trip wenigstens einen Sinn hatte.

Mit den Eltern von Anish aus dem Kinderheim der Kleinen Prinzen. Links neben mir sitzt mein Übersetzer und Führer Rinjin.

Jemand rüttelte an meinem Schlafsack. Als ich die Augen öffnete, sah ich Rinjin über mir. Sein Körper zeichnete sich vor dem düsteren Licht ab, das von der Tür hereinfiel.

»Komm mit. Es will dich jemand sehen«, sagte er und ging wieder nach draußen.

Ich stand langsam auf und biss die Zähne zusammen, um die Schmerzen in meinem Knie zu ertragen. Ich zog mir einige Lagen Kleider an und ging nach draußen. Drei Meter vor dem Eingang des Schuppens saßen ein Mann und eine Frau, und um sie herum hatte sich das halbe Dorf versammelt. Der Mann war groß und dünn, seine Augen saßen tief in ihren Höhlen; vielleicht wirkte es aber auch nur so, weil er den Kopf gesenkt hielt. Die Mutter,

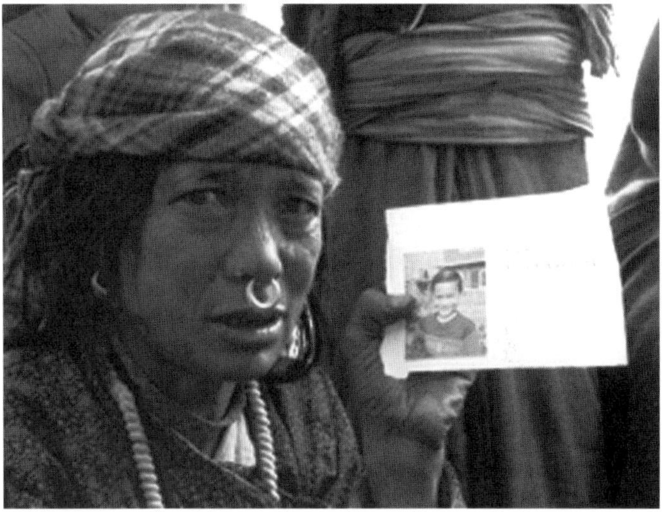

Anishs Mutter hält ein Foto von ihrem Sohn in der Hand, den sie Jahre zuvor verloren hatte.

die einen karierten Schal um den Kopf gelegt hatte, sah mich direkt an. Sie hatte tränenförmige Augen und weit hervorstehende Wangenknochen. Rinjin trat auf mich zu und stellte mir die beiden vor.

Aber das musste er nicht. Ich wusste, wer die beiden waren. Es waren die Eltern von Anish.

»Die Ältesten haben sie hergerufen. Sie haben gehört, dass wir Nachrichten von ihrem Sohn haben«, sagte Rinjin. Er sah mich erwartungsvoll an. »Stimmt das?«

Wortlos ging ich zurück in den Schuppen und holte meinen kleinen Rucksack. Draußen stellte ich ihn ab und holte die blaue Mappe hervor, die ich vor einer Woche im Kinderheim der

Kleinen Prinzen zusammengestellt hatte, während die Kinder vor der Tür des Büros spielten und schrien.

Während ich durch das Album blätterte, ruhten alle Blicke auf mir. Es schien, als versuchten sie, mit Röntgenaugen durch die Mappe zu blicken, um zu erkennen, was der Fremde mitgebracht hatte. Schließlich fand ich die richtige Seite und nahm sie aus der Mappe. Auf dem Blatt befand sich ein Foto des Sohnes dieser beiden Leute. Ich nahm es heraus und gab es der Mutter.

Sie erkannte ihn sofort. Sie schrie auf, und die Menge drängte sich um sie, um einen Blick auf das Bild zu werfen. Sie drückte es sich an die Stirn, als handele es sich um einen sakralen Gegenstand, dann schluchzte sie laut auf. Mit beiden Händen hielt sie das Foto und drückte es mit den Daumen so fest, als wolle sie in das Foto hineinschlüpfen und den Jungen mit seinem ölig glänzenden Mittelscheitel und seinem breiten Grinsen berühren. Zärtlich nahm ihr der Vater das Foto aus der Hand und hielt es sich dicht vor das Gesicht. Dann fing auch er an zu weinen.

Die versammelte Menge fing an, wild durcheinander zu reden. Ich holte mein Notizbuch aus dem Rucksack und setzte mich neben die Eltern. Rinjin setzte sich dazu und wir begannen unser erstes Interview. Ich wollte verstehen, was damals passierte, als sie ihren Sohn verloren hatten. Wer hatte ihn mitgenommen? Wie viel hatte die Familie bezahlt? Was hatte man ihnen versprochen? Hatten sie eine Ahnung, wo sich ihr Sohn jetzt befand?

Auf jede meiner Fragen folgte ein kurzer Dialog zwischen Rinjin und dem Vater. Zunächst dachte ich, Rinjin müsse die Frage erläutern, aber das konnte nicht sein. Die Fragen waren unmissverständlich.

»Was fragt er, Rinjin?«

Rinjin seufzte frustriert. »Nichts. Wir können später darüber sprechen. Bitte frag weiter.«

Ich stellte die nächste Frage. Ich brauchte anderthalb Stunden, um die Antworten auf meine – wie ich meinte – einfachen Fragen zu bekommen. Der Vater antwortete vage und zögernd. Bei fast jeder Frage musste ich nachhaken. Nachdem ich wusste, was ich wissen wollte, bat ich Rinjin, dem Vater eine Botschaft zu übersetzen. Was ich ihm sagen wollte, war einfach, und ich bat meinen Übersetzer, es nicht zu beschönigen. Rinjin lächelte grimmig. Ich sprach zu beiden Eltern, doch die Mutter sah mich nicht mehr an. Sie hatten das Leben ihres Sohnes in Gefahr gebracht. Es war leichtsinnig gewesen, Golkka ihren Sohn anzuvertrauen. Es war ein Wunder, dass Anish am Leben war, und ein noch größeres Wunder, dass er wohlbehalten in einem Kinderheim lebte. Wenn sie dies mit einem anderen Kind wiederholten, dann war dieses mit an Sicherheit grenzender Wahrscheinlichkeit für immer verloren.

Rinjin beschönigte nichts. Die Mutter weinte, der Vater starrte ins Leere. Es machte mir keinen Spaß, ihnen das zu sagen. Ich wollte ein Held sein und mich mit ihnen freuen, wie in einer Filmszene, in der die Musik anschwillt und die Eltern mich tränenüberströmt umarmen. Aber ich machte mir Sorgen. Im Grunde wurde Golkka durch meinen Besuch nur noch bestätigt. Er hatte versprochen, dass die Kinder in Sicherheit waren, dass sie in eine gute Schule gingen, und dass sie gut versorgt würden. Und nun war Anish in Sicherheit, er besuchte die Schule und wurde gut versorgt. Sie sollten verstehen, dass es ihm *trotz* und nicht *wegen* ihrer Entscheidung gut ging. Vor allem wollte ich verhindern, dass es sich wiederholte, und deshalb mussten sie die Wahrheit hören.

Sie standen auf, dankten mir überschwänglich, dankten Rinjin und dankten den Trägern. Ich erwiderte die Geste mit zusammengelegten Händen. Dann nahm ich Rinjin beiseite, um einen kleinen Spaziergang zu machen und ein paar Minuten von der Menge wegzukommen.

»Was ist da passiert? Hat er die Fragen nicht verstanden? Oder wollte er sie nicht beantworten?«, fragte ich.

Rinjin schüttelte den Kopf. »Weder noch. Ich habe die Fragen wörtlich übersetzt. Er hat mich jedesmal gebeten, sie zu wiederholen. Dann hat er eine Sekunde überlegt und mir eine Frage gestellt. Es war immer dieselbe Frage.«

»Was hat er dich gefragt?«

Er hielt an und sah mich an. »Er wollte wissen, was die richtige Antwort war. Er wollte wissen, was er dir sagen muss, damit du sein Kind am Leben lässt, damit du ihm zu essen gibst und damit du es weiter zur Schule schickst.«

Ich war fassungslos. Schweigend starrten wir in den reißenden Fluss, vorbei an den Kindern, die in der Ferne spielten und über die brachliegenden Terrassen rannten, in denen im Frühjahr der Weizen ausgesät würde. Mit einem Mal fühlte ich mich elend. Schlimmer noch, ich hatte das Gefühl, ich säße in der Falle. Ich wusste nicht, ob ich je Kinder haben würde, aber plötzlich verstand ich genau, was in dem Vater vorgegangen war. Er hatte in mir den Wohltäter seines Sohnes gesehen, der über das Schicksal von Anish bestimmte. Er musste gedacht haben, dass meine Fragen in Wirklichkeit Anish galten und dass ich an seinen Antworten den Wert des Kindes messen würde. Vier Jahre nach Anishs Verschwinden muss sein Herz bei jeder Frage heftig geschlagen haben, er musste Angst gehabt haben, eine falsche

Antwort zu geben, und sich gefragt haben, was dann passieren würde.

Ich musste vorsichtiger sein. Zu Beginn meines Gesprächs musste ich die Eltern beruhigen, statt sie zu verhören. Am Ende musste ich ehrlich sein, um die anderen Kinder zu schützen. Ich hatte es an Bescheidenheit mangeln lassen gegenüber diesen Eltern, die große Opfer für die Sicherheit ihres Sohnes gebracht hatten. Ich schwor mir, diesen Fehler nicht zu wiederholen.

D. B. und ich sprachen den ganzen Tag mit Familien. In den Pausen spielte ich mit den Kindern. Sie hielten Abstand, aber sie brannten darauf, sich zu nähern. Als ich zu ihnen ging, riefen sie einen Satz, den sie offenbar gemeinsam eingeübt hatten.

»Bitte ein Foto!«, riefen sie und zeigten auf meine Kamera. Ich war also offenbar nicht der erste westliche Besucher. Ich teilte sie in kleine Gruppen ein – erst die Mädchen, dann die Jungen, schließlich die Kleinen und so weiter. Sobald ich die Kamera auf sie richtete, hörten sie sofort auf, sich herumzubalgen, stellten sich kerzengerade hin und blickten mich mit ernster Miene an wie zu einem offiziellen Porträt der Königsfamilie. Sie baten mich nie darum, auf den Bildschirm schauen zu dürfen, weshalb ich annahm, dass die früheren westlichen Besucher keine Digitalkameras gehabt hatten. Ich fragte mich, wann das wohl gewesen war. Es machte mir Spaß, ein Foto nach dem anderen zu schießen, allerdings ohne Blitz, um die Batterie zu schonen. Jetzt, da ich sie besser sah, unterschieden sie sich nicht von den Kindern in Kathmandu. Es waren dieselben Kinder. Durch Zufall, Alter, Geschlecht und andere Faktoren, die ich nie verstehen würde, waren sie hiergeblieben, während ihre Brüder und Schwestern verschleppt worden waren.

Am Abend waren wir fertig. Die Frau des Dorfältesten bereitete uns Tee zu. Ich schlürfte ihn allein, abseits von D. B., Rinjin und den anderen, die sich am Feuer wärmten. Ich wollte verarbeiten, was ich an diesem Tag gesehen und gehört hatte. Ich hatte mit den Familien von Hriteek, Bikash und Anish aus dem Kinderheim der Kleinen Prinzen gesprochen und mit den Eltern von Navin und Madan, den Älteren der sieben Kinder. Erst in Humla erfuhr ich, dass die beiden Brüder waren. Nun versuchte ich, dieses Dorf und das Leben seiner Bewohner mit den Kindern zusammenzubringen, die ich aus Godavari und Kathmandu kannte.

In diesem Moment kam der Vater von Anish zurück. Ich sah, wie er den Pfad herunterkam. Nach unserem Gespräch vom Morgen schämte ich mich, ihm in die Augen zu sehen. Ich war ehrlich gewesen, aber auch ungerecht und hart, und hatte ihm und seiner Frau eine Strafpredigt gehalten, als hätte ich das Recht dazu. Ich ging nicht zum Feuer, in der Hoffnung, er würde mit Rinjin sprechen und ihm eine Nachricht für mich geben. Ich tat so, als hätte ich ihn nicht bemerkt, und starrte auf meinen Tee.

Aber er blieb nicht bei Rinjin stehen, sondern kam direkt zu mir. In zwei Metern Entfernung blieb er stehen und wartete darauf, dass ich ihn ansah. Als ich aufblickte, begrüßte er mich, indem er den Kopf verneigte. Dann reichte er mir eine kleine Plastiktüte. Wieder verbeugte er sich und lächelte mich lange an, als wolle er etwas sagen, aber wisse, dass ich ihn nicht verstehen würde. Wortlos drehte er sich schließlich um und ging, wie er gekommen war.

Ich blickte ihm nach, wie er den Pfad hinaufging. Rinjin sah mich an, dann wandte er sich wieder dem Feuer zu. Ich öffnete die Tüte. Es waren Walnüsse, in Honig und Wabenstückchen getaucht. Es war ein Geschenk, das Einzige, was er zum Verschenken hatte. Ich spürte einen Klumpen in meinem Hals, der dort blieb, bis ich am Abend einschlief.

In Tumcha lernte ich Rohans Mutter kennen. Rinjin erzählte ihr, wie Sandra ihren Sohn gefunden hatte und der Junge in das Kinderheim der Kleinen Prinzen gekommen war. Er kannte die Geschichte inzwischen so gut, dass er mich nicht brauchte und ich mich ein wenig umsehen konnte. Tumcha war anders – sonniger. Ripa, wo wir nach einem zweitägigen Aufenthalt am Morgen aufgebrochen waren, lag unter einem Berg. Um drei Uhr nachmittags fiel dessen Schatten über das Dorf. Tumcha lag dagegen an einem flacheren Hang. Es war inzwischen vier Uhr nachmittags, und die Heuhaufen strahlten noch immer derart hell in der Sonne, dass ich nicht hinsehen konnte.

Rinjin reichte ihr das Foto ihres sechsjährigen Sohnes. Die meisten Eltern brachen in Tränen aus, wenn sie ihre Kinder sahen. Nicht so Rohans Mutter. Ihre Reaktion war das genaue Gegenteil, aber irgendwie überraschte mich das nicht. Ihr Lachen klang genau wie das Lachen von Rohan, es war eine lustige, fast schon verrückte Lache, die dem Jungen den Spitznamen Irrer Rohan eingetragen hatte. Wenn ich mich im Kinderheim der Kleinen Prinzen langweilte, bat ich Rohan oft, mir eine Geschichte zu erzählen. Dann erfand er auf der Stelle eine komplizierte Geschichte und ließ sich dabei von Gegenständen oder Personen in der Nähe inspirieren. Wenn Nuraj Karten spielte, dann ging es in der Geschichte darum wie Nuraj und Rohan eines Tages gegen vierzehn böse Männer kämpften, die Hriteek (der gerade in der anderen Ecke des Raumes spielte) etwas zuleide tun wollten. Mit ihren Motorrädern fuhren sie auf die Bösewichte zu und kämpften gleichzeitig gegen alle. In seinen Geschichten saß Rohan immer auf einem Motorrad. Das Beste war, dass er die ganze Zeit lachte, während er seine Fabel spann. Zu jeder Geschichte gehörte außerdem eine Tanzeinlage. Ich hätte alles gegeben, um Rohan und seine Mutter zusammen zu sehen.

Ich genoss meine Begegnungen mit den Eltern der Kleinen Prinzen. Die Ähnlichkeiten zwischen Eltern und Kindern waren erstaunlich – es war, als würde ich in eine Zeitmaschine steigen und sehen, wie die Kinder in zwanzig Jahren aussahen. Die Interviews gefielen mir aber auch noch aus einem anderen Grund: Ich musste nicht laufen. Um von einem Dorf zum anderen zu kommen, waren wir bis zu zehn Stunden unterwegs und machten unterwegs nur eine kurze Rast, um zu Mittag zu essen. Ich hatte dauernd Schmerzen. Die Bänder in meinem Knie schienen zu brennen. Ich kannte den Schmerz von einer Verletzung, die ich mir bei meiner Radtour durch Sri Lanka zugezogen hatte. Damals hatte ich neun Tage nichts getan, als in einem Stuhl zu sitzen, auf die Teeplantagen zu schauen und Bücher zu lesen. Selbst dann war der Schmerz unerträglich, wenn ich mein Bein belasten musste. Diesmal war die Verletzung schlimmer, und wir konnten keine Pause einlegen. Also teilte ich mir die Schmerztabletten ein und hob sie mir für die steilen An- und Abstiege auf. Außerdem blieb ich möglichst dicht bei der Gruppe. Gelegentlich teilte sich der Weg, ein Pfad führte nach oben, der andere verlief parallel darunter, und ich wollte auf keinen Fall den falschen nehmen und zurückgehen müssen. Allein der Gedanke, einen Schritt zu viel gehen zu müssen, war niederschmetternd.

An einer solchen Weggabelung folgte ich Rinjin nach unten. Da in Humla alles am Hang lag, gab es kein »links« oder »rechts« – Richtungen wurden immer in »oben« und »unten« angegeben. Plötzlich rieselten Steine von oben herunter. Ich blickte nach oben und sah auf dem Weg zehn Meter über mir ein kleines Mädchen. Sie rief mir etwas zu, während sie gedankenverloren mit einem Zweig auf das Hinterteil eines riesigen Wasserbüffels einschlug, um ihn anzutreiben. Der Büffel wirkte nervös, so als hätte er Angst, mit dem nächsten Schritt auf dem schmalen Sims abzustürzen und sich in eine Büffel-Lawine zu verwandeln. Das war ganz und gar nicht in meinem Interesse, denn er befand sich direkt über meinem Kopf. Panisch rief ich nach Rinjin.

»Rinjin, sag ihr, sie soll aufhören, den Büffel zu schlagen! Das Vieh fällt gleich auf uns runter!«, schrie ich.

Rinjin lächelte. »Sie ruft nach dir, sie will wissen, wie du heißt«, sagte er. »Sie ist ein süßes Kind …«

Aber ich war verschwunden, erschreckt humpelte ich den Pfad hinunter und ruderte dabei wild mit meinen Wanderstöcken. Ich hörte nur noch, wie hinter mir Rinjin dem Mädchen zurief, ich hieße Conor und sei ein netter Mann.

Die Träger kicherten noch stundenlang über meine peinliche Flucht und ich hörte, wie sie hinter meinem Rücken mit unterdrückten Stimmen meine Schreie nachahmten.

In der Nähe eines Dorfes namens Mundi quartierten wir uns in einem früheren maoistischen Stützpunkt ein. An den Maßstäben von Humla gemessen, war es ein stabiles Holzhaus. Mit seinen zwei Etagen und drei Räumen war es auf einem Plateau direkt über dem Fluss errichtet worden. Der Besitzer erzählte uns, die Maoisten seien eines Tages gekommen und hätten erklärt, das

Haus gehöre jetzt ihnen. Er hatte nicht vor, sich mit den bewaffneten Rebellen anzulegen. Das Haus war nun außen wie innen mit kommunistischer Propaganda beschmiert. Ein Teil war seltsamerweise auf Englisch.

Bis dahin hatten wir jede Nacht in Hütten neben den Familien auf dem Boden geschlafen. Wir fielen ihnen zur Last, aber uns blieb kaum etwas anderes übrig. Andererseits nahmen sie uns gern auf, weil sie uns auf diese Weise dafür danken konnten, dass wir uns um ihre Kinder kümmerten. Es war das erste Mal, dass wir nicht im Dorf übernachteten. Das Haus stand leer und der Eigentümer sagte uns, die Maoisten seien vor einer Woche verschwunden. Der Ort war ideal: Das Haus befand sich neben einer der wenigen verbleibenden Brücken und wir konnten uns im eisigen Wasser des Flusses waschen. Wir spekulierten darauf, dass

Mit der Mutter von Amita, dem einzigen Mädchen unter den sieben Kindern.

die Maoisten nicht zurückkommen würden. Trotzdem waren wir nachts vorsichtiger als sonst. Wir stellten einen Wachposten auf, der in der Nacht abgelöst wurde. Ich schlief schlecht und wurde von Ängsten heimgesucht, von denen einige begründet, andere irrational waren.

Am nächsten Morgen war Min Bahadur verschwunden. Ich ging nach draußen, um ihn zu suchen. Er war nirgends zu sehen. Dann sah ich, wie Rinjin vom Fluss heraufkam und humpelte ihm entgegen.

»Min Bahadur ist weg. Ich kann ihn nicht finden.«

Rinjin trocknete sich das Gesicht mit einem zerschlissenen Handtuch, das er sich über die Schulter warf, ehe er antwortete.

»Er hat in der Mappe gesehen, dass ein Kind aus Puma kommt«, sagte er. »Min Bahadur sagt, er kommt allein schneller über den Pass. Er holt die Mutter des Mädchens. Es tut mir leid, ich kann mich nicht an den Namen erinnern. Min Bahadur hat das Dokument. Aber er bringt die Mutter mit.«

Fünf Stunden später saß ich einer Frau und ihrer Schwester gegenüber. Es war unmöglich, in ihr nicht die Mutter der kleinen Amita zu erkennen, dem einzigen Mädchen in Dhaulagiri House. Die meisten Kinder sprachen nicht über ihre Eltern. Anders Amita. Sie erzählte oft von ihrer Mutter und davon, was sie zusammen unternommen hatten. Die Mutter hatte ihr Nähen und Kochen beigebracht und die beiden waren einander nicht von der Seite gewichen, bis die Eltern Amita weggaben, um sie vor den Maoisten in Sicherheit zu bringen und ihr eine Schulbildung zu ermöglichen. Es war selten, dass Mädchen diese Chance bekamen. Die Mutter hatte das Vieh verkauft, um ihrer Tochter ein besseres Leben zu ermöglichen. Stattdessen hatte Golkka sie bei der Mutter von Krish und Nuraj ausgesetzt, wo Farid und ich sie vor einem Jahr gefunden hatten. Seither sprach Amita nur davon, dass sie zurück nach Hause wollte.

Nun saß ich ihrer Mutter gegenüber. Ich wollte sie umarmen. Nicht nur, weil sie Amita so ähnlich sah, sondern auch, weil sie mich irgendwie an meine Mutter erinnerte. Weniger ihr Aussehen als der Blick, mit dem sie mich ansah. Es war derselbe hoffnungsvolle und ängstliche Blick, den sie jedes Mal trug, wenn wir uns am Flughafen sahen: froh, aber auch besorgt, weil sie Angst hatte, dass mir im letzten Moment noch irgendetwas passiert sein könnte, dass ich das Flugzeug verpasst hatte oder irgendwo krank in einem Zimmer am anderen Ende der Welt saß und nicht nach Hause kommen konnte.

Diesen Blick trug Amitas Mutter jetzt: Sie freute sich, Nachrichten von ihrer Tochter zu erhalten, aber sie hatte Angst, es könnten schlechte Nachrichten sein und ihre Tochter krank oder verletzt oder verschwunden. Ich wollte sie trösten, wie ich meine Mutter tröstete. Ich wollte ihr erzählen, dass ihre Tochter wie ein leuchtender Stern für uns war und wir sie liebten. Ich wollte ihr sagen, dass ihre Tochter sie vermisste, dass sie nur davon sprach, nach Hause zu kommen, und dass nichts und niemand jemals ihren Platz im Herzen ihrer Tochter einnehmen würde. Aber das musste noch warten. Zunächst begrüßte ich sie, wie alle Eltern, mit einem Namaste und hielt respektvoll Distanz.

Diesmal übersetzte D. B. Auf unseren Märschen hatte ich ihm viel über die sieben Kinder erzählt; er wusste, dass sie der Grund waren, weshalb ich nach Nepal zurückgekommen war und ich unsere Organisation zunächst »Sieben Babu« nennen wollte, der nepalesische Kosename für Kinder.

Die Mutter nahm das Foto in die eine Hand, während sie im anderen Arm ein winziges Baby hielt, Amitas neugeborenes Schwesterchen. In ihrem Gesicht und ihrem ganzen Körper machte sich Freude breit. Während D. B. ihr meine Fragen stellte, hielt ich den Moment in einem Foto fest. Von den Hunderten Aufnahmen, die ich auf dieser Tour machte, war dies eines meiner Lieblingsbilder. D. B. fragte mich, ob er ihr die ganze Geschichte ihrer Tochter erzählen könne, und ich nickte. Ich beobachtete die Mutter, während D. B. ihr erzählte, wie wir Amita gefunden hatten, in alten Kleidern und ohne Schuhe, zusammen mit sechs anderen Kindern aus Humla, in der Hütte der Mutter von Krish und Nuraj, wo sie nichts tat, als auf die nächste Mahlzeit zu hoffen. Wie die anderen war sie bei meinem ersten Besuch nur zögernd aus dem Dunkel der Hütte gekommen. Aber sie war mutiger als die anderen Kinder, sie war eine geborene Anführerin in einem Land, in dem nur wenige Frauen Führungsrollen übernahmen. Amita hatte nicht nur ihren Panzer abgelegt, sie hatte auch andere hervorgelockt. Wir hatten ein sicheres Zuhause für sie gesucht und gedacht, wir hätten eines gefunden. Dann aber verschwanden sie und die anderen sechs Kinder. Es dauerte Monate, ehe ich sie wiederfand, allein auf einem Feldweg, mit zwei leeren Flaschen, auf der Suche nach Wasser. Es war ein Wunder.

Ich sah zu, wie das Lächeln der Mutter schwand und die Tränen auf ihr Neugeborenes tropften. D. B. sprach ruhig und liebevoll, aber deutlich. Sie musste verstehen, in welcher Gefahr sich ihr Kind befunden hatte. Wir mussten zumindest versuchen zu verhindern, dass sie auch ihre zweite Tochter weggab, in derselben unvernünftigen Hoffnung wie so viele andere Mütter in

Humla. Amita war in Sicherheit. Sie aß jeden Tag Linsenreis. Und sie vermisste ihre Mutter.

Nach zwei Stunden musste sich Amitas Mutter auf den Nachhauseweg machen. Sie musste vor Einbruch der Dunkelheit zurück sein, denn nachts waren die Wege zu gefährlich. Sie faltete die Hände, um mir zu danken, und wollte sich schon umdrehen, als ihr etwas einzufallen schien. Sie griff in das Tuch, in dem sie ihr Baby hielt, und zog drei hartgekochte Eier heraus. Dann sagte sie ein paar schnelle Worte zu D. B.

»Sie sagt, sie wollte dir die Eier schon früher geben«, erklärte D.B. »Aber sie war so aufgeregt und hat es vergessen. Sie bittet um Verzeihung. Die Eier sind für dich.«

Sie lächelte, zeigte auf die Eier und hob ihre Hand an den Mund. Es fiel mir schwer, diese Geschenke anzunehmen, denn ich wusste, wie wenig die Eltern hatten und wie viel es sie kostete. Aber ich wusste, dass sie mir diese Geschenke auch um ihretwillen machten. Sie wollten mir zeigen, wie viel ihnen ihre Kinder bedeuteten. Aber das wusste ich, lange bevor sie sich an die Eier erinnert hatte.

Ich dankte ihr und sie wandte sich um. Ich wollte ihr nach Hause folgen, ich wollte neben ihr sitzen und mit ihr zu Abend essen. Sie war eine Mutter in jedem Sinne des Wortes. Sie strahlte es aus. In diesen wenigen Minuten unserer Unterhaltung sah ich einen Schimmer dessen, was Amita so schrecklich vermisste, und ich spürte Heimweh.

In unserer zweiten Nacht im ehemaligen maoistischen Stützpunkt wurden wir von lauten, betrunkenen Stimmen geweckt. Schnell standen wir auf. Die Stimmen wurden lauter und näherten sich von der anderen Seite der Brücke. Wir waren nur zu viert: D.B. und sein Team waren in ein fünf Stunden weiter südlich gelegenes Dorf aufgebrochen, um für Anna Howe und die ISIS Foundation einige Familien zu suchen. Wegen meines Knies war ich mit meiner Gruppe zurückgeblieben. Die anderen sollten in zwei Tagen zurückkehren. Damit standen wir zu viert gegen wer weiß wie viele Männer, die gerade über die wackelige Brücke auf uns zugetrampelt kamen.

Rinjin, der Wache schob, als wir die Männer hörten, schnappte geistesgegenwärtig unsere Taschen und durchsuchte sie. Er zog alle Lampen heraus, die wir hatten, und drückte sie uns in die Hand. Jeder bekam zwei. Er flüsterte den Trägern etwas zu, dann wandte er sich an mich.

»Nimm in jede Hand eine. Breite die Arme so weit aus wie möglich. Richte sie auf die Brücke«, flüsterte er. »Schalte sie noch nicht ein!« Er entfernte sich einige Schritte und machte es mir vor.

Ich sah, was Rinjin vorhatte. Es sollte aussehen, als wären wir zu acht, nicht zu viert. Die Stimmen kamen näher, und nun hörte ich, dass sie aggressiv klangen. Irgendetwas schien sie verärgert zu haben, und auf dieser Seite der Brücke gab es nichts außer unserem Haus. Offensichtlich wollten sie zu uns – aber warum? Woher wussten sie, dass wir hier waren?

Plötzlich fühlte ich einen Stich in der Magengrube. Der Mann in der Tarnjacke.

Er war auf der Bildfläche erschienen, als Amitas Mutter aufbrach, und war ganz nah herangekommen, um zu hören, worüber wir sprachen. Niemandem in der Gruppe fiel es ein, ihn wegzuschicken, denn es kamen dauernd Menschen zu uns, um uns zuzuhören und herauszufinden, weshalb wir gekommen waren.

Aber dieser Mann war anders. Er schien verärgert zu sein, dass ich als Ausländer mit Amitas Mutter sprach, und er hatte sich mit einem unserer Träger angelegt. Der Träger hatte sich nicht einschüchtern lassen und den Mann angeschrien, er solle abhauen. Allein konnte er nicht viel unternehmen, also schlich er sich davon. Doch am nächsten Tag sah ich ihn wieder, wie er sich in der Nähe unseres Lagers herumdrückte. Er musste gesehen haben, dass unsere Gruppe kleiner wurde. Er beobachtete uns eine Weile, dann verschwand er wieder.

Das musste der Mann sein. Diesmal hatte er Freunde mitgebracht. Ich versuchte mich zu erinnern, ob ich irgendetwas zu ihm gesagt hatte oder ob ich ihn vielleicht schief angesehen hatte. Aber das war egal. Es ging nicht darum, was ich ihm getan haben könnte, sondern darum, wer ich war und wofür ich stand. Ich war ein Ausländer und Ausländer hatten der nepalesischen Regierung geholfen, gegen die Aufständischen zu kämpfen. Was tat ich hier, wozu mischte ich mich ein? Jetzt, da die Regierung gestürzt war und die Maoisten die Region kontrollierten? Es brauchte vermutlich nicht viel, um ein paar betrunkene Ex-Rebellen zu überzeugen, dass sie hier im Dunkeln eine schöne Möglichkeit hatten, mir eine Lektion zu erteilen.

Wir schalteten die Taschenlampen ein und hielten sie an ausgestreckten Armen auf die Brücke. Ich starrte ins Dunkel, wo sich die Brücke befinden musste, dann nach rechts und links auf unsere Träger. Rinjin sprach laut mit den beiden, diese antworteten ihm ärgerlich und unterbrachen sich gegenseitig. Das gehörte natürlich zur Show, mit der wir den Betrunkenen vorgaukeln wollten, dass wir viele waren. Ich sagte nichts, doch mein Kopf schien zu platzen.

Auf der Brücke wurde es still. Das Geschrei der Betrunkenen wich einem Flüstern. Sie bemerkten offenbar, dass die Situation nicht ganz so einfach war, wie sie der Mann in der Tarnjacke geschildert hatte. Sie hatten es nicht mir vier, sondern mit acht Leuten zu tun. Selbst betrunkene Maoisten fangen keinen Streit an, wenn sie ihn nicht gewinnen können. Und wer wusste schon, ob der Ausländer überhaupt da oben war?

Auch Rinjin und die Träger schwiegen jetzt. Wir starrten hinunter ins Dunkel. Mir schlug das Herz bis zum Hals. Ich hoffte nur, Rinjin wusste, was er tat.

Es vergingen einige angespannte Minuten, dann zogen sich die Schritte zurück und verschwanden über die Brücke. Einer der Träger hielt den Rest der Nacht Wache. Ich konnte lange nicht einschlafen und hoffte, dass das der letzte gefährliche Moment unserer Expedition gewesen war.

Am folgenden Nachmittag kamen D. B. und die anderen zurück. Da wir am nächsten Tag aufbrechen wollten und einige Tage nicht in die Nähe eines Flusses kommen würden, ging ich hinunter ans Wasser, um ein längst überfälliges Bad zu nehmen. Auf halbem Weg traf ich Rinjin, der neben einem Unbekannten auf dem Boden hockte und sich mit ihm unterhielt. Ich stand einige Minuten mit einem Stück Seife und einem Handtuch in der Hand neben den beiden, dann setzte ich mich auf einen Stein. Sie schienen meine Anwesenheit gar nicht zu bemerken, so sehr waren sie in ihr Gespräch vertieft. Schließlich mischte ich mich etwas frustriert ein.

»Wer ist dieser Mann?«, fragte ich Rinjin. Ich bemerkte, wie ich mich ärgerte. Es war erst drei Uhr, aber die Sonne war bereits hinter dem benachbarten Berg verschwunden. Ich zog meine Mütze aus meinem Rucksack.

»Das ist der Postbote«, sagte Rinjin langsam. Er spürte meinen Ärger. Er hatte einen längeren Tag gehabt als ich, er war früh aufgestanden, um den Linsenreis zuzubereiten, aber ihn schien nichts aus der Ruhe bringen zu können. »Er ist der Postbote aus Jaira, aber sein Postamt ist hier.«

Ich wusste, dass wir uns Jagrits Heimatdorf Jaira näherten. Aber ich hatte nicht gedacht, dass wir schon so nahe waren.

»Jaira liegt auf seiner Route?«, fragte ich.

»Genau«, erwiderte Rinjin.

»Wie weit ist es nach Jaira?«

»Neun oder zehn Stunden. Für dich. Für ihn weniger.«

Der Postbote sah sich die Fotos der Kinder an, die Rinjin aus meiner Tasche genommen hatte. Er erkannte keines und konnte die Profile nicht lesen, die ich auf Englisch geschrieben hatte. Ich war es gewohnt, dass die Dorfbewohner neugierig waren, aber ich zögerte, Fremden die Mappe zu zeigen. Rinjin wusste das und ließ den Postboten nur einen kurzen Blick auf die Bilder werfen, ehe er mir die Mappe zurückgab. In den letzten Tagen schien auch Rinjin die Kinder immer mehr in Schutz zu nehmen. Ich blätterte durch die Seiten, bis ich Jagrits Profil fand. Ich suchte nach den Namen der Eltern. Jagrits Name hätte dem Postboten nicht viel gesagt, hier lief alles über den Namen des Vaters. Ich hoffte, dass der Postbote ihn gekannt haben könnte.

Rinjin las den Namen des Vaters auf der Kopie des Totenscheins vor, die ich dabeihatte. Der Postbote zog die Augenbrauen in die Höhe. Er hatte ihn offenbar gekannt und vermutlich sogar gut, wie ich aus der Reaktion schloss. Das war eine gute Nachricht, und es half uns sehr, wenn uns der Postbote sagen könnte, welchen Teil des Dorfes wir aufsuchen und mit wem wir sprechen sollten. Ich zog mein Notizbuch hervor und schlug eine leere Seite auf. Über Rinjin sagte ich ihm, dass wir in zwei Tagen nach Jaira kämen und dort nach Familien der Kinder suchten, die wir in Kathmandu betreuten. Unter anderem suchten wir Informationen über diesen Jungen. Ich fragte ihn, ob er lebende Verwandte des Vaters kannte, als der Postbote mich unterbrach und fragte, warum wir sie nicht selbst besuchten.

Ich sah auf und machte eine Pause.

»Wen besuchen?«, fragte ich.

Der Postbote nannte den Namen des Vaters und der Mutter.

Rinjin und ich schwiegen. Das musste ein Missverständnis sein. Ich nahm den Totenschein der Mutter aus dem Rucksack und reichte ihn Rinjin, der ihn dem Mann hinhielt. Er zeigte auf die beiden Namen auf den Urkunden und fragte, ob er sich ganz sicher sei, dass wir über dieselben Personen sprachen. Natürlich, antwortete er verwundert. Er kannte sie, seit er ein kleiner Junge war.

Die Totenscheine waren gefälscht. Jagrits Eltern lebten nicht nur, sie lebten sogar nur einen Tagesmarsch von uns entfernt. Wenn es nicht so tragisch gewesen wäre, hätte ich lachen können, so absurd war es. Dieser Junge war in dem Glauben aufgewachsen, dass seine gesamte Familie tot war, er hatte sogar offiziell abgestempelte Urkunden als Beweis. Um das zu widerlegen und das Leben des Jungen von Grund auf zu verändern, musste man nur in das Dorf des Jungen gehen und überprüfen, ob die Familie tatsächlich noch am Leben war. Auf welch grausame Art und Weise hatte der Bürgerkrieg dieses Land zerrissen. Kinder waren aus ihren Dörfern verschleppt worden, und die Maoisten hatten die Tür hinter ihnen zugeschlagen. Niemand kam nach Humla hinein oder heraus, die Familien wussten nichts von ihren Kindern und die Kinder nichts von ihren Familien. Mit einem Mal fühlte ich mich überwältigt von der Menge an Arbeit, die Nepal bevorstand. Gleichzeitig spürte ich eine seltsame Entschlossenheit. Ich hatte eine konkrete Aufgabe. Mein kleiner Freund in Kathmandu brauchte mich, auch wenn er gar nichts davon wusste. Wenn Jagrits Eltern am Leben waren, dann wollte ich sie finden.

Als ich aufwachte, war es noch Nacht. Während ich im Dunkeln lag und nicht wieder einschlafen konnte, dachte ich an Jagrit, daran, was ich wohl am Ende dieses Tages finden würde, und an die Reaktion des Postboten. Ich versuchte mir vorzustellen, wie der Weg werden würde, ob es regnen würde und wie es meinem Knie gehen würde. Diese Gedanken schwirrten in meinem Kopf herum und ließen mich nicht schlafen. Ich stand auf, ging im ersten Morgengrauen hinunter zur Brücke, stellte mich in die Mitte und sah in den breiten Fluss hinunter, der unter mir hindurchschoss.

Eine Stunde später machte jemand in unserem Lager Feuer. Ich stieg den Abhang hinauf und half, den Tee zu kochen.

Auf dem Weg spürte ich, dass es meinem Knie besser ging. Ich maß das an der Dauer, die ich morgens gehen konnte, ehe es vor Schmerzen explodierte und ich das Gefühl hatte, als würde mir jemand einen langen, dicken Nagel direkt unter der Kniescheibe in das Gelenk hämmern. An diesem Morgen waren es ganze 55 Minuten, ein neuer Rekord. Aber der Weg war schwierig. Ich hatte den ganzen Tag getrunken, und jetzt hatte ich kein Wasser mehr. Vor uns stieg der Weg an und führte vom Fluss weg. Rinjin reichte mir seine Flasche.

»Du kannst deine Pillen reinwerfen«, sagte er. Er meinte die Chlortabletten, die ich dabeihatte. Ich trank in Nepal kein ungereinigtes Wasser, und ich wollte jetzt, sieben Tagesmärsche vom nächsten Krankenhaus entfernt, nicht damit anfangen, egal, wie sauber das Wasser des Karnali aussah. Aber mir blieb nichts anderes übrig, als sein Angebot anzunehmen. Die Humli waren stark und konnten lange ohne Wasser auskommen. Doch je dehydrierter ich war, desto langsamer kamen wir voran. Ich nahm das Wasser und warf zwei Tabletten hinein. In zwanzig Minuten würden sie wirken. Ich prostete Rinjin mit seiner Flasche zu.

»Danke.«

»Es ist doch nur eine Kleinigkeit.«

Es war alles andere als eine Kleinigkeit. Wir waren seit sechs Stunden unterwegs, die einstündige Mittagspause eingeschlossen, in der wir am Wegesrand über dem offenen Feuer unseren Reis gekocht hatten. Ich war erschöpft. Aber es sollte noch schlimmer kommen. D. B. wartete ein Stück weiter auf mich. Als ich ihn erreicht hatte, setzte ich mich auf einen Stein.

»Was macht dein Knie, Conor?«

»Besser. Ich komme immer noch langsam voran, aber besser.«

Er nickte und blickte auf mein Knie. Dann sah er mich an. »Rinjin hat mir von dem Postboten erzählt und von Jagrit. Ist das der Junge, von dem du mir erzählt hast? Der helle Bursche von der Umbrella Foundation?«

»Ja, genau.«

Er machte eine Pause. »Ich würde mich freuen, wenn wir die Familie finden könnten. Es kann aber sein, dass das, was der Postbote gesagt hat, nicht ganz … stimmt. In Humla verwechseln wir oft Beziehungen. Wir bezeichnen unsere Cousins als Brüder. Der Postbote hat vielleicht nicht gelogen. Aber vielleicht verwechselt er Vater und Bruder«, meinte D. B.

»Das glaube ich nicht«, antwortete ich. »Wir haben ihn auch nach der Mutter gefragt, und er hat gesagt, das sei definitiv die richtige Frau.«

D. B. lächelte und nickte. »Ja, du hast wahrscheinlich Recht. Und es ist sowieso nicht mehr weit.«

Die mitfühlende Art, mit der er mir das sagte, vermittelte mir etwas anderes. Er glaubte nicht daran, dass Jagrits Eltern am Leben waren, und er kannte die Region und ihre Kultur. Er wollte es mir nicht sagen – er würde mir nichts sagen, solange er keine Beweise hatte. Aber ich war am Boden zerstört. Ich hatte mich voreilig darüber gefreut, dass Jagrits Eltern am Leben waren und ich mit dieser freudigen Nachricht nach Kathmandu zurückkommen würde. Doch was war, wenn sie wirklich tot waren? Oder wenn wir nicht einmal seinen Onkel fanden? Ich blieb auf dem Stein sitzen. Die anderen machten Halt und warteten respektvoll ein Stück weiter.

Während ich auf dem Stein saß, musste ich an Liz denken. In diesem Moment erinnerte ich mich an eine kurze E-Mail, die sie mir einige Wochen vor meiner Abreise nach Humla geschrieben hatte. Aus heiterem Himmel hatte sie mir diese Zeilen geschrieben:

> Heute Morgen hat in der voll besetzten New Yorker U-Bahn ein Mann in der Sitzreihe vor mir geniest. Und eine Frau hinter mir hat »Gesundheit« gesagt. Der Mann hat sie wahr-

scheinlich nicht gehört, weil ich sie ja schon kaum gehört habe und weil der Zug so voll war. Aber die Tatsache, dass sie es gesagt hat, hat mir das Gefühl gegeben, dass der Mensch an sich gut ist.

Ich erinnerte mich daran, wie ich diese E-Mail gelesen und gedacht hatte, wie gern ich eine Frau um mich hätte, die hört, wie jemand niest und jemand anderes »Gesundheit« sagt, und zu dem Schluss kommt, dass die Menschheit im Grunde ihres Herzens gut ist. Ich wollte diesen Optimismus spüren und in der Lage sein, die Welt so zu sehen. Ich brauchte dieses Gefühl hier und jetzt, auf diesem Stein.

Ich stand auf und ging zu den Männern.

»Fertig?«, fragte ich. Die Männer standen auf, setzten ihre Rucksäcke auf und wir marschierten weiter den Pfad hinauf in Richtung Jaira.

Drei Stunden später zeigte mir D.B. das Dorf. Es war eine knappe Stunde entfernt, schräg den Hang hinunter. Wir machten einer Herde Ziegen Platz, die hinter uns herandonnerte. Ich hätte sie kaum bemerkt, wenn nicht der Hirte neben mir langsamer gemacht hätte und einige Sekunden stehen geblieben wäre, um mich anzusehen, ehe er weiter hinter seinen Ziegen herrannte. Sie rannten in Richtung Dorf.

Eine Dreiviertelstunde später waren wir da. Ich setzte mich auf den Boden. Rinjin und Min Bahadur machten sich auf die Suche nach den Eltern. Sie konnten das sehr viel besser als ich, denn sie sprachen Humli und kannten vielleicht sogar einige der Dorfbewohner. Außerdem bekam ich so Gelegenheit, mich ein wenig auszuruhen. Ich hatte mich inzwischen daran gewöhnt, dass die

Menschen den weißen Mann anstarrten, der sein Bein hochlegte, seinen Verband abnahm und vorsichtig sein Knie betastete. In Humla war ich nie allein. Erfahrungsgemäß hatte ich etwa eine Stunde, ehe Rinjin die ersten Eltern brachte. Ich lehnte meinen Kopf an meinen Rucksack und schloss die Augen.

Der Ziegenhirte stand über mir. Ich erkannte ihn vom Weg: Er trug einen dicken dunkelroten Schal um den Hals. In einiger Entfernung unterhielten sich Rinjin und D. B. Sie sahen, dass ich mich regte, und kamen auf mich zu, noch immer ins Gespräch vertieft.

»Hallo«, sagte ich zu dem Hirten, während ich mir den Staub abklopfte und aufstand. Ich hatte mich daran gewöhnt, die Dorfbewohner auf Englisch zu begrüßen, zum Teil aus Faulheit, aber auch, um kein Gespräch aufkommen zu lassen. Manchmal vertrieb ich damit einige der Neugierigen. Der Hirte rührte sich nicht.

Rinjin kam auf mich zu. »Setz dich, Conor. Wir bleiben hier.«

»Alles okay«, versicherte ich ihm. »Ich kann gehen, ich musste mich nur ein bisschen ausruhen. Hast du etwas über den Vater herausgefunden?«

Rinjin sah mich einen Moment lang verwirrt an. Dann beugte er sich zu mir und flüsterte mir ins Ohr: »Der Ziegenhirte *ist* Jagrits Vater, Conor.«

Seit unserem Gespräch mit dem Postboten hatte ich mir diese Begegnung vorgestellt. Jetzt, da er mir gegenüberstand, war ich sicher, dass es tatsächlich Jagrits Vater war. Rinjin hatte es bestätigt, und die Ähnlichkeit war fast unheimlich. Auf diesen Moment hatte ich den ganzen Tag gehofft. Aber plötzlich hatte ich keine Ahnung, was ich zu dem Mann sagen sollte. Er blickte nur zwischen

Rinjin und mir hin und her und fragte sich vermutlich, wer wir waren und was wir von ihm wollten. Ich fragte ihn, woher er kam, wie seine Frau hieß und so weiter, um herauszufinden, ob wir wirklich den richtigen Mann vor uns hatten. Kein Zweifel, er war es. Also fragte ich ihn, ob er einen Sohn hätte.

»Ja. Er heißt Khagendra. Er lebt bei mir«, antwortete er.

Ich wartete, aber er sagte nichts mehr. Rinjin, der meine Fragen inzwischen auswendig kannte und die Gespräche fast allein führte, wartete auf ein Zeichen von mir.

»Frag ihn, ob er außer Khagendra noch mehr Söhne hat«, sagte ich. Rinjin übersetzte die Frage.

Der Vater schwieg. Er starrte mich an, als wollte er erraten, warum ich ausgerechnet das wissen wollte. Rinjin wiederholte die Frage.

Der Mann nickte.

»Frag ihn, ob sein anderer Sohn Jagrit heißt – oder etwas, das so ähnlich klingt. Aber warte, vielleicht ist das gar nicht sein richtiger Name. Woher können wir wissen …«

Rinjin legte mir die Hand auf den Arm. »Lass mich einfach fragen.« Er übersetzte.

Wieder schwieg der Mann. Dabei presste er seine Lippen so fest aufeinander, dass es aussah, als wollte er nie wieder etwas sagen. Dann nickte er.

Ich nahm das Foto von Jagrit aus meiner Mappe und gab es Rinjin, der es dem Vater weitergab.

Der Mann starrte auf das Foto und hielt es eine gefühlte Ewigkeit dicht vor die Augen. Dann ließ er die Hände langsam auf den Schoß sinken. Tränen fielen auf seine staubige Hose. Rinjin beugte sich vor, als wollte er ihn trösten, ohne ihn jedoch zu berühren.

Ich hatte das Gefühl, in diesem intimen Moment zu stören. Ich hätte ihm gern Zeit gegeben, mit seiner Frau zu sprechen, die Nachricht ein paar Tage auf sich wirken zu lassen, sie tief in seinem Herzen zu glauben und zu verstehen, wie sein Leben und das seines Sohnes sich verändern würde.

Aber so viel Zeit hatten wir nicht. Unsere Zeit war immer knapp. Ich traf Eltern und schüttete ihnen mit der Nachricht von ihren verloren geglaubten Kindern einen Eimer kaltes Wasser ins Gesicht, um ihnen dann meine Fragen zu stellen. Das Ganze dauerte nicht mehr als ein oder zwei Stunden. Sie erwachten zum Leben, wenn ich ihnen sagte, dass es ihren Kindern gut ginge. Sie starben ein wenig, wenn sie von der Verschleppung ihrer Kinder hörten. Es waren bewegende Momente, und ich hatte immer wieder das Gefühl, dass ich für das, was ich da tat, vollkommen unqualifiziert war. Aber wer hätte es außer mir tun sollen?

Als die Eltern Jagrit zum letzten Mal gesehen hatten, war er fünf Jahre alt gewesen. Der Junge auf dem Foto war vierzehn.

Ich hatte nie die Absicht gehabt, dem Mann das Dokument zu zeigen, das ich jetzt aus dem Rucksack zog. Einen Moment lang zögerte ich, dann gab ich es ihm. Der Vater nahm es in die Hand und sah es mit leerem Blick an. Er war Analphabet. Rinjin nahm es ihm behutsam aus der Hand und las es ihm vor. Ich wartete, bis er fertig war. Der Hirte ließ den Kopf hängen, als hätte man ihm ein Gewicht um den Hals gebunden. Ein Mann, den er vor kaum einer Stunde zum ersten Mal gesehen hatte, las ihm seinen eigenen Totenschein vor.

»Ihr Sohn glaubt …«, fing ich an und sah Rinjin hilfesuchend an. »Ihr Sohn Jagrit glaubt, dass Sie, seine Mutter und der Rest seiner Familie nicht mehr am Leben sind. Er hat es immer geglaubt. Das Dokument, das Sie in der Hand haben, der Totenschein – wir haben dasselbe mit dem Namen Ihrer Frau. Es ist ein offizielles Dokument. Der Mann, der Ihren Sohn mitgenommen hat, hat es gefälscht.«

Der Mann schwieg und sah mich an. Er schloss die Augen, als sei das alles zu viel auf einmal.

Rinjin sah mich an. »Ich frage ihn, was passiert ist«, sagte er und bedeutete mir, mein Notizbuch zu öffnen.

Der Vater erzählte uns die gesamte Geschichte. Dabei blickte er an uns vorbei in die Ferne. Ich verstand ihn nicht, aber ich hatte den Eindruck, er reiste in die Vergangenheit und ließ die Ereignisse vor seinem geistigen Auge noch einmal ablaufen wie einen Film. Ein Regierungsbeamter hatte ihm gesagt, er sehe Potenzial in dem jungen Jagrit und er wolle ihm in Kathmandu einen Platz in einer guten Schule verschaffen. Als Vorschuss hatte er von der Familie eine große Summe verlangt. Der Vater hatte auf Nachrichten von seinem Sohn gewartet. Aus Wochen wurden Monate, bis er eines Tages die Hoffnung aufgab. Es war, als hätte seine Frau den Sohn nie zur Welt gebracht, als hätte er diesen klugen Jungen, seinen Erstgeborenen, nie im Arm gehalten.

Rinjin und ich lauschten gebannt. Ich hatte das Gefühl, die Geschichte miterlebt und von Weitem zugesehen zu haben, wie der Hirte und sein Sohn Jagrit zusammenlebten und wie sie sich dann voneinander verabschiedeten, ohne zu ahnen, dass sie sich nie mehr sehen würden. Als der Vater fertig war, schloss ich mein Notizbuch. Eine ganze Weile lang saßen wir schweigend nebeneinander. Der Vater starrte auf den Boden. Ohne aufzublicken sagte er schließlich etwas zu Rinjin.

Rinjin übersetzte. »Er fragt, ob du Jagrit sagen kannst, dass sie nicht tot sind.«

»Er kann es ihm selbst sagen«, antwortete ich. »Er kann ihm einen Brief schreiben.«

Aus zwanzig Metern Entfernung sahen wir zu, wie der Vater dem Lehrer, dem einzigen Menschen im ganzen Dorf, der schreiben konnte, einen Brief diktierte. Als er fertig war, kam er zu mir und gab mir den Brief. Er war zu einem dicken Päckchen zusammengefaltet, und oben stand Jagrits Name. Rinjin wollte wissen, ob ich noch Fragen hatte.

»Nein. Wenn er mag, kann er gehen«, sagte ich. Er wohnte außerhalb des Dorfes, etwa zwei Stunden entfernt, und es wurde bereits dunkel. »Warte … sag ihm, sein Sohn … sag ihm, er ist ein erstaunlicher Junge. Alle lieben ihn. Es ist wichtig, dass er das versteht.«

Rinjin übersetzte. Zum ersten Mal lächelte Jagrits Vater. Er legte die Hände zu einem wortlosen Danke zusammen und machte sich auf den Heimweg.

Die außergewöhnlichen Umstände, unter denen Jagrits Vater zum Leben erwachte, ließ mich auch für zwei andere Kinder hoffen: Raju und seine Schwester Priya. Wir waren immer davon ausgegangen, dass sie tatsächlich Waisen waren. Im Kinderheim der Kleinen Prinzen taten wir alles, um die innere Verbindung der Kleinen zu ihren Familien aufrechtzuerhalten. Zum Beispiel ließen wir sie Briefe an ihre Eltern schicken, auch wenn wir diese nicht abschickten und sie ihre Eltern vielleicht nie wiedersahen. Alle Kinder schrieben Briefe, auch Raju. Aber seine Schwester Priya, die für ihre sieben Jahre erstaunlich weise war, erklärte ihrem Bruder, dass sie keine Briefe schreiben konnten, da ihre Eltern tot waren und sie niemanden hatten, an den sie die Briefe adressieren konnten. Das war ein trauriger Tag.

Jetzt aber gab es einen schwachen Hoffnungsschimmer. Vielleicht waren die Eltern ja doch noch am Leben. Ich wagte kaum, daran zu denken, so sehr bewegte mich die Vorstellung.

Ich bat Min Bahadur, nach Lali zu gehen, in das Heimatdorf von Raju und Priya, das auf der anderen Seite des Flusses in nordöstlicher Richtung lag. Er war der Stärkste aus unserem Team und kannte die Region besser als alle anderen. Er konnte in weniger als zwei Tagen wieder zurück sein. Ich erzählte ihm alles, was ich über die beiden Kinder wusste, und schickte ihn los.

Wir sahen ihm nach, dann setzten wir unseren Marsch in Richtung Süden fort. Der Weg war weit und einsam, und ich hing stundenlang meinen Gedanken nach. Ich stellte mir vor, wie sein Vater Raju hochhob, so, wie ich ihn hochhob, wie Priya ihrer Mutter beim Kochen half und wie die beiden auf der Wiese spielten und nachts zwischen ihren Eltern schliefen und von ihnen warm gehalten wurden.

Nach zwei Tagen holte Min Bahadur uns in einem Dorf namens Tulo ein. Sofort setzte er sich neben Rinjin und sprach mit leiser Stimme auf ihn ein. Rinjin hörte zu, dann rief er mich.

»Die Kinder heißen Raju und Priya Atal? Bist du sicher?«, fragte er.

»Ja, ich bin sicher«, antwortete ich und hielt den Atem an.

»Min Bahadur hat in dem Dorf Leute gefunden, die sie gekannt haben. Vor vier Jahren wurden sie sehr krank …« Rinjin unterbrach sich und schüttelte den Kopf. »Es tut mir leid. Sie sind tot.«

Meine erste Lebensmittelvergiftung hatte ich in einem Hotelzimmer in Jacksonville in Florida. Nachdem ich abends an einem Buffet Meeresfrüchte gegessen hatte, wachte ich morgens mit einem Stich im Magen auf und stolperte ins Bad. Mein Flug nach New York ging drei Stunden später, aber ich verließ das Badezimmer während der nächsten vierzehn Stunden nicht mehr. Zusammengekrümmt lag ich auf einem Berg von Handtüchern, den Kopf gegen die kühle Schüssel gelehnt. Gelegentlich trank ich Wasser aus dem Hahn und fragte mich, wie ich das überleben sollte. In der Annahme, ich sei abgereist, warf das Zimmermädchen einen Blick hinein. Ich hatte gerade genug Kraft, um ihr zuzukrächzen: »Kommen Sie später …« Dann durchzuckte ein neuerlicher Stich meinen Magen und ich vollendete den Satz mit »… wieäääääääh!« Wenn ich mich übergebe, dann lautstark. In Dezibel komme ich an den Pegel einer Fankneipe der Boston Patriots heran, in dem Moment, in dem die Mannschaft einen Tausend-Punkte-Rückstand aufholt und das Endspiel um den Superbowl gewinnt. Die Frau suchte fluchtartig das Weite.

Das war in einem blitzsauberen Marriott-Hotel in den Vereinigten Staaten gewesen. Jetzt befand ich mich in Humla und es war eigentlich nur eine Frage der Zeit, bis ich mir eine Infektion holte. Nach zwei Wochen war es so weit. Vor lauter Erschöpfung schlief ich in der Regel die ganze Nacht durch. Aber eines Nachts schreckte ich aus dem Tiefschlaf hoch. Ich öffnete die Augen und wusste, dass ich nach draußen musste. Oder vor zehn Sekunden nach draußen gemusst hätte. In der Hütte war es stockfinster und neben mir schlief eine Familie. Also unterdrückte ich meinen Drang, durch die Wand zu schießen, und tastete mich stattdessen vorsichtig zur Tür. Nicht vorsichtig genug, wie ich feststellte, als ich ein schlafendes Huhn durch den Raum kickte und in der klaustrophobischen Enge helle Panik auslöste. Ich tastete mich zur Tür hinaus, und dann ging es nur noch darum, so weit von der Hütte wegzukommen wie möglich. Es war nicht allzu weit.

Durch die tagelangen Märsche und die Dehydrierung geschwächt, hatte ich das Gefühl, die Lebensmittelvergiftung würde mich umbringen. Mein Magen behielt nichts, was nicht ganz ungefährlich war, da ich jeden Tag eine gewaltige Menge an Kalorien verbrannte. Meine Begleiter hatten ständig ein Auge auf mich, für den Fall, dass ich stolperte oder umkippte. Wir konnten uns keine Pause erlauben, denn wegen meines Knies hinkten wir ohnehin schon hinter unserem Zeitplan her. Und wegen des Schnees mussten wir uns allmählich Gedanken über alternative Rückreiserouten machen. Ich versuchte nicht daran zu denken, dass es im Falle einer Komplikation keine Hilfe, kein Krankenhaus und keinen einfachen Ausweg gab.

Mir ging es so schlecht wie noch nie. Bei einer Lebensmittelvergiftung versucht der Körper, sich vollständig zu entleeren, und zwar so schnell und so unpassend wie möglich. Was die Sache noch schlimmer machte, war, dass es in Humla keine Toiletten gab. Und damit meine ich nicht nur keine Toiletten mit Wasserspülung, sondern überhaupt keine. An meinem ersten Tag in Südhumla fragte ich: »Wo ist die Toilette?«, und erhielt als Antwort: »Nein.« Ich glaube, es war das erste Mal, dass ich diese Antwort bekommen habe. Es handelte sich schließlich nicht um eine Ja-Nein-Frage.

Drei Tage später ging es mir etwas besser, und ich konnte zum ersten Mal wieder ein paar Häppchen Linsenreis zu mir nehmen.

Ich bat die anderen, schon vorauszugehen, aber Rinjin bestand darauf, bei mir zu bleiben. Wir waren etwa zwei Stunden gegangen, als wir über einen Hügel kamen und auf der anderen Seite auf D. B. und die übrigen Männer stießen, die auf einem Felsen saßen und hinunter ins Tal sahen. D. B. lächelte, als er mich sah, und kam mir entgegen, um mich zu begrüßen.

»Siehst du den Berg da hinten? Den letzten, hohen?« Er zeigte den Karnali entlang auf einen Berg, der ungefähr doppelt so hoch war wie der, den wir am ersten Tag aus Simikot heruntergestiegen waren.

»Da oben ist Shreengar«, erklärte D. B.

Shreengar. Das letzte Dorf auf unserer Route. Dort lebten zwei Familien. Aber seit zwei Tagen war Shreengar auch noch etwas anderes: ein Weg aus Humla. Das Welternährungsprogramm der Vereinten Nationen, das in der Region aktiv war, transportierte per Hubschrauber Reis auf den Berg. Der Hubschrauber konnte uns nach Balaju, Nepalganj oder eine andere Stadt mitnehmen. Egal, wo er stationiert war, dort gab es eine Straße oder einen Flughafen. Ich war jetzt seit fast drei Wochen in Humla und hatte erreicht, was ich erreichen wollte. Es war Zeit, nach Hause zu gehen. Noch ein Tag bis zum Berg, dann ein dreistündiger Aufstieg, und wir waren am Hubschrauberlandeplatz.

Wir ließen uns Zeit und machten Rast bei einigen Fischern am Karnali. Bei dem Gedanken an Fisch drehte sich mir der Magen um, aber für die übrigen Männer war es ein seltenes Festmahl. Wir beschlossen, erst am nächsten Morgen weiterzugehen, wenn die Sonne unsere Seite des Berges beschien und uns wärmte. Als wir die Serpentinen hinaufstiegen, fühlte ich mich so stark wie lange nicht mehr.

Dhananjaya war der Regionalleiter des Welternährungsprogramms. Er sah uns, wie wir den Weg heraufkamen, und ging uns ein Stück entgegen. Ich erzählte ihm von unserer Mission und meiner Knieverletzung. Er bestätigte, dass Simikot immer noch eingeschneit war. Seine Organisation konnte den Ort nur mit Hubschraubern anfliegen, Flugzeuge konnten weder starten noch landen.

»Du hast Glück, Conor«, sagte er. »Morgen kommt der letzte Hubschrauber vor dem Winter. Ich fliege auch nach Hause, nach Kathmandu, zu meiner Familie. Du passt problemlos in den Hubschrauber. Ich kenne den Piloten, der interessiert sich bestimmt für deine Geschichte.«

Verglichen mit diesem Dorf klang Kathmandu unglaublich schick und modern. Ich sah auf die Uhr. Es war der 14. Dezember. Nach allem, was in den letzten Wochen passiert war, würde ich sogar noch früher zurückkommen als geplant. Rechtzeitig, um meine Freunde vom Flughafen abzuholen, und einige Tage vor dem Besuch von Liz. Ich konnte es gar nicht abwarten. Während der letzten drei Wochen hatte ich oft und intensiv an sie gedacht. Einige Male hatte Rinjin gesehen, wie ich lächelte.

»Du denkst an eine Frau«, hatte er beim ersten Mal gesagt, gelacht und mich mit dem Zeigefinger in die Brust gepiekst.

»Nein«, hatte ich instinktiv geantwortet. Es war mir peinlich, dass er mich ertappt hatte. »Ich habe nur an eine E-Mail von einer Bekannten gedacht.« Das stimmte sogar, denn in diesem Moment hatte ich tatsächlich an eine E-Mail von Liz gedacht. Als sie mir geschrieben hatte, war es bei ihr mitten in der Nacht und bei mir Nachmittag. Ich hatte ihr sofort geantwortet und sie gefragt, warum sie um diese Uhrzeit auf war.

»Das ist mir ein bisschen peinlich«, hatte sie zurückgeschrieben. »Wir hatten heute Abend ein furchtbares Gewitter, und Emma, mein gelber Labrador, ist zu mir ins Bett gesprungen, weil sie Angst hatte. Ich habe eine Dreiviertelstunde gebraucht, um wieder einzuschlafen. Und als ich endlich eingepennt war, hat sich Emma im Schlaf umgedreht und ist mit einem lauten Krach aus dem Bett gefallen. Ich bin vor Schreck mindestens fünf Meter in die Luft geschossen. Also habe ich sie in meinem Bett schlafen lassen und mich auf die Couch gelegt. Und wo ich schon mal wach war, wollte ich dir eine E-Mail schicken und Hallo sagen.«

Es gab so viel, was mir an dieser E-Mail gefiel. Zum Beispiel, dass sie allein mit einem Labrador zusammenlebte, der nachts bei einem Gewitter zu ihr ins Bett sprang. Oder wie sie mir die Geschichte von Emma erzählte. Aber vor allem gefiel mir, dass sie mir, wenn sie nachts wach lag, eine E-Mail schrieb, um Hallo zu sagen, als wären wir die besten Freunde und würden uns schon seit Jahren kennen.

In ein paar Tagen sollte ich Liz kennenlernen. Es fiel mir schwer, an irgendetwas anderes zu denken und mich auf mein letztes Gespräch zu konzentrieren. Am Abend sollte ich die Eltern eines Kleinen Prinzen namens Ram treffen, doch ich dachte nur an den Hubschrauber und den Rückflug nach Kathmandu. Aber Rinjin erschien nicht nur mit den Eltern, sondern mit der gesamten Familie, drei Generationen, vom Säugling bis zur Großmutter. Es war der krönende Abschluss. Die ganze Familie drängte sich um die Mutter, die ein Foto eines achtjährigen Jungen in der Hand hielt, eines Jungen, der alles andere war als ein Waisenkind.

Am nächsten Morgen verabschiedete ich mich kurz nach Sonnenaufgang von meinem Team. Die meisten begleiteten D. B.

in ein paar Dörfer, um dort für Anna noch einige Eltern zu suchen. Alle, auch D. B., wollten den Winter in Humla verbringen. Sie waren hier zu Hause. Rinjin bot an, noch bei mir zu bleiben, doch ich bestand darauf, dass er den langen Rückmarsch nach Simikot antrat.

Wir machten ein letztes Gruppenbild, im Hintergrund die Berge in der fahlen Morgendämmerung. Ich verabschiedete mich, steckte das Doppelte des versprochenen Lohns in einen Umschlag und bat D. B., das Geld unter den Männern zu verteilen. Dann blickte ich ihnen nach, wie sie rasch den Berg hinunterliefen, nicht mehr behindert durch den hinkenden, magenkranken Amerikaner mit dem irischen Pass. Min Bahadur drehte sich um und winkte unbeholfen zurück – eine westliche Geste, die er sich von mir abgeschaut haben musste – ehe er um eine Ecke bog und verschwand.

Zum ersten Mal war ich allein in den Bergen. Es war seltsam, und plötzlich fühlte ich mich sehr einsam. Ich freundete mich mit Dhananjaya vom Welternährungsprogramm an. Wir hatten am Abend zuvor zusammen gegessen. Er erzählte mir, die Dürre halte nun schon seit drei Jahren an, und die Humli benötigten mehr Unterstützung, um zu überleben. Doch das Welternährungsprogramm hatte allen verfügbaren Reis geliefert. Der musste jetzt für den ganzen Winter reichen. In drei Monaten würde das Programm seine Flüge wieder aufnehmen. Dann würde Dhananjaya zurückkommen.

Ich stieg zum improvisierten Hubschrauberlandeplatz auf dem Berggipfel, den die Bewohner von Hand angelegt hatten. Er lag zwanzig Minuten oberhalb des Dorfes. Oben angekommen, legte ich meinen Rucksack ab und lehnte mich dagegen. Ich zog ein zerlesenes Buch heraus, *Carter. Das Spiel mit dem Teufel.* Es war das einzige Buch, das ich mit nach Humla gebracht hatte, und ich las es jetzt schon zum dritten Mal. Ich kannte es fast auswendig. Der Hubschrauber sollte in einer Stunde ankommen. Ich klappte das Buch zu. Auf der Heimreise, im Flughafen oder in Kathmandu hatte ich noch genug Zeit, um das Buch zu lesen.

Drei Wochen lang war ich damit beschäftigt gewesen, Familien zu suchen, mir Sorgen um das Wetter zu machen und mich zu fragen, wie ich wieder aus Humla herauskommen sollte. Ich hatte kaum Zeit gehabt, mich einfach hinzusetzen und die Landschaft in dieser abgelegenen Ecke der Welt zu bewundern. Die Aussicht war spektakulär. Tief unter mir schlängelte sich der Fluss, in der Ferne lagen die schneebedeckten Gipfel des Himalaja. Ich hoffte, dass ich eines Tages nach Humla zurückkommen würde, für eine weniger anstrengende Reise, vielleicht, um die Kinder zu besuchen, die zu ihren Familien zurückgekehrt waren. Als ich über die Landschaft blickte, erschien es mir der perfekte Ort, um mich von Humla zu verabschieden, das mir so viele Probleme und Schmerzen beschert hatte, aber auch so viel Freude in der Begegnung mit den Eltern. Ich lehnte mich an meinen Rucksack und wartete auf den Hubschrauber.

Es verging eine Stunde, dann noch eine.

Zehn Stunden später saß ich immer noch auf dem Landeplatz. Der Hubschrauber war nicht gekommen. Während der letzten Stunden hatte ich den Horizont abgesucht und war zu abgelenkt gewesen, um zu lesen. Es war ein sterbenslangweiliger Tag. In der Sonne war es glühend heiß, im Schatten eisig kalt. Ich ging zurück ins Dorf. Dhananjaya hatte unten gewartet, weil er wusste, dass der Hubschrauber nicht ohne ihn abfliegen würde. Er war enttäuscht und entschuldigte sich. Er bot mir an, die Nacht in dem Haus zu verbringen, in dem er schlief. Im Keller unter dem Haus lagerten zweihundertfünfzig Tonnen Reis des Welternährungsprogramms, die an die Dorfbevölkerung verteilt werden sollten. Ich nahm sein Angebot dankbar an und legte mich früh schlafen.

Kurz nach Sonnenaufgang ging ich zum Landeplatz zurück. Die Verzögerung frustrierte mich. Jetzt kam ich einen Tag später an als meine Freunde und konnte sie nicht mehr vom Flughafen abholen, nachdem sie um die halbe Welt gereist waren, um mich zu besuchen. Im Stillen entschuldigte ich mich bei ihnen. Es war frustrierend, dass ich sie nicht über meine Verspätung informieren konnte. Zum Glück hatte ich sie vorgewarnt, dass ich einen Tag später ankommen würde, wenn ich aus irgendwelchen Gründen meinen Flug verpasste. Doch es war extrem ärgerlich, dass ich so nah war und trotzdem noch stundenlang warten musste. Mir war vollkommen klar, wie trivial diese Verzögerung war; ich war drei Wochen lang durch dieses verzweifelte Land gewandert und war mittellosen Dorfbewohnern begegnet, die ein Jahrzehnt des Bürgerkriegs hinter sich hatten. Und ich jammerte, weil ich einen Tag lang warten musste. Aber so sehr ich versuchte, meine Verspätung zu relativieren, es gelang mir nicht. In diesem Moment musste der Hubschrauber unterwegs sein, dachte ich mir. Ich schließe die Augen und zähle bis zehn, und dann kommt er. Ich zählte, so langsam ich konnte, und ließ zwischen den einzelnen Zahlen ganze Minuten verstreichen. Doch als ich die Augen öffnete, war weit und breit kein Hubschrauber in Sicht. Ich seufzte, schloss die Augen von Neuem und zählte wieder. Diesmal bis zwanzig.

Der Hubschrauber kam nicht. Nicht an diesem Tag, nicht am nächsten, und auch nicht am Tag darauf.

Fünf Tage lang wartete ich auf dem Berg, auf dem Felsen, in der Sonne und im Schatten. Der Hubschrauber kam nicht. Am Abend des fünften Tages war ich der Verzweiflung nahe. Es war eine Qual, stundenlang nur dazusitzen, in den Himmel zu starren und den Hubschrauber herbeizuwünschen. Ringsum waren nichts als Berge, bis zum Horizont folgte eine Kette auf die andere. Der Landeplatz fühlte sich an wie ein Floß auf dem offenen Meer. Ich war so weit von der Zivilisation entfernt wie noch nie in meinem Leben und hatte keine Ahnung, wie ich wieder zurückkommen sollte.

Während dieser fünf Tage lernte ich die Kinder von Shreenagar kennen. Sie kamen zum Landeplatz herauf und starrten mit mir in den Himmel. Es waren immer dieselben sechs Kinder, die mich besuchten. Am dritten Tag saßen sie um sieben Uhr morgens auf dem steinigen Boden des Gipfels und erwarteten mich schon. Wir konnten uns nicht unterhalten, aber ich war froh, ein bisschen Gesellschaft zu haben. Ich ging auf und ab, und sie folgten mir in einem Abstand von fünf Metern. Ich setzte mich auf einen Felsen, und sie fanden in einiger Entfernung ein paar Steine, auf denen sie sich zusammenquetschten. Einige Stunden später warf ich kleine Kiesel den Hang hinunter. Ein paar Meter weiter warfen sie Steine auf kleine, vereinzelt wachsende Bäume und Sträucher, die sich zwischen dem dürren Gras an den Felsen klammerten. Als ich eine weitere Runde auf dem Landeplatz drehte, kauerten sie sich zusammen, und ich wusste, dass sie vorhatten, sich zu nähern. Sie warteten, bis ich näher kam, dann stand der älteste Junge auf und trat mir in den Weg.

»Du … Daal Bhat …«, fing er an und zeigte erst auf mich, dann auf seinen Mund. »Hubschraub.« Er zeigte in den Himmel, dann auf sich und wieder auf mich. »Rennen … ich … du«, sagte er. Aus der eifrigen Pantomime der Kinder hinter ihm schloss ich, dass sie meinten, ich solle ins Dorf gehen, um zu Mittag zu essen. Wenn der Hubschrauber kam, würden sie mich holen.

Ich sah die Jungen an, sie sahen mich an und warteten auf eine Antwort. Ich konnte nicht widerstehen. »Ke?«, fragte ich, was so viel bedeutet wie: »Hä?« Ich wollte sie provozieren, wieder mit ihrer Pantomime anzufangen, um sich verständlich zu machen – es war die einzige Unterhaltung, die ich in den letzten todlangweiligen Tagen gehabt hatte. Ich ließ sie das Spiel noch zweimal wiederholen, dann durchschauten sie mich. Ich nahm ihr Angebot gern an. Alles, um ein bisschen Abwechslung in die furchtbare Eintönigkeit des Tages und des leeren Himmels zu bringen.

Im Dorf fragte mich Dhananjaya, ob ich ihm bei der Verteilung der Reisrationen helfen könnte. Das tat ich gern, zumal ich in den letzten Wochen von der Großzügigkeit der Humli gelebt hatte. Vor allem war ich dankbar, etwas zu tun zu haben. Wir halfen den Dorfbewohnern, ihre Zwanzig-Kilo-Ration Reis in die Satteltaschen ihrer Ziegen zu verladen – dieselben durchgedrehten Ziegen, die mich zu Beginn meiner Reise fast in den Abgrund gerissen hätten. Wir sahen den Männern nach, wie sie ihre Herden aus dem Dorf nach Osten über den Pass trieben. Manche waren bis zu ihrem Dorf zwei Tage lang unterwegs.

Gegen Abend bekamen wir unerwarteten Besuch an der Verteilungsstelle. Ein Mann ging langsam auf die Dorfbewohner zu, die ihre Reisrationen in Säcke füllten. Sie unterbrachen ihre

Tätigkeit und wichen zur Seite. Ich war im Haus und machte im Schatten ein Päuschen, doch durch die offene Tür konnte ich das Geschehen verfolgen. Der Mann trug einen Kampfanzug und schien einer der regionalen Anführer der aufgelösten maoistischen Armee zu sein. Ich blieb im Haus, damit er mich nicht sah. D.B. hatte den Begleitbrief des Bezirkssekretärs der Maoisten mitgenommen, und Simikot war weit.

Ich hörte, wie sie draußen sprachen. Der Maoist klang erregt und ärgerlich, Dhananjaya ruhig und vernünftig. Die Unterredung konnte nicht länger als eine halbe Stunde gedauert haben, doch als Dhananjaya hereinkam, sah er erschöpft aus. Er ließ sich auf das Bett fallen, atmete ein paar Mal tief durch und erzählte mir, was passiert war.

»Er wollte fünfhundert Kilo Reis«, sagte er. »Ich habe geschaut, ob ich dich sehe – ich war froh, dass du hier drin warst. Es hätte sonst vermutlich mehr Schwierigkeiten gegeben. Er wollte nur Reis für seine Männer. Ich habe ihn nicht gefragt, welche Männer. Es war natürlich klar, welche Männer. Ich habe ihm gesagt, dass ich ihm nichts geben kann, der Reis ist für die Leute aus dem Dorf. Das wollte er nicht akzeptieren. Seine Männer müssen auch essen, hat er gesagt. Er kann seine Männer doch nicht verhungern lassen. Er war bewaffnet. Was sollte ich tun?« Er machte eine Pause, als erwartete er eine Antwort.

»Was hast du getan?«

»Das einzig Mögliche. Ich habe ihm den Schlüssel zum Lager gegeben. Und ich habe ihm gesagt, nimm dir so viel mit, wie du brauchst. Aber sag mir bitte, wie viel du nimmst, denn ich muss über jedes Korn Rechenschaft ablegen und die UNO informieren, wie viel fehlt.«

»Wow, das ist gut!«, rief ich. Das war wirklich gut. Der Maoist wusste, dass der Diebstahl von Lebensmitteln einen Verstoß gegen den Waffenstillstand bedeuten würde. Wenn er die Vereinten Nationen gegen sich aufbrachte, zog er den Zorn seiner Vorgesetzten auf sich, weil er den Friedensprozess gefährdete, und das alles wegen ein paar Sack Reis für Männer, die keiner offiziellen Armee mehr angehörten.

»Was hat er gesagt?«

»Ich weiß nicht, wie man das auf Englisch sagt. Und selbst wenn ich es wüsste, würde ich es nicht übersetzen«, sagte er und grinste. »Aber er ist weg. Ohne den Reis.«

Am fünften Tag kam Leben in den Himmel. Zum ersten Mal seit Wochen sah ich Flugzeuge. Sie flogen nach Norden. Das konnte nur eines bedeuten: Der Flugplatz in Simikot war wieder offen. Seit dieser Nacht in Ripa hatte es nicht mehr geschneit. In den drei Wochen war es den Männern in Simikot offenbar gelungen, die Landebahn von Hand zu räumen.

Dhananjaya und ich standen vor einer schwierigen Entscheidung. Wir konnten weiter auf einen Hubschrauber warten, der vielleicht kam, vielleicht aber auch nicht. Oder wir konnten versuchen, zu Fuß nach Simikot zu gelangen. Wir nahmen an, dass wir vier oder fünf Tage brauchen würden, wenn wir direkt Richtung Norden gingen. Ich zählte die Tage auf dem Kalender. Es war der 19. Dezember. Liz wollte am 23. Dezember kommen und am Morgen des 25. zurückfliegen. Selbst im besten Fall würde ich sie mit ziemlicher Sicherheit verpassen.

Dass wir in nur fünf Tagen nach Kathmandu zurückkamen, war schon der allerbeste Fall. Wenn uns unterwegs der Schnee überraschte, dann wäre die Landebahn wieder eingeschneit. Dann waren wir nicht nur in Humla gefangen, sondern wären tagelang nach Norden gegangen, obwohl der einzige Ausweg aus der Region im Süden lag. Damit wären wir noch eine Woche länger unterwegs.

Bei einer Tasse Tee trafen Dhananjaya und ich unsere Entscheidung. Wir würden den Marsch nach Simikot riskieren und darauf setzen, dass es während der nächsten fünf Tage nicht schneite. Uns blieb kaum etwas anderes übrig, denn der Hubschrauber würde aller Wahrscheinlichkeit nach nicht mehr kommen. Dhananjaya hatte Probleme mit dem Rücken, ich mit dem Knie, weshalb wir beide langsam vorankommen würden. Als Dhananjaya unseren Gastgeber bat, im Dorf einen Träger für uns zu organisieren, packte ich meine Sachen. Wenn ich mit Rinjin aufgebrochen wäre, dann wäre ich längst in Simikot und säße vielleicht schon im Flugzeug zurück nach Kathmandu. Ich hob meinen Rucksack auf und ließ ihn ein paar Mal auf den Boden plumpsen, um sein Gewicht zu testen. Dann machte ich mich auf die Suche nach Dhananjaya.

Fünf Stunden, nachdem wir mit dem Abstieg begonnen hatten, wandten wir uns nach Norden und kamen in ein Dorf, in dem wir übernachten wollten. Wir hatten gar nicht vorgehabt, so weit zu gehen, aber als wir nach den ersten drei Stunden dort ankamen, wo wir ursprünglich übernachten wollten, trafen wir einen Mann und überlegten es uns anders. Dhananjaya kannte den Mann durch das Welternährungsprogramm. Er kam vom Norden und hatte Nachricht von unserem Hubschrauber. Der Pilot hatte Order erhalten, eine andere Route zu fliegen. Er war untröstlich, denn er wusste, dass Dhananjaya auf ihn wartete und kein Funkgerät hatte. Der Hubschrauber sollte erst in drei Monaten wieder nach Shreenagar kommen. Ich war erleichtert. Zum Glück hatten wir nicht länger gewartet.

»Aber der Hubschrauber hat noch eine letzte Lieferung, Conor«, sagte mir Dhananjaya und übersetzte, was er eben erfahren hatte. »Morgen. In Sarkegad.«

»Sarkegad? Das ist ein Tagesmarsch von hier. Wann kommt er?«, fragte ich.

»Er weiß es nicht. Es kann irgendwann sein. Aber wir müssen es versuchen. Wir können weitergehen, ich kenne ein anderes Dorf, zwei Stunden von hier. Das können wir vor Sonnenuntergang erreichen.« Er lächelte. »Vielleicht werden wir ja doch noch vom Hubschrauber mitgenommen.«

Nach einer kurzen Nacht brachen wir im Morgengrauen auf. Obwohl wir es eilig hatten, wäre es zu gefährlich gewesen, in der Dunkelheit zu gehen. So schnell wir konnten, marschierten wir in Richtung Sarkegad. Wir konnten uns keine Pause erlauben, denn wir hatten nur ein Zeitfenster von zwanzig Minuten, in dem der Hubschrauber landete, seine Fracht ablud und wieder abflog. Da wir keine Ahnung hatten, wann er kommen würde, liefen wir gegen die Uhr, ohne zu wissen, wie viel Zeit wir hatten.

Wir gingen auf schmalen Pfaden, die in die Felsen hoch über dem Karnali gegraben worden waren. Herden von Ziegen und Büffeln stürmten uns entgegen, aber ich hatte inzwischen gelernt, mich an die Felsen zu klammern und bewegte mich sicherer über das Geröll. Das größte Problem war unser Träger. Er war absolut unzuverlässig – die schlimmste Eigenschaft, die ein Träger mitbringen kann, wenn er nicht gerade Mordpläne hegt. Er hing weit hinterher, und er trug meine Wasserflasche. Ich war so dumm gewesen, ihm die Flasche zu geben, weil sie für mich ein Kilo mehr bedeutete und weil ich davon ausgegangen war, dass er die ganze Zeit bei uns bleiben würde. Wir konnten nicht auf ihn warten, aber ich hatte auch kein Wasser und wurde immer durstiger.

Sieben Stunden lang gingen wir, ohne uns auch nur ein einziges Mal hinzusetzen. Ich war wie besessen von dem Gedanken, den Hubschrauber zu erreichen. Immer wieder horchte ich nach dem Geräusch eines Propellers. Ich war müde. Um mein Tempo zu halten, wiederholte ich ein Mantra: kein Hubschrauber vor dem Dorf. Stundenlang sagte ich mir das vor und setzte meine Schritte im Rhythmus der Worte. Ausgetrocknet und hungrig folgte ich Dhananjaya, der zehn Meter vor mir herging.

Als wir einen Pass überquerten, war ich einen Moment lang unachtsam und rutschte auf der anderen Seite den steilen Pfad hinunter. Mit meinen verhauenen Wanderstöcken bremste ich den Sturz ab, doch das Geräusch des fallenden Gerölls schien immer lauter zu werden.

Ich erstarrte und blickte zum Himmel. Dhananjaya war stehen geblieben und sah das Tal hinauf.

Sekunden später donnerte der Hubschrauber über uns hinweg.

Wir waren noch eine Stunde von Sarkegad entfernt.

Ich ging zu Dhananjaya, der sich zum ersten Mal seit Stunden gesetzt hatte, und hockte mich zu ihm. In Gedanken spielte ich die vergangenen 24 Stunden Minute für Minute durch. Ich erinnerte mich an Momente, in denen ich stehen geblieben war, statt zu gehen, und die wertvollen Minuten, die ich vergeudet hatte, um am Morgen meinen Rucksack zu packen und nach meiner

Wasserflasche zu suchen, die ich verlegt hatte. Wenn ich diese Minuten zusammenzählte, kam ich leicht auf eine Stunde. Wenn wir diese Stunde nicht vergeudet hätten, könnten wir jetzt in Sarkegad sein und in den Hubschrauber steigen.

Zwanzig Minuten später wurde die Stille wieder durchbrochen, als der Hubschrauber in die andere Richtung über uns hinweg das Tal hinunterdonnerte und verschwand.

Dhananjaya starrte auf den Horizont. Er sah erschöpft aus.

»Wir haben Pech, Conor«, sagte er tonlos und stand auf. Wir gingen weiter.

In Sarkegad angekommen, brachen wir zusammen. Dhananjaya konnte nicht mehr weiter. Er hatte furchtbare Rückenschmerzen und brauchte mindestens zwei Tage Rast. Der Marsch hatte uns viel Kraft gekostet. Er musste mir nicht sagen, wie er sich fühlte. Ich wollte mich einfach irgendwo auf die Wiese legen und schlafen. Ich war in einer Autokultur groß geworden und hatte kaum einen Gedanken darauf verwendet, dass die Menschen im größten Teil der Welt weite Strecken zu Fuß zurücklegten. Wir waren noch viele Kilometer von Simikot entfernt und beide erledigt.

»Ich weiß, dass du weitergehen willst, Conor, aber wir müssen hier eine Rast einlegen. Wir sind weit gekommen. Du hast Schmerzen im Knie, das sehe ich, wenn du gehst. Und mir tut mein Rücken weh«, stöhnte Dhananjaya. »Ich kenne viele Leute hier, wir können hier übernachten. Vielleicht können wir ja morgen weitergehen.«

»Ich bleibe nicht«, antwortete ich.

Ich wusste nicht genau, was ich mit diesem Satz meinte. Es kam einfach so heraus. Ohne Dhananjaya konnte ich nicht weitergehen. Ich kannte den Weg nicht, es wurde allmählich dunkel, ich konnte mich nicht mit meinem Träger verständigen, der außerdem vollkommen erschöpft war und mit hängendem Kopf auf einem Stein saß. Aber ich hatte es gesagt, und ich meinte es ernst. Ich musste weitergehen. Wenn nötig, allein.

Dhananjaya wollte es mir ausreden. Die Dorfältesten setzten sich zu uns und versuchten, mich davon abzubringen. Ich wusste nicht, was ich da sagte, erklärten sie mir. Ich konnte nicht einfach nachts durch Humla laufen. Nicht einmal die Einheimischen verließen nachts ihre Dörfer. Du wirst dich verlaufen, du wirst angegriffen, oder du stürzt von einem Felsen. Selbst tagsüber sind die Wege gefährlich. Du hast keine Ahnung, was du da sagst.

Aber ich wusste es. Ich wusste, wenn ich warten würde, dann würde ich wieder eingeschneit werden. Es war nur eine Frage der Zeit. Wenn ich weiterging, wenn ich keine Pause machte, wenn ich schnell ging, dann hatte ich eine Chance rauszukommen. Ich hatte auf mein Knie aufgepasst, denn obwohl es zwischendurch besser geworden war, wollte ich nicht riskieren, mich wieder zu verletzen und mich vielleicht gar nicht mehr bewegen zu können. Jetzt war mir alles egal, ich würde sogar rennen, wenn ich musste. Ich wollte einfach nur raus. Das Panikdatum rückte näher, der Tag, an dem Farid meine Familie anrufen und mich bei den Behörden als vermisst melden würde. Ich konnte mir kaum vorstellen, wie schwierig das für meine Eltern war – sie waren sowieso schon besorgt. Aber das Einzige, woran ich wirklich denken konnte, war, dass ich Liz sehen musste. Wenn sie nach Kathmandu kam und wieder abreiste, ohne mich zu treffen, dann war es das. Wir lebten fünfzehntausend Kilometer auseinander. Ich hatte nur diese eine Chance.

Also sagte ich den Dorfältesten von Sarkegad, dass ich weitergehen würde, allein und in der Dunkelheit. Ich musste zurück nach Kathmandu. Wenn ich Liz sehen wollte, dann gab es keine Alternative.

Resigniert half mir Dhananjaya, in einer Stunde aufzubrechen. Weil mein Träger genauso erschöpft war wie ich, heuerte ich einen jungen Mann an, der sich mit ihm die Last teilen sollte. Wenn wir zu dritt waren, hatte jeder von uns nur zwölf Kilo zu tragen. Für Träger war das kein Gewicht, aber ich wollte schnell vorankommen. Ich verabschiedete mich von Dhananjaya und versprach, mich zu melden, wenn wir beide sicher wieder in Kathmandu waren. Damit brachen wir in die Abenddämmerung auf.

Wir waren noch nicht weit gekommen, als es stockfinster war. Wenig später begannen die alten Taschenlampen meiner Träger zu flackern. Sie folgten mir in größer werdendem Abstand, und wenn ich mich umdrehte, hatte ich Mühe, das schwache Glimmen ihrer Lampen zu erkennen.

Mein ursprünglicher Träger war ein unheimlicher Bursche. Ich vertraute ihm nicht. Den ganzen Tag über war er weit zurückgeblieben, und als ich meinen Rucksack an mich nahm, sah ich, dass er ihn durchsucht hatte. Es fehlte nichts, und unter den gegebenen Umständen konnte ich es mir nicht leisten, ihm Vorhaltungen zu machen, denn ich brauchte ihn. Ich hörte, wie er sich flüsternd mit dem jüngeren Mann unterhielt; ich verstand nicht, was er sagte, aber ich hatte ein ungutes Gefühl.

Ich tröstete mich damit, dass ich wenigstens wusste, wohin wir gingen: nach Unapani. Ich kannte das Dorf schon und wusste, dass wir bei der Familie eines der Kinder aus Kathmandu übernachten konnten. Der Proviant bereitete mir ein wenig Kopfzerbrechen, denn wir hatten keinen. Ich hatte Dhananjaya den Rest für seinen Rückweg überlassen. Aber ich war optimistisch, irgendjemand im Dorf würde einen Happen für uns übrig haben.

Nach sieben Stunden waren wir müde und steif vor Kälte. Plötzlich blieben meine Träger, die hinter mir hergingen, aus unerfindlichen Gründen stehen. Ich drehte mich um und sah sie an.

»Warum machen wir Halt? Wir gehen nach Unapani!«, sagte ich in meinem holprigen Nepali.

Ich kapierte nicht gleich, was sie mir zu verstehen geben wollten: Wir waren in Unapani.

Ich sah mich um. Wir standen neben einer kleinen, verschlossenen Hütte. Um uns war nichts als Dunkelheit und das Rauschen des Flusses. Wir waren definitiv nicht in Unapani. Unapani war ein großes Dorf. Das wusste ich, weil ich zwei Tage dort verbracht hatte. Ich rang nach Worten, um mich verständlich zu machen. Sie wiederholten immer wieder denselben Satz, in der Hoffnung, dass ich es irgendwann begreifen würde.

Irgendwann traf es mich wie ein Donnerschlag. Mein Magen drehte sich um. Wir waren in Unter-Unapani. Wir hatten den falschen Weg gewählt. Das Dorf, das ich suchte, befand sich für uns unsichtbar direkt über uns auf dem Berg. Dort waren Häuser, Essen und Unterkunft. So erschöpft, wie wir waren, würden wir Stunden benötigen, um den Weg zu finden und den Berg hinaufzusteigen.

Es war inzwischen zehn Uhr nachts. An ein Weitergehen war nicht zu denken. Wir hatten seit neun Stunden nichts gegessen, der erste Träger und ich waren seit sechs Uhr morgens auf den Beinen. Selbst der neue Träger sackte neben dem älteren Mann zusammen und legte seinen Kopf auf den Rucksack. Ich setzte mich neben die beiden. In meinem Rucksack suchte ich nach etwas Essbarem, fand zwei Mandarinen und gab sie den beiden.

Wir konnten nichts tun. Ich hatte keine Ahnung, wo wir waren. Ich legte den Kopf in die Hände, schloss die Augen und wünschte, wenn ich sie öffnete, wäre ich zu Hause. Wir froren. Es war eine besonders kalte Nacht, selbst für Dezember, selbst für Humla. Es wäre verrückt, draußen zu schlafen. Aber ohne Essen hatten wir nicht die Kraft, den steilen Berg nach Unapani hinaufzusteigen, dem nächsten Dorf, das noch viele Stunden entfernt war.

Ich schaltete meine Taschenlampe aus, um die Batterie zu schonen. Mehr als drei Wochen lang hatte ich jeden Abend in denselben Nachthimmel über Humla geblickt. In der Stadt mit ihren hellen Lichtern vergisst man die Sterne. Es ist komisch, wenn man daran denkt, dass sie immer da sind und immer über dem menschlichen Gewühl scheinen. Während meiner ersten Tage in Humla war ich begeistert gewesen, endlich in dieser Wildnis zu sein und die atemberaubende Natur zu erleben.

Jetzt sehnte ich mich nach dem sternlosen, diesigen Stadthimmel. Ich sehnte mich nach dem Smog, dem Lärm und den Lichtern, die die Sterne ausblenden. Ich war einfach nicht für dieses Leben geschaffen, dachte ich, so sehr ich es mir auch einreden mochte. Ich brauchte geheizte Wohnungen, den Geruch eines neuen Autos, kalorienhaltige Vorspeisen und Freunde, die mich mit dem Bier in der Hand zu sich winkten, um Football zu sehen. Ich wollte überall auf der Welt sein, nur nicht hier.

Plötzlich hörte ich Stimmen den Weg herunterkommen. Das musste eine Einbildung sein. Ich drehte den Kopf und rührte mich nicht, um nicht mit der Jacke zu rascheln. Dann hörte ich sie wieder. Wir saßen seit einer Dreiviertelstunde da. So schlimm unsere Lage gewesen war, plötzlich wurde sie noch schlimmer. Die einzigen Menschen, die in Humla nachts durch die Berge streiften, waren betrunkene und möglicherweise bewaffnete Maoisten. Eilig sprangen wir in die Wiese neben dem Pfad und duckten uns.

Ich zählte die Taschenlampen. Es mussten neun sein. Sie unterhielten sich lautstark. Ich sah zu meinen beiden Trägern, die hinter mir hockten. Sie versuchten so angestrengt, die Stimmen zu verstehen, dass sie fast die Luft anhielten. Der Lärm näherte sich.

Plötzlich war es mir egal, wer da den Weg herunterkam. Viel schlimmer konnte unsere Situation nicht werden. Sie würden uns schon nicht umbringen. Und wenn sie uns bedrohten, dann war es eben so. Ich hatte nichts dabei, was sie mir hätten stehlen können. Sie waren irgendwohin unterwegs, zu einer nahe gelegenen Unterkunft, und sie hatten vermutlich Essen dabei. Alles andere war mir in diesem Moment egal. Ich hatte keine Lust, länger in dieser Wiese herumzuhocken. Die Gruppe kam näher und ich hörte den vordersten Mann lachen. Ich ließ meinen Rucksack fallen, sprang auf den Weg und landete zwei Meter vor dem Anführer.

»Scheiße!«, schrie der und ruderte mit den Armen rückwärts, als wolle er die Zeit zurückdrehen.

Er war Schotte. Wenn er ein Delfin gewesen wäre, dann wäre ich vermutlich weniger überrascht gewesen. Ich hatte seit Wochen keine Ausländer mehr gesehen, schon gar nicht nachts. Instinktiv streckte ich den Arm aus, um ihn aufzufangen, aber er taumelte gegen seinen Hintermann, der ihn auffing. Meine Träger sprangen hinter mir auf den Weg. Die anderen Männer schrien auf und schienen bereit, unseren Angriff abzuwehren.

»Halt! Halt! Halt! Halt!« Das war das einzige Wort, das mir in diesem Moment einfiel. Ich wollte es so oft sagen, bis sie erkannten, dass unter dem dreckigen Bart und der schwarzen Fleecejacke ein Amerikaner vor ihnen stand.

Der Schotte war wieder auf den Beinen und immer noch nervös. »Scheiße, wo kommt ihr her?«, schrie er.

»Ich war hier, da hinten«, rief ich mit brüchiger Stimme und zeigte auf die Wiese. »Wir sind eine Non-Profit-Organisation, wir arbeiten mit Kindern.« Ich wollte so schnell wie möglich erklären, wer wir waren, um die Situation zu entspannen.

»Ihr seid *was?*«

»Non-Profit! Ich bin Amerikaner!«

Der Mann richtete sich langsam auf und klopfte sich den Staub aus den Kleidern. Einige Sekunden lang starrte er mich an. Dann machte er einen großen Schritt vorwärts und streckte freundlich die Hand aus.

»Okay. Ich bin David.«

Sie gehörten zu einer humanitären Mission und arbeiteten für eine niederländische Hungerhilfe. Sie waren aufgehalten worden und hatten angenommen, sie könnten alle in Ober-Unapani übernachten. Ihr Kontakt im Dorf hatte ihnen von dieser Hütte erzählt. Es war eine Unterkunft für Wanderer, und er hatte sie überredet, im Dunkeln den Weg nach Unter-Unapani zu wagen, denn in der Hütte konnte ein Dutzend Personen unterkommen. Der Besitzer der Hütte war mitgekommen. Er schloss das dicke Vorhängeschloss auf und öffnete die Tür.

»Wollt ihr mit reinkommen? Wir haben genug Reis und Linsen, um uns alle satt zu bekommen, und mehr. Die Jungs hier sind aus Unapani, die machen Feuer und alles. Du und deine Jungs, ihr könnt hierbleiben, wenn ihr wollt«, sagte David. »Es sei denn, ihr wollt draußen schlafen. Aber es ist eisig, oder? Du bist doch nicht einer von diesen Extremtypen, oder?«

»Nein, bin ich nicht. Natürlich würden wir gern bleiben. Das wäre sehr nett. Bist du sicher?«, fragte ich mit meiner instinktiven Höflichkeit, die in unserer Situation ein wenig fehl am Platz war.

»Klar! Wir freuen uns über Gesellschaft!«, dröhnte er und winkte uns herein. Als ich an ihm vorbeiwollte, nahm er mich am Arm. »Das ist der Knaller, oder? Dass wir dich hier so treffen?«

Der Knaller, hatte er gesagt. Die Tür stand offen, drinnen knisterte ein Feuer und das Essen wurde zubereitet. Es war ein Wunder.

Ich saß draußen neben David, meinem neuen besten Freund. Satt, ausgeruht und vom Feuer gewärmt, lehnte ich an einem Holzklotz. Meine beiden Träger hatten sich mit den Trägern der anderen Gruppe angefreundet. Zusammen saßen sie auf der anderen Seite des Lagerfeuers, blickten in die Flammen und unterhielten sich lautstark. Einer zündete sich eine Art Pfeife an, die er in beiden Händen hielt. Die übrigen Männer aus Davids Gruppe, Ausländer wie wir, hatten sich auf der Veranda der Hütte versammelt, die Hände tief in den Taschen ihrer Daunenjacken vergraben. Sie lachten über eine Geschichte, ihr Atem kam stoßweise in kleinen Wölkchen aus ihren Mündern.

Ich erzählte David von meinen Wochen in Humla, von den Eltern, die wir gefunden hatten, und davon, wie überwältigt sie gewesen waren. Sie schienen jede Hoffnung aufgegeben zu haben. Ich hoffte, dass wir etwas für sie tun konnten. Angesichts der Armut in der Region schien es mir schwierig, die Kinder schnell wieder mit ihren Familien zusammenzuführen.

Über die Armut waren die Angehörigen von Davids Gruppe bestens informiert, sie hatten sich vor dieser Felduntersuchung ausgiebig mit der Region beschäftigt. Sie waren erst drei Tage zuvor eingetroffen und wollten in den nächsten Tagen wieder abreisen. Aber sie hatten ein Funkgerät dabei, für den Fall, dass etwas passierte und sie zum Beispiel nicht nach Simikot zurückkonnten und einen Hubschrauber brauchten. David erzählte, in den wenigen Tagen habe er sich in Humla verliebt – in die Menschen genau wie in die Landschaft. Er liebte den Honig, eine Spezialität der Region. Und die Äpfel. Alle hatten ihm von den Äpfeln vorgeschwärmt. Sie seien tatsächlich ein echtes Highlight, meinte er.

»Hast du die Äpfel probiert?«, fragte ich. »Ich kenne einen Jungen aus Jaira, einem Dorf ein paar Tage von hier. Er kann von nichts anderem erzählen.«

»Er hat Recht, die Äpfel sind fantastisch. Warte mal, ich habe eine ganze Tüte voll hier«, sagte er, ging zu seinem Rucksack, holte einen heraus und warf ihn mir zu. Ich fing ihn auf, rieb ihn an meinem schmutzigen Ärmel ab und biss hinein. Er war köstlich.

»Ich habe Recht gehabt, oder?«, fragte David und beobachtete meinen Gesichtsausdruck. »Ich habe einen ganzen Sack voll – willst du deinem Freund einen mitbringen?«

Ich überlegte. Es war ein unglaublicher Zufall, dass ich die Möglichkeit hatte, dem Jungen einen Apfel mitzubringen. Es war der erste Apfel, den ich in Humla in die Finger bekommen hatte. Aber ich dachte mir, dass es Jagrit vermutlich nicht um die Äpfel gegangen war. Es war die Erinnerung an die Äpfel, die Erinnerung eines Fünfjährigen, der den süßen Geschmack genießt, die einzige Erinnerung an Humla, die ihm blieb. Die wollte ich ihm nicht nehmen. Kein Apfel konnte jemals so gut schmecken. Außerdem war der Brief seines Vaters, den ich in meinem Rucksack hatte, ein weit größeres Geschenk als jeder Apfel.

In dieser Nacht schliefen wir auf dem harten Boden, der durch eine Handvoll Stroh ein bisschen abgefedert wurde. Ich stellte den Wecker auf halb vier. Ich wollte drei Stunden schlafen und dann wieder aufbrechen. Wir waren noch nicht am Ziel. Simikot war noch fünfzehn Stunden entfernt. In Humla bedeutete dies wegen des schweren Geländes zweieinhalb Tagesmärsche. So viel Zeit hatte ich nicht, wenn ich rechtzeitig zurück sein wollte, um Liz zu treffen. Wir mussten die zweieinhalb Tagesmärsche an einem Tag schaffen. Wir mussten am Abend in Simikot sein.

Fünf Minuten bevor der Wecker klingelte, wachte ich auf. Ich schälte mich aus meinem Schlafsack, weckte meine beiden Träger und zog mir mehrere Lagen Kleider an. Leise verließen wir die Hütte. David hatte darauf bestanden, dass ich ihm nichts für das Essen gab. Ich kritzelte ein Dankeschön auf einen Zettel und steckte ihn in seinen Stiefel. Dann gingen wir hinaus in die Dunkelheit.

Wir hatten es nicht nur deshalb eilig, weil es jeden Tag schneien konnte. Es gab noch einen weiteren Grund: Wir mussten um siebzehn Uhr am Fluss sein, weil dann die letzte Gondel übersetzte. Auf dem Hinweg hatte mir Rinjin erzählt, die Seilbahn funktioniere von sieben Uhr morgens bis fünf Uhr nachmittags. Wenn wir an den Fluss kamen und uns niemand mehr ans andere Ufer holen konnte, säßen wir noch einen Tag länger fest und müssten zurück nach Bokche Ganda, um dort die Nacht zu verbringen. Mit jedem verlorenen Tag wurde es wahrscheinlicher, dass der längst überfällige Schnee kam und uns in Humla einschloss.

Die Träger fielen immer weiter zurück. Als ich sie plötzlich nicht mehr hinter mir hörte, spürte ich, wie mir die Panik die Brust einschnürte. Ich hatte Angst, dass sie mich allein gelassen hatten und mit meinem Rucksack verschwunden waren, der allein mehr wert war als diese Männer in einem Jahr verdienten. Dann wäre ich verloren. Ich versuchte, dagegen anzukämpfen, doch am Ende siegte meine Angst und ich wartete auf sie. Auf der Suche nach einem Ruheplatz sah ich zu meiner Linken einen Felsvorsprung.

Als ich näher kam, rutschte ich auf einigen losen Steinen aus, die in die Tiefe kullerten. Sofort erschien in der Höhle ein gelbes Augenpaar und ich hörte ein drohendes Knurren. Adrenalin schoss durch meinen Körper. Schwindelig vor Angst schwang ich meinen Wanderstock wie einen Baseballschläger und stolperte rückwärts. Mehr Steine rollten den Abhang hinunter. Der Lärm zerriss die Stille. Ein Mann rief etwas. In der Höhle öffneten sich Hunderte Augenpaare. Ich hörte, wie meine Träger hinter mir dem Mann etwas zuriefen. Der Mann rief zurück, doch was er sagte, ging in wildem Gebell unter.

Es war ein Schäfer mit seinen Hunden, der seine Herde beschützte. Bald hatte er seine Hunde zum Schweigen gebracht, und die unruhig murrenden Schafe beruhigten sich. Eines nach dem anderen verloschen die Augenpaare wieder, die Stille legte sich wie ein dickes Tuch über sie.

Wir kamen an den Felsen an. Auf unserem Weg lagen mehrere felsige Abschnitte, die selbst im Dunkeln nicht zu verfehlen waren. Wir hatten schon vorher einen breiten Fluss überquert, an dem es keinen Weg gegeben hatte und wir über einige willkürlich im Wasser verstreute Felsbrocken ans andere Ufer springen mussten. Schon als wir aus dem Wald herausgetreten waren, den Fluss gehört und seine kühle Brise gespürt hatten, hatte ich gefühlt, dass das Gelände plötzlich anders war. Hier nahm ich eine ähnliche Veränderung wahr. Wir waren wieder am Fluss angekommen, doch diesmal floss er tief unter uns. Rechts neben mir hörte die Welt auf und ich drückte mich instinktiv nach links, an die zerklüfteten Granitfelsen.

Ich erinnerte mich noch vom zweiten Tag an diesen Teil des Weges. Selbst tagsüber, als Rinjin direkt hinter mir herging und auf mich aufpasste, hatte mich der Weg nervös gemacht. An einigen Stellen war er einfach weggebrochen, weggespült vom Regen. Man musste sich an der Felswand entlanghangeln und über kleine Abgründe springen. Bei jedem Sprung hielt Rinjin ein Ende meines Wanderstocks fest, damit ich nicht auf dem losen Geröll den Halt verlor und dreißig Meter weiter unten landete.

Ich hatte Angst. Die Höhe macht mir an sich nichts aus, aber ich mag sie auch nicht besonders. Wenn ich an Felswänden klettere, bin ich jedes Mal schweißgebadet, selbst wenn ich durch ein Seil gesichert bin. Aber irgendwie schaffe ich es dann doch. Aber Höhe plus loses Geröll? Das war mein Albtraum. Um diesen Pass zu überqueren, hätte ich gern bis zum Tagesanbruch gewartet. Es war eine Sache, gegen Maoisten, Hunde und Nachtfrost zu kämpfen, aber eine andere, ohne ein Wort von einer Wand in eisiges Wildwasser zu stürzen und Tausende Kilometer von zu Hause spurlos zu verschwinden.

Aber ich konnte es mir nicht leisten zu warten, denn sonst

hätten wir ja gar nicht erst mitten in der Nacht aufzubrechen brauchen. Mit der Linken versuchte ich, mich so dicht wie möglich an der Felswand zu halten. Mit der Rechten tastete ich mich mit meinem Wanderstock voran wie ein Blinder. Wenn ich an einen der Abbrüche kam, atmete ich kontrolliert und stellte mir vor, ich wäre in New York auf dem Bürgersteig und würde mal eben locker einen Schritt über einen Gullideckel machen. Eine Stunde später hatten wir die Felsen passiert.

Ganz allmählich wurde der Himmel heller, kaum merklich wurde das Dunkelblau durch ein kaltes fahles Grau abgelöst. Wir hatten noch viele Stunden vor uns, wir waren noch immer müde, aber mit der Dunkelheit verschwand immerhin meine Angst, vor allem in den späteren felsigen Abschnitten. Gegen vier Uhr nachmittags sah ich sie dann: die Brücke. Das Stahlseil, die Metallkiste. Daneben saßen Männer, die darauf warteten, Reisende über den Fluss zu hieven. Zum ersten Mal seit Tagen entspannte ich mich. Vor uns lag noch der steile Anstieg nach Simikot, das dreitausend Meter über dem Meeresspiegel lag, aber jetzt wusste ich, dass wir es schaffen würden. Und wenn ich auf allen vieren kriechen musste.

Unbemerkt gingen wir durch das Dorf. Die Staub- und Schmutzschicht, die ich mit mir herumschleppte, war so dick, dass sie fast wie ein Tarnanzug wirkte. Wir gingen auf direktem Weg zum Gasthaus. Rinjins Schwester begrüßte uns. Rinjin sei nur einen Tag geblieben und gleich wieder aufgebrochen, erzählte sie. Ich war enttäuscht. Ich hatte gehofft, meinen Freund zu treffen und ihm zu berichten, was seit unserer Trennung passiert war. Ich ließ mich von seiner Schwester zu einer Tasse Tee einladen, bezahlte meine Träger, setzte mich draußen auf einen alten Plastikstuhl und blickte hinunter ins Tal, bis sie mich zum Linsenreis hineinrief.

Erschöpft, wie ich war, machte ich in dieser Nacht in Simikot kein Auge zu. Am nächsten Morgen sollte ich zurückfliegen, aber nur, wenn es in der Nacht nicht schneite. Am Vortag hatte sich der Himmel zugezogen, und die Wolken verhießen neue Schneefälle. Für Rinjins Schwester war klar, dass es schneien würde, und im gleichen Atemzug lud sie mich ein, den Winter über bei ihnen zu bleiben. Ich wollte, dass sie diese Worte zurücknahm. Der Schnee war gekommen? Jetzt? Nach allem, was ich durchgemacht hatte? Ich blickte in den Himmel. Ich hatte die dunklen Wolken nicht bemerkt – seit zwei Tagen hatte ich nicht mehr vom Weg aufgesehen. Aber da hingen sie, in den Gipfeln der hohen Berge, die Nepal von Tibet trennten. Sie waren wie schwarze Hengste, die mit bebenden Flanken am Start stehen.

In dieser Nacht saß ich in meinem Schlafsack mit dem Kopf neben der Tür und starrte hinaus in den Himmel. Kein Stern war zu sehen. Ich betete, mit gesenktem Kopf und fest gefalteten Händen, der Schnee möge noch warten, nur einen Tag noch.

Das Morgenlicht weckte mich. Ich rappelte mich hoch und hoppelte noch im Schlafsack zur Tür hinaus. Der Himmel war hell, klar und wolkenlos. Ich hatte noch nie etwas so Schönes gesehen. Ich würde nach Hause fliegen. Es war der 22. Dezember. Ich hatte die Familien aller 24 Kinder gefunden.

Ich saß im kleinen Flughafen von Nepalganj, einer Stadt in der Tiefebene von Südnepal, und wartete auf meinen Flug nach Kathmandu. Ich hatte drei Stunden Aufenthalt. Mit ausgestreckten Beinen saß ich auf dem Boden und hatte eine Hand auf den kalten Marmorfußboden gelegt, um mich daran zu erinnern, dass ich wieder in der Zivilisation angekommen war. Im Rucksack hatte ich mein Buch, aber ich wollte verdammt sein, wenn ich es jetzt herausholte, um zu lesen. Also sah ich mich um und beobachtete die Menschen, die in den Flughafen rannten, um ihren Flug zu erwischen: Ich sah den Fahrern der Fahrradrikschas zu, die sich vor der Tür unterhielten und lachten, bis ein Fahrgast herauskam; dann wurden sie zu Feinden, die erbittert um den Fahrpreis feilschten, nur um wenige Augenblicke später wieder zu Freunden zu werden. Und ich beobachtete die Koffer, die mühelos über den glatten Boden rollten, ohne dass irgendjemand sie hochheben und schleppen musste.

In gut zehn Metern Entfernung saßen zwei Jungen mit ihrem Vater auf einer Bank. Der Ältere der beiden erinnerte mich an Navin, einen der beiden Jungen, der halbverhungert ins Krankenhaus von Kathmandu eingeliefert worden war. Meine Gedanken schweiften zu den Kindern und ich stellte mir vor, was ich ihnen erzählen würde, wenn ich sie wiedersah. Ich freute mich darauf, ihnen die Fotos zu zeigen und die Briefe von ihren Eltern zu geben. Ich konnte mir noch nicht so recht vorstellen, wie das werden würde.

Der Vater bemerkte, dass ich seinen Sohn ansah, und lächelte. Er hörte gar nicht mehr auf zu lächeln. Der Mann strahlte mich regelrecht an. Ich lächelte zurück und sah wieder zu den beiden Jungen.

Der Vater stand auf und kam zu mir herüber. Irgendwie kam er mir bekannt vor.

Dann fiel es mir wie Schuppen von den Augen: Der Junge sah nicht nur aus wie Navin, es *war* Navin. *Der* Navin. Der Junge, den wir verloren und wiedergefunden hatten. Und sein Bruder, der neben ihm saß, sah nicht nur aus wie Madan, es *war* Madan. Ich sprang auf. Der Mann, der auf mich zukam, war der Vater der beiden, ich hatte ihn an einem meiner ersten Tage in Humla getroffen. Er hatte auf einem Strohballen gesessen, während ich ihm ein Foto seiner Söhne zeigte. Ich hatte ihm gesagt, dass die Kinder in unserem Kinderheim Dhaulagiri House in Kathmandu, hinter dem Swayambhu, untergebracht waren. Und er hatte mir gesagt, dass er nach Kathmandu gehen würde. Er wollte sie suchen und nach Hause holen. Ich hatte das damals nicht sonderlich ernst genommen, denn das hatte ich von mehreren Eltern gehört.

Er war also tatsächlich nach Kathmandu geflogen, hatte seine Söhne gefunden und brachte sie nun nach Hause. Mir wurde vor Aufregung fast schwindelig, als ich mir vorstellte, wie er an die Tür kam, sich bei Farid vorstellte und ihm den Zettel mit der handgeschriebenen Adresse zeigte. Wie Farid ihn begrüßte und die Kinder nach unten rief. Wie die Jungen die Treppe herunterrannten und ihren Vater sahen, nach allem, was sie durchgemacht hatten, nachdem sie verschleppt, verlassen, wieder verschleppt, gerettet, ins Krankenhaus, ins Umbrella-Haus und schließlich in ihr neues Zuhause gebracht worden waren und sich vermutlich fragten, wohin sie wohl als Nächstes kommen würden. Ich grinste übers ganze Gesicht, als ich mir Farids Reaktion vorstellte.

Ich ging auf den Mann zu, um ihn zu begrüßen, und setzte mich dann mit ihm zu den beiden Jungen. Sie hatten mich auch nicht gleich erkannt. Sie hatten einfach nicht erwartet, mich im Flughafen von Nepalganj zu sehen, ganz abgesehen davon, dass ich nach mehr als drei Wochen ohne Dusche vermutlich aussah wie ein Landstreicher. Sie sprangen auf und umklammerten meine Hüfte. Es war ein wunderbares Gefühl. Mir war nicht klar gewesen, wie sehr ich die Kinder aus Dhaulagiri House und aus dem Heim der Kleinen Prinzen vermisste. Wenn man einmal das Ver-

Die Kinder von Dhaulagiri House, dem Kinderheim, das Next Generation Nepal gründete.

trauen der Kinder gewonnen hat, kennen sie keine Scheu mehr. Sie benutzten mich als Möbelstück, als Klettergerüst, als Reitpferd. Und als Vaterersatz, bis ihre wirklichen Eltern kamen. Die Umarmung der beiden Jungen und das Lächeln des Vaters vertrieben den letzten Rest der Müdigkeit, den ich verspürte.

Ich nahm die Kinder und den Vater mit in die Cafeteria und lud sie zum Essen ein. Zwei Stunden lang saßen wir zusammen und unterhielten uns vor allem mit den Händen. Die ganze Zeit über lächelten wir uns an. Zum Abschied machte ich ein Foto von uns allen am Flughafen. Dann brachen wir in entgegengesetzte Richtungen nach Hause auf.

In Kathmandu bewegte sich alles so schnell. Es war seltsam, die Autos, die Fahrräder und die elektrischen Lichter zu sehen. Ich war der schmutzigste Mensch auf der Straße. Ich hielt ein Taxi an und fuhr direkt vom Flughafen zu Kelly und Beth, die am 18. Dezember angekommen waren und auf mich gewartet hatten, im Vertrauen darauf, dass ich schon irgendwann zurückkommen würde. Ich traf sie in dem Hotel, in dem sie sich einquartiert hatten, bis ich sie mit in meine Wohnung nehmen konnte. Sie saßen draußen in der Sonne an einem Tisch und fielen vor Überraschung fast von ihren Stühlen, als sie mich sahen. Bevor wir in meine Wohnung fuhren, tranken wir zusammen ein Bier, gut gekühlt und aus einem Glas. Es war das beste Bier, das ich jemals getrunken habe. Dann entschuldigte ich mich, um ein Münztelefon zu suchen und Farid anzurufen.

Farid war außer sich vor Freude, von mir zu hören. Er hatte großartige Neuigkeiten: In Dhaulagiri House lebten nicht mehr sechs, sondern 26 Kinder. Am Tag zuvor hatte Farid zusammen mit der Umbrella Foundation 29 Kinder aufgenommen, die jahrelang im Besitz eines Schleppers gewesen waren. Farid hatte den Kindern von mir erzählt und sagte, sie freuten sich schon riesig, mich kennenzulernen. Unser Projekt hatte abgehoben.

Ich wollte mich schon verabschieden und zu meinem Bier

zurückgehen, als sich Farid an etwas erinnerte. »Ach ja, noch eine gute Nachricht, Conor. Wie konnte ich das vergessen!«

»Was?«

»Ich bin gerade auf dem Weg zum Taxi, um deine Freundin, die Amerikanerin, zu treffen. Sie hat kurz vor dir angerufen – sie ist schon einen Tag früher angekommen und gerade auf dem Weg vom Flughafen nach Thamel. Ich habe mich in einer Stunde am Swayambhu mit ihr verabredet, gleich um die Ecke von dir. Soll ich sie in deine Wohnung bringen?«

Mein Herz sprang mir in den Hals und hüpfte mir aus dem Mund. Ich sagte schnell »Ja« und noch schneller »Bis später« und rannte zu meinen Freunden zurück.

»Wir müssen los!«, rief ich, ohne mich hinzusetzen. Ich schnappte mein Bier und trank es aus. Das Schöne an Freunden, die man schon seit fünfzehn Jahren kennt, ist, dass man nicht lange herumerklären muss. Kelly und Beth leerten ihre Gläser, rannten hinter mir her durch die Straßen von Thamel und direkt auf den Rücksitz eines Taxis.

Mir blieben nur noch ein paar Minuten, ehe Liz kommen würde. Ich nahm die längste Dusche meines Lebens – ich brauchte eine Dreiviertelstunde, um meine Schmutzschicht abzuwaschen – und rasierte mich. Zum ersten Mal seit fast einem Monat blickte ich in den Spiegel. Ich hatte fünf Kilo abgenommen. Da ich keine guten Klamotten in Nepal hatte, zog ich meinen einzigen Pullover an, der nicht vor Schmutz starrte, und strich ihn vor dem Spiegel ein wenig glatt.

Kurz vor sieben Uhr stand Liz Flanagan vor meiner Tür. Sie war genauso schön, wie ich sie mir vorgestellt hatte. Sie roch wunderbar, ihr Haar und ihre Haut waren frisch, so ganz anders als der Staub und Schmutz der letzten Wochen. Und sie stand hier, in Kathmandu, in meiner Tür. In diesem Moment konnte ich nur daran denken, wie viel Glück ich gehabt hatte, rechtzeitig für diese Begegnung mit ihr wieder zu Hause zu sein. Das war die Frau, der ich so viel erzählt hatte und die aus fünfzehntausend Kilometern Entfernung so viel mit mir durchlebt hatte. Obwohl wir uns zum ersten Mal gegenüberstanden, kannten wir uns bereits besser als gute Freunde. Liz wartete einen Augenblick lang, ob ich etwas sagen würde, dann machte sie einen Schritt auf mich zu, lächelte mich an und hielt mir die Hand hin. Ohne lange nachzudenken, zog ich sie an mich und umarmte sie fest, ehe sie sich noch vorstellen konnte.

Liz

6

Vermutlich wäre es höflicher von mir gewesen, wenn ich meine Gäste gefragt hätte, was sie zu Abend essen wollten. Aber ich konnte nicht riskieren, dass sich Kelly, Beth und Liz für ein traditionelles nepalesisches Restaurant entschieden. Ich brauchte Fleisch. Ich brauchte Bier. Ich brauchte Pommes bis zum Abwinken. Das traditionelle nepalesische Essen konnte warten. Meine Freunde sahen mich kurz an und stimmten zu. Auf dem Weg zum Steakhaus im Zentrum von Thamel übernahm ich mit meinem Kumpel Kelly die Vorhut, während Beth und Liz hinter uns hergingen und sich anfreundeten. Ich war begeistert, dass wir vier zusammen waren. Das nahm den Druck aus meinem ersten Date mit Liz, das andernfalls vielleicht ein bisschen dramatisch ausgefallen wäre: Ein Mann kämpft sich tagelang durch die Wildnis, um eine Frau kennenzulernen, die eben von der anderen Seite der Welt eingeflogen ist.

Liz hatte ein Hotelzimmer im Backpacker-Bezirk Thamel gebucht. Sie wollte nur zwei Tage bleiben, und ich wollte natürlich so viel Zeit wie möglich mit ihr verbringen. Ich wollte sie einladen, bei uns zu übernachten, in meiner Wohnung, aber ich wollte nicht aufdringlich erscheinen. Als ich schließlich den Mut zusammennahm und sie fragte, bemühte ich mich, so unbeschwert wie möglich zu klingen – ich muss geklungen haben wie eine erstickende Amsel. In einem gewundenen Bandwurmsatz erklärte ich ihr, dass wir drei Schlafzimmer hätten, eines für sie, mit Tür und allem Drum und Dran, und überhaupt, dass wir uns doch viel leichter treffen könnten, wenn sie in meiner Wohnung schlief und nicht nach Thamel ginge. Sie zögerte einen Moment lang, doch mit ihrer kurzen Pause gab sie Beth und Kelly Gelegenheit, heldenhaft in die Bresche zu springen und darauf zu bestehen, dass sie bei uns übernachtete.

Alle warteten geduldig, bis ich das letzte Krümelchen verdrückt hatte, dann nahmen wir ein Taxi in meine Wohnung. Sie stellten mir tausend Fragen, und ich wollte Liz tausend Fragen stellen. Ich wollte, sie würde einfach nur reden, damit ich ihre Stimme hörte. Nach einer Stunde holte mich die Erschöpfung ein und mir fielen mitten im Satz die Augen zu. Ich wünschte allen eine Gute Nacht und verzog mich in mein Schlafzimmer. Ich hatte mich darauf gefreut, zum ersten Mal seit einem Monat wieder unter einer Decke zu schlafen, aber so weit kam ich gar nicht. Völlig ausgepowert und noch angezogen fiel ich auf mein Bett und schlief sofort ein.

Ich hatte das Trauma unterschätzt, das der Rückweg aus Humla hinterließ. Seit ich den blauen Morgenhimmel über Humla gesehen hatte, waren gerade einmal vierzehn Stunden vergangen. Seit meiner Rückkehr nach Kathmandu hatte ich mich ununterbrochen gefreut – dass ich es geschafft hatte, dass ich meine

Freunde getroffen hatte, dass ich Liz kennengelernt hatte, dass ich richtiges Essen aß und mich richtig duschen konnte. Jetzt, da ich allein im Dunkeln lag, begann sich mein Kopf zu drehen und die vergangenen vier Wochen zu verarbeiten. Aus dem Schatten sprangen mich Albträume an, alle paar Minuten wachte ich schweißüberströmt auf. Erleichtert stellte ich jedes Mal fest, dass ich wohlbehalten in meinem Bett lag.

Ich weiß nicht, wie lange das so ging. Ich erinnere mich nur noch, wie ich irgendwann von meinem eigenen Schrei geweckt wurde. Wieder wich die Angst der Erleichterung, bis ich sah, dass das Licht im Wohnzimmer noch brannte. Liz war noch auf. Ich wünschte mir, ich könnte meinen Schrei in einem Schmetterlingsnetz einfangen und zum Fenster hinausflattern lassen.

Vorsichtig öffnete sich die Tür und Liz schlüpfte herein. Beschämt schloss ich die Augen. Ohne jede Scheu kam sie zu mir und legte ihre Hand auf meine.

»Alles in Ordnung?«, flüsterte sie.

In ihrer Stimme hörte ich keinerlei Urteil und keine Scham, wie man sie hört, wenn sich jemand für einen schämt. Sie war nur besorgt, das war alles. Erleichtert nahm ich ihre Hand und wir verschränkten unsere Finger. Keiner von uns beiden rührte sich.

»Ja, alles in Ordnung«, flüsterte ich zurück. Dann zog sie vorsichtig ihre Hand zurück, ging nach draußen und schloss die Tür hinter sich. In dieser Nacht hatte ich noch einen Traum, ganz anders als meine Albträume. Ich träumte, dass Liz und ich an einem warmen, luftigen Tag in Humla waren. Ich ließ harten, trockenen Reis aus meiner Hand in ihre rieseln und sie gab ihn mir wieder zurück. So trugen wir gemeinsam den Reis den Berg hinauf.

Als ich am nächsten Tag, einem Samstag, aufwachte, waren die anderen längst auf und angezogen. Zum ersten Mal war ich nicht von den Glocken des buddhistischen Klosters nebenan geweckt worden. Farid saß an meinem Computer in der Ecke des Wohnzimmers, wo ich mir mit einem Schreibtisch mein kleines Büro eingerichtet hatte. Er unterhielt sich mit Liz, Kelly und Beth.

Als er mich benommen aus dem Schlafzimmer torkeln sah, rieb er sich freudig die Hände.

»Conor, heute ist dein großer Tag!«, rief er und stand auf. »Ich habe den Kindern gesagt, dass du kommst, und sie können es nicht abwarten. Ein paar sind noch sehr schüchtern. Und Dirgha und Amita fragen mich schon seit Tagen, wann du wiederkommst. Ich habe ihnen gesagt, wir würden vor einer Stunde kommen, aber du hast ja geschlafen wie ein Toter. Das ist okay. Es ist gut, wenn sie lernen, dass sie manchmal warten müssen, meinst du nicht?«

Kelly bereitete das Frühstück zu. Nachdem ich monatelang nur mit den Kindern zusammen war, mit den Trägern und Führern und Eltern, die nicht einmal gut Nepali sprachen (Humli ist nämlich eine eigene Sprache), geschweige denn meine Sprache, war es ein tolles Gefühl, endlich wieder draufloszureden, in schnodderigem Englisch, gepfeffert mit Slang und Insiderwitzen. Ich musste mich erst noch daran gewöhnen, Liz zu hören statt zu lesen und ihre Antworten schon Sekunden nach meiner Frage zu bekommen und nicht erst Stunden später. Bald fühlte es sich an, als kannten wir uns schon seit Jahren.

Wir fünf gingen den schmalen, gewundenen Pfad entlang, der zu beiden Seiten von zwei Meter hohen Backsteinmauern gesäumt war. Oben auf den Mauerkronen liefen die Affen entlang und sprangen über unseren Köpfen von einer Seite auf die andere. Wenige Minuten später standen wir vor Dhaulagiri House. An der Tür zogen wir die Schuhe aus – eine Grundregel in jedem nepalesischen Haus – und gingen hinein.

»Bist du sicher, dass hier dreißig Kinder sind?«, fragte ich Farid. Das Kinderheim der Kleinen Prinzen war normalerweise von Geschrei und Trubel erfüllt.

Farid lachte. »Es sind 26. Du wirst sie gleich sehen.«

Der Flur war wie ausgestorben, genau wie das Esszimmer und die Küche. Aber auf dem Fußboden des Wohnzimmers saßen etwa zwanzig Kinder im Alter von fünf bis acht Jahren und beugten sich über eselsohrige Hefte und Büchlein, die aussahen wie weggeworfene Malbücher. Sie lernten.

Ich legte die Hände zusammen und flüsterte laut: »Namaste, babu!«

Erschrocken sprangen sie auf, die Älteren halfen den Jüngeren auf die Beine. Sie legten die Hände zusammen und riefen durcheinander: »Namaste, dai!« Dann sahen sie Liz und riefen: »Namaste, didi!« Auch Kelly und Beth wurden begrüßt.

Farid strahlte. »Sehr gut, oder? Das sind die Kleinen. Die Großen sind oben und lernen auch.«

»Ich bin platt.«

»Das ist unser Kinderheim, Conor!«, rief er, packte mich an den Schultern und schüttelte mich.

»Ich bin platt«, wiederholte ich. Dhaulagiri House war voller Kinder, die jahrelang von einem Schlepper gefangen gehalten und erst vor zwei Tagen befreit worden waren. Liz setzte sich neben einem der Mädchen auf den Boden und ich hockte mich neben einen der Jungen. Wieder und wieder hatte er den Buchstaben *b* geschrieben, dann hielt er inne und hielt mir das Blatt hin.

»Sehr gut, Bruder!«, sagte ich. Liz lobte das Mädchen für ihre Arbeit; sie hatte mindestens hundert Mal das Wort *Haus* geschrieben. Das Mädchen strahlte und schlang ihren freien Arm um das Bein von Liz, ehe sie mit ihren Hausaufgaben weitermachte.

Die Befreiung der Kinder, die jetzt in Dhaulagiri House lebten, war nicht ganz nach Plan verlaufen, erzählte mir Farid. Eigentlich sollten Gyan, Jacky und Farid zusammen mit einem Polizeibeamten die Kinder von einem bekannten Schlepper abholen. Die Kinder hatten vier Jahre lang bei dem Schlepper gelebt, der sie Ausländern vorzeigte, Spenden kassierte und diese in die eigene Tasche steckte.

Aber jetzt war das Geschäft zu Ende. Gyan hatte endlich die gerichtliche Verfügung erhalten, die er brauchte, um die Kinder mitzunehmen. Der Mann hatte zugesagt, dass die Kinder bei der Ankunft der Polizei abmarschbereit wären. Ihm gehe es nur um das Wohlergehen der Kinder, versicherte er Gyan, und er wolle verhindern, dass sie bei der Übergabe traumatisiert würden. Er habe sie schließlich aufgezogen wie seine eigenen Kinder.

Doch als Gyan, Jacky und Farid kamen, war von den Kindern nichts zu sehen. Sie wussten nicht einmal, dass sie abgeholt werden sollten. Der Schlepper tat so, als wären unsere Leute in sein Haus eingedrungen und versuchten, seine Schützlinge zu entführen. Er sperrte die Kinder im Haus ein und schrie den Nachbarn zu, Gyan, Jacky und Farid wollten seine Kinder entführen und an Ausländer verkaufen. Die Nachbarn mischten sich ein. Plötzlich erschienen Fernsehkameras auf der Bildfläche. Damit begann eine Auseinandersetzung, die bis in die Abendstunden dauerte. Der Schlepper schrie immer wieder in die Kameras, die Kinder sollten verkauft und nach Amerika und England verschleppt und ermordet werden. Er schwor, wir würden die Kinder nur über seine Leiche bekommen.

Die Polizei und Gyan kamen zu dem Schluss, dass der Mann die Kinder nicht freiwillig herausgeben würde. Er würde es der Polizei und den Kindern so schwer wie möglich machen. Also nahm ihn die Polizei kurzerhand fest und drang in das Haus ein, um die Kinder herauszuholen. Die Kinder hatten natürlich alles mitbekommen und hatten nun Angst, dass die Männer in das Haus kamen, um sie zu töten. Es war nicht leicht für Gyan, Jacky und Farid, sie in die wartenden Autos zu begleiten und zur Umbrella Foundation und ins Dhaulagiri House zu bringen.

Bei der Umbrella Foundation wurden die Neuankömmlinge von Dutzenden Kindern unter der Führung von Jagrit und einigen anderen älteren Jungen in Empfang genommen. Farid und Jacky hielten sich im Hintergrund, während die Kinder von Umbrella mit ihnen sprachen und ihnen von ihren eigenen Ängsten und Erfahrungen erzählten. Aber jetzt waren sie in Sicherheit, und es würde ihnen besser gehen, als sie es sich vorstellen konnten. Sie bekamen ihr eigenes Bett und ihr Essen, und am nächsten Tag sollten sie zur Schule gehen. Als die nepalesischen Hausmütter ihnen Essen und Tee brachten, beruhigten sich die Kinder allmählich.

Nur zwei Tage später lernten Liz und ich die Kinder kennen. Einige sprachen noch nicht. Viele hatten kahl rasierte Köpfe, weil sie mit Läusen infiziert gewesen waren. Andere hatten sich schon schnell eingelebt.

Es waren sechzehn Jungen und sechs Mädchen.

»Bishnus Bett ist immer noch leer«, sagte Farid mit trauriger Stimme.

»Und keine Neuigkeiten?«

»Nein, keine Neuigkeiten. Ich frage Gyan jeden Tag. Und jeden Tag keine Neuigkeiten.« Er schüttelte den Kopf. »Es ist jetzt fast zehn Monate her – weißt du, Conor? Zehn Monate.«

»Ich weiß.«

Wir standen schweigend vor Dhaulagiri House und schauten mit halb zugekniffenen Augen auf die gelbe Hauswand, auf der sich das helle Sonnenlicht widerspiegelte. Durch das offene Fenster hörten wir das Rascheln von Büchern und Papier.

»Moment mal … es ist Samstag! Warum sind die Kinder drin und lernen?«, fragte ich.

»Ich habe ihnen gesagt, sie sollen rausgehen!«, antwortete Farid fröhlich. »Ich habe zu ihnen gesagt, geht raus und spielt! Aber sie sind so froh, dass sie in die Schule gehen dürfen, Conor! Sie wollen Hausaufgaben machen, heute, an diesem schönen Tag! Ist das nicht verrückt!«

»Ich bin platt!«, sagte ich.

»Du brauchst ein neues Wort, Conor. Das Wort wird langsam alt. Soll ich ein neues für dich suchen? Ich bin ein guter Lehrer und mache dir einen guten Preis.«

Es war schön, wieder zu Hause zu sein.

Eine Stunde später rannten die Kinder nach draußen. Inzwischen hatten sich vier Mädchen an Liz gehängt. Die anderen Mädchen liefen hinter ihr her und fragten immer wieder, ob sie ihre langen blonden Haare berühren dürften. Schließlich setzte sich Liz mit ihnen auf die Wiese und die Mädchen flochten ihr die

Haare und spielten vorsichtig mit ihren Ohrringen. Die Kinder sprachen kaum Englisch, aber wie ich inzwischen wusste, ist Sprache beim Umgang mit Kindern nicht besonders wichtig. Liz saß auf dem harten Boden, die Kinder hingen an ihr und rissen ihr beim Flechten gelegentlich ein paar Haare aus. Als sie aufblickte und bemerkte, dass ich zu ihr hinübersah, lächelte sie mich an. In unseren E-Mails hatten wir erstaunlich offen über unsere Schwächen gesprochen, und ich wusste, dass es vieles gab, was ich nicht über sie wusste. In diesem Moment, als ich sie mit den Kindern sah, schien sie mir perfekt.

Liz kam zum ersten Mal 2006 nach Nepal und die Kinder hingen gleich an ihr. Hinter Liz: mein Freund Kelly, der mich zur selben Zeit besuchte.

Ich bemerkte, dass Liz sich besonders um ein Mädchen kümmerte, das kleinste und das einzige, das nicht auf ihr herumkletterte. Ohne jeden Gefühlsausdruck sah die Kleine den anderen zu. Liz nahm sie bei der Hand. Das Mädchen rührte sich nicht von der Stelle, sie ließ es einfach zu und starrte weiter ins Leere.

»Wer ist dieses Mädchen?«, fragte ich Farid, der eben nach draußen gekommen war. Er blickte hinüber, um zu sehen, wen ich meinte.

»Ah, das ist Leena. Die Jüngste. Es ist komisch. Sie ist immer so. Sie hat die ganze Zeit noch kein einziges Wort gesagt.«

Ich beobachtete Leena, bis ich von einem kleinen Jungen mitgezerrt wurde, um Ball zu spielen. Die Kinder hatten sich einen Ball aus zusammengebundenen Gummibändern improvisiert. Kaum hatte ich mich bereiterklärt mitzuspielen, spürte ich den Ball schon im Rücken. Offenbar beherrschte ich das Spiel nicht sonderlich gut.

Inzwischen war es Nachmittag geworden. Es war schön, die Kinder wieder um mich zu haben. Aber es gab einen Jungen, den ich noch nicht gesehen hatte und mit dem ich dringend sprechen musste. Ich bat Kelly, Beth und Liz, allein bei den Kindern zu bleiben, und ging zurück in meine Wohnung. Dort schnappte ich meinen Laptop, auf dem ich Hunderte Fotos von meiner Reise nach Humla gespeichert hatte, und ging zurück zu den Kinderheimen der Umbrella Foundation, um Jagrit zu suchen.

Jagrit saß auf einer weiß getünchten Mauer und sah den anderen Kindern zu, die auf der Wiese neben Dhaulagiri House spielten.

»Sir, Sie sind aus Humla zurück! Ich habe Sie heute Morgen

gesehen. Sie waren mit diesem schönen Mädchen zusammen. Ist das Ihre Freundin, Sir? Sie haben Glück!«, schrie er in seinem üblichen Konversationston.

»Nein, Jagrit, sie ist nur eine Bekannte.«

»Wie viele Äpfel haben Sie mir mitgebracht, Sir? Ich sehe keine Tasche – haben Sie die Äpfel zu Hause gelassen? Ich komme mit und helfe Ihnen tragen! Kommen Sie, gehen wir!« Er sprang von der Mauer und zog mich im Scherz in Richtung meiner Wohnung.

»Ich habe dir keine Äpfel mitgebracht, Jagrit. Ich wollte dir einen mitbringen, aber dann habe ich ihn selbst gegessen.«

Er sah mich an. »Sie haben einen Apfel gegessen? Sie lügen!«

»Nein, ich lüge nicht. Vor ein paar Tagen habe ich einen Apfel gegessen.«

»Und er hat sehr, sehr gut geschmeckt, Sir?«

»Er war köstlich.«

Triumphierend warf er die Hände in die Luft. »Habe ich es Ihnen nicht gesagt? Ja, ich habe es Ihnen gesagt!« Er rief seinen Freunden auf der Mauer zu und übersetzte ihnen die Apfelgeschichte. »Sagen Sie es ihnen selbst, Sir! Erzählen Sie ihnen von dem Apfel!«

»Hör zu, Jagrit – ich habe dir etwas Besseres mitgebracht als einen Apfel«, sagte ich.

Er drehte sich wieder zu mir um. »Was haben Sie mir mitgebracht?« Er war ehrlich neugierig.

»Komm mit rein. Ich zeig's dir.«

Es war gar nicht so einfach, einem Jungen, der in dem Glauben aufgewachsen war, seine Eltern seien tot, zu sagen, dass ich seinen Vater kennengelernt hatte. Ich wusste nicht, wie ich ihm beibringen sollte, dass ich ein Foto seines Vaters hatte, der seinen eigenen Totenschein in der Hand hielt, und dass ich ihm sogar einen Brief seines Vaters mitgebracht hatte. Ich wusste nicht, wie ich ihm erklären sollte, dass er eine Mutter, einen Bruder und eine Schwester hatte, die noch am Leben waren und ihn nie vergessen hatten. Die sich während der vergangenen neun Jahre gefragt hatten, wo er war und ob er noch am Leben war. Also zeigte ich ihm einige Fotos. Ich zeigte ihm die Fotos des Postboten, der mir von der Existenz des Vaters berichtet hatte, und die von unserem Marsch nach Jaira. Und dann zeigte ich ihm ein Foto seines Vaters, des Ziegenhirten. Der Mann auf dem Bild hielt das Foto von Jagrit in der Hand, das ich ihm gegeben hatte. Ich erzählte ihm von Anfang bis Ende, wie seine Familie wieder zum Leben erweckt worden war.

Jagrit hatte noch nie vor mir geweint. Mit seinen vierzehn Jahren meinte er wahrscheinlich, er sei zu groß dafür. Aber jetzt konnte er gar nicht mehr aufhören. Er starrte das Gesicht seines Vaters an. Mit tränenerstickter Stimme fragte er, ob mir sein Vater gesagt habe, warum sie ihn weggegeben hätten und warum seine Mutter nicht um ihn gekämpft hätte. Damit begann eine lange Diskussion über die verlorenen Kinder von Kathmandu und über die Schlepper, die Eltern betrogen, damit sie ihre Kinder herausgaben. Ich erzählte ihm, was ich wusste und was ich in Humla erfahren hatte.

Dann zog ich mein Notizbuch hervor, in dem ich die Gespräche mit seinem Vater und all den anderen Eltern aufgezeichnet hatte. Es war ein Zeugnis des Schocks, der Schuld, des Schmerzes und der Verzweiflung dieser Eltern. Mütter berichteten von ihrer Furcht vor der Rebellenarmee, von Jugendlichen mit Maschinengewehren und davon, wie sie erfahren hatten, dass der Sohn der Nachbarn entführt und von den Maoisten zum Militärdienst gezwungen worden war. Die Entscheidung, Jagrit wegzugeben, hatten die Eltern vor neun Jahren in einer Situation getroffen, die er nie vollends verstehen würde. Ich zögerte einen Moment lang, dann gab ich Jagrit mein Notizbuch.

»Da steht alles drin. Alles, was du wissen willst.«

Er nahm das Notizbuch, schlug es auf und blätterte durch die Seiten, ohne zu lesen. Selbst ein kluger Junge wie Jagrit musste sich konzentrieren, um Englisch zu lesen. Dazu schien er in diesem Moment nicht die Kraft zu haben. Er hielt das Buch hoch.

»Ist mein Vater hier drin?«, fragte er. »Können Sie mir die Seiten zeigen?«

Ich nahm das Buch und blätterte durch die verknickten, fleckigen Seiten, bis ich den Eintrag unter der Überschrift »Jaira« fand. Ich las ihm den Absatz vor, den ich schnell notiert hatte, während Rinjin dem Vater die ersten Fragen gestellt hatte.

> Jagrits Vater ist Hirte. Stelle ihm Frage zu seinem Sohn, er weiß nicht, wen ich meine. Scheint verwirrt. Komische Reaktion. Sieht aus, als wacht er auf und weiß nicht, wie reagieren. Rinjin sagt ihm Jagrits Namen. Wirkt nervös, als ob er schlechte Nachricht erwartet. Glaube, er hat Angst. Rinjin sieht es, gibt ihm Foto von Jagrit und sagt ihm, seinem Sohn geht es gut. Wir warten mit Fragen – hier ist ein Vater, der sieht, wie sein Sohn wiedergeboren wird.

Ich hörte auf zu lesen. »Das geht so weiter«, sagte ich. »Wir haben ihn gefragt, wie du entführt worden bist, wer dich weggebracht hat. Dein Vater sagte, es war ein Mann aus dem Dorf, ein wichtiger Mann, der versprochen hat, dich auf eine Schule zu schicken.« Ich unterbrach mich und sah den Jungen an. »Erinnerst du dich an den Mann?«

»Ja, ich erinnere mich«, erwiderte Jagrit mit klammer Stimme. Ich wollte nicht weiter in ihn dringen. Eine Weile lang saßen wir schweigend nebeneinander.

»Ich habe deinem Vater ein Foto von dir gezeigt. Es hat ihm gefallen. Er meinte, du bist ein hübscher Junge.«

»Das hat er gesagt? Ein hübscher Junge?«

»Er hat es nicht gesagt. Das war gar nicht nötig. Aber ich habe gesehen, dass er das gedacht hat«, antwortete ich. »Ich konnte ihm natürlich nicht sagen, wie sehr er sich täuscht ...«

Jagrit lächelte ein wenig. »Sie haben ihm wirklich ein Foto von mir gezeigt, Sir?«

»Ja, das habe ich.«

»Und haben Sie Fotos mitgebracht? Von ihm?«

»Nicht nur von ihm, auch von deinem Dorf. Von Jaira und überall aus Humla«, sagte ich. »Willst du sie sehen?«

Eine Stunde lang sprachen wir miteinander und sahen uns die Bilder an, angefangen mit seinem Vater, dann vom Rest der Reise, damit er mehr von seinem Dorf und von Humla sah. Die ganze Zeit hielt er den Brief seines Vaters fest.

»Können Sie mir eine Kopie von dem Foto meines Vaters machen, Sir? Für mich?« Seine Stimme klang gedrückt. Er kämpfte mit den Tränen.

»Natürlich. Ich bringe es dir morgen.«

»Danke.« Er sah auf den Brief, ohne ihn zu lesen. Er starrte ihn einfach nur an, als könne er nicht glauben, was er da in der Hand hielt. Dann sagt er: »Vielleicht setze ich mich ein bisschen allein hin, Sir.«

Solange ich ihn kannte, hatte Jagrit nie das Bedürfnis geäußert, allein zu sein. Aber mir wäre es in seiner Situation nicht anders gegangen. Ich stand auf.

»Du bist nicht der Einzige, Bruder«, sagte ich zu ihm, bevor ich ging. »In Nepal gibt es viele Kinder wie dich. Es gibt nur einen Unterschied: Sie meinen immer noch, dass sie allein auf der Welt sind.«

Ich strich ihm über den Kopf und ging. Vorsichtig zog ich die Tür hinter mir zu und ging die Treppe hinunter aus dem Haus, während hinter mir das Schluchzen immer leiser wurde.

Durch die E-Mails, die wir uns in den vergangenen drei Monaten geschrieben hatten, wussten Liz und ich eine Menge voneinander. Aber jetzt, wo wir uns gegenüberstanden, fiel es uns zuerst schwer, genauso frei miteinander zu sprechen. Der Morgen mit den Kindern reichte, um unsere Scheu abzulegen. Jetzt konnte ich ihre Mimik und die Sympathie in ihren Augen sehen und sie lachen hören. Wenn ich mit Liz zusammen war, hatte ich das Gefühl, zu Hause zu sein – im Zuhause meiner Kindheit, das so vertraut war, dass ich mit verbundenen Augen von einem Zimmer zum anderen gehen konnte, ohne die Wände zu berühren.

Ich hatte immer davon geträumt, meine Erfahrung in Nepal mit jemandem zu teilen. Nicht nur mit Worten und Bildern, sondern auch die Gerüche, die Geräusche, den Geschmack und die Empfindungen. Liz war die perfekte Begleiterin, sie nahm alles in sich auf, ohne auch nur einziges Mal zusammenzuzucken. Sie wollte mehr von Nepal sehen, mehr von dem, was ich ihr in meinen langen E-Mails beschrieben hatte.

An Heiligabend stiegen Liz und ich kurz vor Sonnenuntergang auf den Swayambhu oder Swayambhunath, wie er eigentlich heißt. Während die Affen um uns herumturnten, sahen wir hinunter auf die Ausläufer von Kathmandu, die wie Wellen die Hänge hinaufspülten. In Wirklichkeit war das Tal von Kathmandu bis vor nicht einmal zehntausend Jahren ein See gewesen. Der Hügel, auf dem heute der Tempel steht, war eine Insel gewesen. Der Legende nach hatte Bodhisattva Manjushri, ein Erleuchteter und Vorläufer des Buddha, am Fuß dieses Hügels die Vision einer Lotusblume im See. Er erkannte, dass der Ort eine Pilgerstätte sein sollte, und schnitt eine Kerbe in die Bergkette, damit das Wasser des Sees abfloss und sich Menschen im Tal ansiedeln und diesen heiligen Hügel besuchen konnten.

Archäologen betrachten diese Entstehungsgeschichte zwar mit Skepsis, aber sie bestätigen, dass die Kultstätte tatsächlich seit mindestens anderthalb Jahrtausenden existiert. Auf dem Hügel befindet sich nicht nur eine zwanzig Meter breite und dreißig Meter hohe weiße Stupa, sondern eine Vielzahl von Statuen, kleinen Tempeln, ein Kloster, nicht zu vergessen, die Mönche und Affen. Alles ist in bunte tibetanische Gebetsfahnen gehüllt, die mit jedem Luftzug Gebete und Mitgefühl in alle Himmelsrichtungen verteilen. Der Ort ist ein Heiligtum für Buddhisten und Hindus; diese gemeinsame Verehrung spiegelt sich in der Architektur und dem Ansehen der Stätte wider.

Um es kurz zu machen, der Ort, an dem wir standen, war das wichtigste Heiligtum der Religionen und Kulturen Nepals. Es war ein passender Abschluss für ihre Reise, denn am nächsten

Morgen, dem Weihnachtstag, würde Liz wieder zurück nach Indien fliegen.

»Hast du Bräuche? Wie begehst du Weihnachten?«, fragte ich sie. Vielleicht konnte ich ja etwas tun, damit sie sich hier ein bisschen heimischer fühlte.

»Das Übliche«, sagte sie. »Strümpfe, Geschenke, ein ausgedehntes Frühstück ... Wir gehen in die Kirche, wenn wir nicht schon am Abend in der Christmette waren.«

Natürlich. Sie war ja Christin, und dieser Feiertag bedeutete ihr vermutlich sehr viel mehr als mir. »Klar! Ich Depp, daran habe ich gar nicht gedacht. Ich weiß nicht, ob es hier eine Kirche gibt, aber irgendetwas gibt es bestimmt. Ich erkundige mich sofort, wenn wir wieder in der Wohnung ...«

Sie unterbrach mich. »Das ist keine eiserne Regel, Conor«, sagte sie. »Ich bin unter anderem nach Indien gekommen, weil ich an Weihnachten für andere da sein wollte. Es ist der Tag, an dem wir das Leben von Christus feiern und seinem Beispiel folgen. Mit den Kindern zusammen zu sein wäre perfekt.«

»Das hatte ich eigentlich auch vorgehabt. Du weißt, dass es Linsenreis zum Frühstück gibt?«

»Das klingt prima, wirklich.«

In Nepal nimmt kaum jemand Notiz von Weihnachten. Im Kinderheim war der 25. Dezember deswegen ein Tag wie jeder andere. Die Kinder wussten nicht, dass es ein christlicher Feiertag war, und verstanden nicht, was es für Liz, Kelly, Beth und mich bedeutete, egal, ob Christi Geburt oder persönliche Weihnachtsrituale mit Geschenken und einem üppigen Essen. Statt Weihnachtsplätzchen schoben wir uns schmierigen Reis, glühend heiße Linsen und gefährlich scharfes Gemüse in den Mund. Die

Kinder fanden das natürlich zum Totlachen. So seltsam es klingt, es war ein perfekter Weihnachtsmorgen.

Am Nachmittag verabschiedete ich mich von Liz. Sie wartete im Flughafen in der Schlange vor der Sicherheitskontrolle, um ihren Flug zurück nach Delhi zu nehmen.

»Und … wie lange bleibst du noch in Indien?«, fragte ich sie.

»Zwei Wochen noch«, sagte sie, hob ihre Tasche auf und ging mit den Wartenden zwei Schritte weiter.

Ich nickte nachdenklich. Vor ihr standen noch vier Personen. Mein Herz schlug schneller. Ich räusperte mich.

»Weißt du, die Kinder würden dich gern wiedersehen«, sagte ich. »Nur wenn es dir in Indien langweilig wird. Die Mädchen sind verrückt nach dir – es war toll, dass du hier warst und geholfen hast, dass sie sich bei uns eingewöhnen. Ich weiß, dass sie dich gern wiedersehen würden.« Das klang etwas verkrampfter als beabsichtigt.

»Ja, ich würde sie auch gern wiedersehen, Conor. Sie sind wunderbar.«

»Ja. Und sie würden dich gern wiedersehen, das weiß ich …« Mir fiel nichts anderes ein. »Meinst du, du könntest mich anrufen, wenn du in Indien bist? Vielleicht morgen? Nur damit ich weiß, dass du gut angekommen bist?«

»Klar«, sagte sie. »Ich muss los – aber Frohe Weihnachten! Es war schön, dass ich dich endlich kennengelernt habe!« Sie breitete die Arme aus und umarmte mich. Ich umarmte sie auch und warf dabei ihren Rucksack um. Als Gentleman sollte ich ihn natürlich eigentlich aufheben, aber ich wollte sie nicht loslassen. Ich trat ein bisschen mit dem Fuß danach, aber er wollte nicht von allein aufstehen. Schließlich ließ ich sie los und hob den Rucksack auf. Damit war ihr Besuch zu Ende. Er war weder schnell noch langsam zu Ende gegangen – nur unvermeidlich. Das machte es ja so schmerzhaft. Zwei Tage waren eine lächerlich kurze Zeit. Das hatte ich zwar schon vorher gewusst, aber jetzt spürte ich es tief in meiner Brust. Ich wollte sie nicht gehen lassen.

Sie ging durch den Metalldetektor, winkte mir noch einmal zu und verschwand um die Ecke. Ich ging nach draußen in den Strudel der Händler, Fahrer und Hotelabholer und nahm ein Taxi zum Dhaulagiri House, wo Kelly und Beth auf mich warteten. Sie würden noch eine Woche in Nepal bleiben, worüber ich mich sehr freute. Doch in Gedanken war ich nur bei Liz. Ich musste sie einfach wiedersehen. Ich wusste zwar nicht, wann oder wie, aber ich musste sie einfach wiedersehen. Ich fragte mich, was passieren würde, wenn ich ihr nach Indien nachflog. Was würde sie sagen? Würde sie sich freuen, mich zu sehen?

Ich fühlte mich verloren und orientierungslos. Den ganzen letzten Monat hatte ich mich in Gedanken auf ihren Besuch gefreut. Ich hatte alles getan, um rechtzeitig aus Humla zurück zu sein und mir die ganze Zeit vorgestellt, wie es wohl sein würde, wenn ich ihr endlich gegenüberstand. Jetzt wusste ich es. Es war perfekt. Wir hatten ganze 65 Stunden zusammen verbracht. Und ich war verrückt nach ihr.

Ich hatte die Kleinen Prinzen schon aufgekratzt erlebt. Aber die Begrüßung, die ich erhielt, als ich zwei Tage nach der Abreise von Liz nach Godavari kam, erreichte eine völlig neue Dimension. Die Kinder hatten offenbar mitbekommen, dass ich Humla besucht, ihre Familien getroffen und Fotos mitgebracht hatte. Ein Dutzend Kinder erwartete mich schon an der Straße. Es war

Mittag und sie standen schon seit neun Uhr da. Die übrigen Fahrgäste des Minibusses gerieten hörbar in Panik, als sie die Kinder auf den Bus zustürmen sahen – als befürchteten sie, wir könnten gleich von einer Horde wahnsinniger Zwerge den Abhang hinuntergerollt werden. Der Bus bremste quietschend und die Kinder zerrten mich praktisch heraus. Mit offener Tür brauste er wieder los. Ich konnte fast den Seufzer der Erleichterung hören, als die Fahrgäste sahen, dass die Kinder nur den Ausländer wollten.

»Ich kann sie euch jetzt noch nicht zeigen, ihr verrückten Kinder!«, rief ich über das Geschrei. Die Kinder schienen nicht zu begreifen, dass sie die Fotos immer noch nicht gesehen hatten, obwohl ich schon vor sechzig Sekunden ausgestiegen war.

»Ich zeige sie euch im Wohnzimmer. Im *Wohnzimmer*! Ich habe sie im Computer! Ich zeige sie euch, wenn ihr euch alle hinsetzt …« Ich hielt inne. Es war niemand mehr da. Eine Staubwolke führte ins Kinderheim.

Langsam ging ich den Weg hinunter. Farid hatte Recht – es war gut, wenn sie sich ein bisschen in Geduld übten. Als ich das Haus betrat, hörte ich aufgeregtes Geflüster aus dem Wohnzimmer. Dort standen die Kinder mucksmäuschenstill in ordentlichen Reihen, wie kleine Terrakottasoldaten.

»Was macht ihr da?«, fragte ich Santosh.

»Du sagst, du zeigst Fotos, wenn wir im Wohnzimmer stehen, Bruder!«

»Ich habe gesagt, wenn ihr euch im Wohnzimmer hinsetzt! Warum würde ich euch sagen, dass ihr stehen sollt?«

»Wir wissen nicht, Bruder!«

»Dann setzt euch!«, rief ich. Hysterisch lachend warfen sich die Kinder auf den Boden.

Nach meiner Rückkehr aus Humla besuchte ich die Kleinen Prinzen und zeigte ihnen die Fotos, die ich gemacht hatte. Die Eltern wussten nun, dass ihre Kinder wohlauf waren. Hier zeige ich Rohan (mit weißer Kapuze) das Foto seiner Mutter, die ein Bild von ihm in der Hand hält.

Ich stellte meinen Laptop auf einen niedrigen Stuhl, schaltete ihn ein und startete die Diashow, die ich vorbereitet hatte. Es waren knapp zweihundert Fotos. Vom ersten Bild an, der Landebahn in Simikot, deuteten die Kinder auf den Bildschirm und schnatterten aufgeregt. Als ich nach Südhumla und in ihre Dörfer kam, sprangen sie auf und ab, weil sie sich an die Ortschaften aus ihrer Kindheit erinnerten, sich fragten, ob sie die Leute auf den Bildern kannten, und über die Namen der Dörfer debattierten.

Bevor ich die Fotos der ersten Eltern zeigte, machte ich eine Pause. Als Nächstes würde Anishs Mutter zu sehen sein. Ich beobachtete ihn, während ich das Foto der Frau mit ihren geröteten Augen und ihrem tränenüberströmten Gesicht öffnete, die ein Foto von Anish in ihren harten, runzeligen Händen hielt. Ich musste sie nicht vorstellen.

Die Kinder tobten. Sie fielen über Anish her, schüttelten ihn an den Schultern und klopften ihm auf den Kopf, als habe er Nepal ins Endspiel der Fußballweltmeisterschaft geschossen. Anish war jedoch völlig still. Langsam beugte er sich vor, um das Foto besser sehen zu können, dann machte sich ein Lächeln auf seinem Gesicht breit. Er bemerkte, dass ich ihn ansah, dann blickte er wieder auf das Bild. Es war ihm anzumerken: Er sah etwas, das nur ihm gehörte und das er mit niemandem im Haus teilen musste.

Ich erzählte Anish und den übrigen Kindern, wie ich seine Familie kennengelernt hatte, was sie gesagt hatte und wie mir sein Vater die in Honig getauchten Walnüsse geschenkt hatte, die nach dem vielen Linsenreis besonders köstlich geschmeckt hatten. Die Kinder steuerten weitere Kommentare in Nepali bei, die ich nicht verstand. Doch in Anishs Lächeln mischte sich neben die Freude auch ein wenig Scham. Ich beugte mich zu ihm hinunter.

»Was ist los, Anish? Das sind wunderbare Nachrichten für dich, oder?« Ich legte meine Hand auf seinen Arm.

»Sie weint, Bruder«, sagte er leise. Dann flüsterte er mir ins Ohr. »Die anderen Jungen werden lachen.«

»Sie hat dich vermisst«, flüsterte ich zurück. »Und schau dich um – sieht es so aus, als würden sich die anderen über dich lustig machen, weil deine Mutter weint?«

Er sah die anderen Jungen an, die durcheinanderschnatterten und uns keinerlei Beachtung schenkten. Er schüttelte den Kopf. »Nein, Bruder.«

»Kann ich dir ein Geheimnis verraten, Anish?«, flüsterte ich wieder.

Er wurde neugierig. »Was, Conor Bruder?«

Ich machte eine Pause und sah mich dramatisch um, um sicher zu sein, dass niemand, außer vielleicht neunzehn andere Kinder, hörte, was ich ihm zu sagen hatte. Dann flüsterte ich: »*Alle* Mütter haben geweint.«

Er grinste breit. »Okay, Bruder. Mehr Fotos!«, rief er.

Wir sahen uns die übrigen Fotos an und ich erzählte ungefähr zwei Stunden lang Geschichten. Die Kinder konnten gar nicht genug bekommen. Zum Schluss verteilte ich Briefe, die ihre Eltern geschrieben hatten. Sie nahmen sie mit feierlicher Miene entgegen, als würden sie den Ritterschlag erhalten. Dann zog ich ein weiteres Geschenk aus der Tasche: Ich hatte für jeden Fotos von den Eltern machen lassen. Als sie den Stapel sahen, jubelten sie vor Freude und bestürmten mich. Ich las einen Namen nach dem anderen vor, und jedes Mal schoss ein kleiner Arm in die Höhe, nahm das Foto und ein Kind rannte in eine Ecke, um sich das Bild genau anzusehen.

Nachdem ich Rohan das letzte Bild gegeben hatte, sah ich, dass Raju und seine siebenjährige Schwester Priya noch vor mir standen. Priya nahm die Hand ihres Bruders und zog ihn weg.

»Es tut mir leid, Conor Bruder«, sagte das Mädchen und zerrte an ihrem Bruder. »Ich sage ihm, kein Foto für uns. Aber er hört nicht.«

Es war, als hätte jemand den Stöpsel herausgezogen. Meine ganze Freude wich aus meinem Körper. Ich erinnerte mich an den Tag, an dem Min Bahadur aufgebrochen war, um nach den Eltern der beiden zu suchen, und daran, wie er zwei Tage später zurückgekommen war und mir gesagt hatte, dass die Eltern tatsächlich verstorben waren. Ich war zutiefst betroffen gewesen.

Priya wusste, dass ihre Eltern tot waren. Aber die Wunde war wieder geöffnet worden und Raju war noch trauriger. Ich setzte mich vor die beiden auf den Boden und sah zu ihnen hoch.

»Es ist okay, Priya. Du kümmerst dich sehr gut um deinen Bruder, weißt du das? Ich bin sehr stolz auf dich«, sagte ich.

»Danke, Bruder.«

»Raju, ich habe kein Foto für dich, aber ich hoffe, dass ich nächstes Mal ein Bild mitbringe. Vielleicht von deinem Onkel oder deiner Tante.« Ich nahm seine Hand aus Priyas Hand und er wischte sich mit der freien Hand die Tränen aus den Augen. Dann nickte er.

Priya sagte etwas zu Raju. Der nickte wieder. »Bruder, zeigst du Raju die Bilder? Noch einmal?«, fragte sie.

»Ja, natürlich! Willst du sie auch sehen?«

»Bitte, Bruder!«

Wir drei gingen auf die Dachterrasse und nahmen drei kleine Stühle mit. Ich bat Bagwati, Tee für uns zu machen. Dann schauten wir uns noch einmal die Fotos an, alle zweihundert, und ich erzählte ihnen alles, an das ich mich erinnern konnte.

Ich blieb zwei Tage in Godavari. Es war, als hätte ich eine Zeitkapsel gefunden, die ich vor langer Zeit vergraben hatte, und würde nun einige Tage mit meinen Kinderspielsachen, Zeichnungen und Lieblingshüten verbringen. Ich hatte das Gefühl, als sei es schon immer so gewesen und würde immer so sein, dieses einfache Leben, das seinen stillen Gang nahm. Wir sprachen dauernd von Humla. Die Kinder halfen mir, einige letzte Fragen zu beantworten. Was war es, das die Frauen mit ihren ruderartigen Stöcken gestampft hatten? Es war gekochter und getrockneter Reis und sie stellten *churaa* her. Und was kochten die Männer in den großen Töpfen, das aussah wie Stroh? Es war Tabak oder so etwas Ähnliches.

Am dritten Morgen, als ich den Kindern half, sich für die Schule fertig zu machen, um später nach Kathmandu zurückzufahren, erhielt ich einen Anruf von Farid.

»Ich habe gute Nachrichten, Conor! Aber du musst Geduld haben. Du wirst es sehen, wenn du nach Hause kommst.« Mehr wollte er mir nicht verraten, so sehr ich ihn auch drängte. »Du

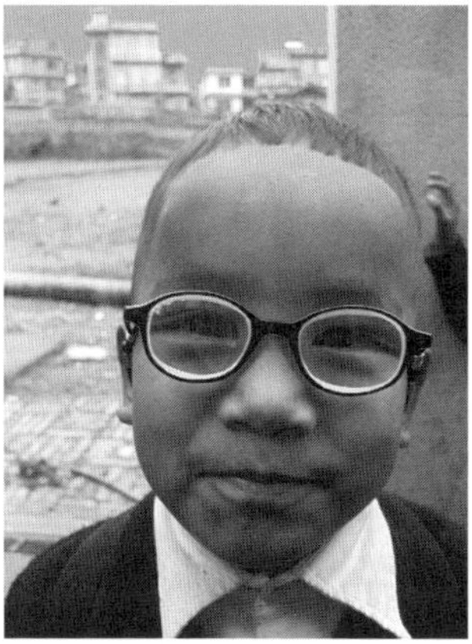

Adil, der Jüngste in Dhaulagiri House, mit der neuen Brille.

bist wie die Kinder, Conor! Viel zu ungeduldig!«, antwortete er nur fröhlich.

Als ich in Dhaulagiri House ankam, spielten die Kinder im Garten. Sie kannten mich inzwischen und begrüßten mich schon von der Wiese mit »Namaste, dai!«. Farid schleppte Adil, den Jüngsten, durchs Haus. Er hatte eine besondere Schwäche für den kurzsichtigen Jungen. Wir hatten beschlossen, ihm eine Brille zu besorgen; bis dahin musste Farid lauter mit ihm sprechen, damit Adil sein französisch klingendes Nepali besser verstand, während er mit ihm Karussell spielte und ihn durch die Gegend wirbelte.

Ich wartete, bis sie eine Pause einlegten. Vor den jüngeren Kindern in Dhaulagiri House konnten Farid und ich über alles reden. Sie sprachen weniger gut Englisch als die Kleinen Prinzen und bekamen nur wenig von dem mit, was wir sagten. Farid hielt Adil noch an den Handgelenken fest und legte eine kurze Verschnaufpause ein, ehe er den Jungen wieder herumwirbelte.

»Deine Reise war ein Erfolg«, sagte er. »Erinnerst du dich, dass der Vater von Navin und Madan da war? Ein paar Tage, nachdem du ihn in Humla getroffen hast?«

»Klar.«

»Es sind noch mehr Eltern gekommen. Keine von den Kindern in Dhaulagiri, sondern von den Kindern aus den Umbrella-Häusern. Viele, während du in Godavari warst. Sie sind gekommen, um ihre Kinder zu sehen. Viva hat sie gefragt, wie sie hergefunden haben, und sie haben ihr einen Zettel mit deiner Handschrift und der Adresse von Dhaulagiri House gezeigt. Sie können die Kinder noch nicht mitnehmen, sie sind zu arm und können nicht für sie sorgen. Aber die Kinder haben sich gefreut. Du hättest hier sein sollen! Das hätte dir bestimmt gefallen, Conor!«

»Das ist fantastisch!« Ich schrie es beinahe. Ich war fast erschrocken, dass die Reise so schnell Ergebnisse brachte, und konnte mir kaum vorstellen, wie begeistert die Kinder gewesen sein mussten.

»Erinnerst du dich an den Vater von Kumar?«, fragte er.

»Ja, ich habe Kumar einen Brief von ihm mitgebracht.«

»Er hat heute Morgen angerufen. Er hat hier in Dhaulagiri

House angerufen, die Nummer, die du ihm gegeben hast. Kumar war so aufgeregt, dass er die Treppe runtergeflogen ist. Ich hatte Angst, dass er sich was getan hat, aber er ist sofort aufgesprungen und zum Telefon gerannt. Er hat mir gesagt, dass er vor drei Jahren das letzte Mal mit seinem Vater gesprochen hat. Stell dir das vor, Conor! Drei Jahre für einen neunjährigen Jungen! Ich habe ein Foto gemacht – schau mal, wie er lächelt!«

Ich konnte es nicht fassen. Selbst wenn ich den Eltern gegenüberstand, hatte ich meine Zweifel, dass die Verbindung zustandekommen würde. Es schien mir aussichtslos, in diesem Land etwas bewirken zu wollen. Kumars Vater musste drei Tage zu Fuß nach Simikot gelaufen sein, um ein Telefon zu finden. Wie viel Glaube war dazu nötig gewesen, wie viel Vertrauen in einen Fremden, der ihm eine Telefonnummer in die Hand gedrückt und ihm gesagt hatte, dass es seinem Kind gut ging, drei Jahre nachdem es verschwunden war! Da ich selbst keine Kinder hatte, hatte ich vollkommen unterschätzt, was ein Vater für seine Kinder tun würde. Wie lang müssen diese drei Tage für ihn gewesen sein. Er musste sich den ganzen Weg über gefragt haben, ob tatsächlich am anderen Ende der Leitung jemand den Hörer abnehmen würde. Und dann diesen Fremden zu hören, der den Namen seines Sohnes rief, Kumar, zu hören, wie er die Treppe heruntergepoltert kam, und dann die Stimme, älter, aber unheimlich vertraut, am anderen Ende der Leitung … Ich konnte nur ahnen, was in ihm vorgegangen war.

Einen Moment lang träumte ich vor mich hin, während Farid vor dem Haus Adil im Kreis herumwirbelte. Der kleine Körper flog fast parallel zum Boden, bis Farid außer Puste war und sich bückte, um den Jungen sanft abzusetzen. Die nächste Frage wollte ich nicht stellen, denn ich hatte Angst vor der Antwort. Aber ich musste es wissen.

»Und Bishnu? Hast du was von Gyan gehört?«

Farid richtete sich langsam auf, während Adil hysterisch lachend auf dem Boden lag und weiter Karussell spielen wollte.

»Nichts.« Er schüttelte den Kopf. »Ich habe Gyan heute morgen angerufen. Ich mache mir Sorgen, Conor. Ich fürchte, der Junge ist verschwunden.«

An diesem Abend klingelte das Telefon. Ich erkannte die Nummer nicht und hatte keine Lust abzuheben – es war ein langer und anstrengender Tag gewesen. Aber man konnte nie wissen, wann ein wichtiger Anruf kam. Ich nahm ab und hörte am anderen Ende der Leitung hinter lautem Rauschen die Stimme von Liz. Es war der 2. Januar, und seit unserem letzten Gespräch war fast eine Woche vergangen.

»Hallo!«, rief ich und bemerkte, dass ich bereits nervöse Runden durchs Zimmer drehte.

»Hi! Ich bin in Mumbai – ich vermisse euch!«, rief sie. »Wie geht's?«

Euch? Wen meinte sie mit »euch«? Die Kinder? Mich? Die Kinder und mich? Es war wieder wie in der fünften Klasse und als versuchte ich zu erraten, ob das hübsche Mädchen, in das ich verknallt war, mich auch mochte. Ich fühlte mich genauso mutlos wie damals und würde ihr genauso wenig sagen. Nach ein oder zwei Minuten hatte ich mich einigermaßen beruhigt. Ich hatte ihr so viel zu erzählen, und sie wollte alles hören. Nach zwanzig Minuten fiel mir ein, dass ich sie ja vielleicht auch nach ihrer Reise fragen könnte.

»Toll! Wir haben eine Menge Spaß! … Aber ich vermisse dich und die Kinder. Ich habe gedacht, meine Freunde wollen weiter nach Süden, und ich habe eigentlich keine Lust …«

»Komm hierher!«, schrie ich in den Hörer. »Die Kinder freuen sich, sie fragen dauernd nach dir!« Das stimmte. Die Mädchen fragten jeden Tag, wann Liz wiederkam.

»Wäre das in Ordnung? Ich will euch nicht lästig sein und ich kann auch gern helfen …«

»Red keinen Unsinn! Ich würde mich freuen! Wir würden uns freuen, alle hier!«

»Okay, prima! Dann bis morgen? Es ist gerade super einfach, einen Flug zu bekommen …«

»Morgen ist perfekt!«

Sie holte einen Zettel, las mir die verschiedenen Flüge vor und entschied sich schließlich für einen Nachmittagsflug. Bevor sie auflegte, sagte sie noch: »Das muss ich dir sagen – die Freunde, mit denen ich unterwegs bin, meinen, dass ich spinne, weil ich wieder nach Nepal fliege.«

Das konnte ich gut nachvollziehen. Wenn ich mit meinen Freunden auf einer Rucksacktour am anderen Ende der Welt unterwegs gewesen wäre und ihnen gesagt hätte, dass ich mal eben einen kleinen Umweg machen müsste, um ein Mädel zu besuchen (ich meine natürlich, um Waisen zu besuchen!), dann hätten sie mich auch für verrückt erklärt. Es war keine leichte Entscheidung für Liz.

»Hör zu, wir glauben nicht, dass du spinnst. Ich freue mich riesig, dass du kommst«, sagte ich.

»Gut. Ich mich auch.«

Liz und ich verbrachten noch einmal sieben Tage miteinander. Es war perfekt. Das Leben war wunderbar einfach: Wir standen auf, hingen mit den Kindern ab, besuchten ein paar Sehenswürdigkeiten in Kathmandu, aßen in einem kleinen Café ein typisch nepalesisches Mittagessen, holten die Kinder aus der Schule um die Ecke ab, halfen ihnen bei den Hausaufgaben und verbrachten den Abend mit ihnen. Am zweiten Abend tauschten Farid und ich die Wohnung. Gelegentlich brauchte er eine Pause. Wir arbeiteten sieben Tage die Woche und Farid hatte zusätzlich noch die Verantwortung für das Haus. Er machte es gern und wollte es gar nicht anders haben. Aber einmal pro Woche übernachtete er in meiner Wohnung, schob einen raubkopierten Film in meinen Rechner und legte sich früh schlafen. Dann hielt ich die Stellung in Dhaulagiri House, brachte die Kinder ins Bett und übernachtete in seinem Kämmerchen im Erdgeschoss. Ich freute mich auf diese Tage, vor allem, weil ich morgens vom Getrappel der Kinder geweckt wurde, die schon vor dem ersten Sonnenstrahl durchs Haus rannten. Es erinnerte mich an die Zeit bei den Kleinen Prinzen.

Wir tauschten auch während des Besuchs von Liz, und sie kam einfach mit. Sie übernachtete im Obergeschoss im Zimmer der Mädchen, die sich vor Freude überschlugen, während ich unten schlief. Mir gefiel das Zimmer von Farid. Zu Beginn hatte ich ihm angeboten, doch bei mir einzuziehen, aber er lebte lieber bei den Kindern. In seinem Zimmer bemerkte ich noch etwas anderes.

Farid lebte inzwischen seit zwei Jahren in Nepal, und ich hatte fasziniert beobachtet, wie er sich mehr und mehr dem Buddhismus zuwandte. In seinem Zimmerchen hatte er Gebetsfahnen, Weihrauch und eine Gitarre, ansonsten besaß er so gut wie nichts. Er hielt sich an eines der zentralen Gebote des Buddhismus und schränkte den Besitz von materiellen Dingen ein. Wenn ich in seinem Zimmer übernachtete, dann war das so, als würde ich eine Nacht lang in sein Leben schlüpfen.

An diesem Abend fiel der Strom aus. Während der Trockenzeit war das nicht ungewöhnlich: Da die Elektrizität vor allem aus Wasserkraftwerken stammte, wurde der Strom pro Tag zwischen vier und zehn Stunden lang abgestellt. Mit Taschenlampen gingen Liz und ich durch das stockfinstere Haus und sammelten die Kinder ein, die sich wie Überlebende der *Titantic* an Stühle und Betten klammerten, bis jemand kam, um sie zu retten. Da es kaum etwas zu tun gab, versammelten wir uns im Wohnzimmer um eine Kerze, und die Kinder sangen Lieder und Wechselgesänge – die Mädchen eine Strophe, die Jungen die nächste. Im Kerzenschein waren die Gesichter der Kinder kaum zu erkennen, wer ein bisschen abseits saß, verschwand in den Schatten.

Aber ich konnte das Gesicht von Liz sehen. Ihre blonden Haare schimmerten im Licht der Kerze, das auf ihre Wangen und Augen fiel, während ihr Hals im Dunkel versank. Der Rest war fast unsichtbar, denn die Kinder lagen auf uns beiden und benutzten uns als Kissen. Wir wurden vom Gewicht der Kinder fast erdrückt, aber ich hatte mich an dieses Gefühl gewöhnt. Ich spürte, dass ich in diesem Moment, ohne Geld, ohne saubere Kleider, ohne Strom, ohne gutes Essen, nur mit Liz und 26 Kindern, so glücklich war wie noch nie in meinem Leben.

Liz hatte einen Draht zu den Mädchen, den ich nie hatte. Sie vergötterten sie. Sie brachte sie zum Reagieren, Reden und Spielen, wie Farid und ich es nicht konnten. Das war nicht nur eine sehr attraktive persönliche Eigenschaft, sondern es half den Kindern auch, das Trauma zu bewältigen, das sie gerade durchgemacht hatten.

Leena mit ihrer großen Schwester Kamala. Leena sprach kein Wort in den ersten fünf Monaten, die sie in Dhaulagiri House verbrachte. Sie trägt die viel zu große rotbraune Mütze, die mich an einen Kegel oder Pömpel erinnerte.

Kein Kind brauchte diese Zuwendung mehr als Leena. Während die anderen Kinder allmählich ihren Panzer ablegten, blieb Leena verschlossen. Seit sie ins Haus gekommen war, hatte sie nicht ein einziges Mal gelächelt, gesprochen, gelacht oder geweint. Sie lief nur ihrer älteren Schwester Kamala hinterher. Leena tat, was man ihr sagte, sie ging zu Bett, machte ihre Hausaufgaben und half bei kleineren Hausarbeiten, aber sie spielte nicht mit den anderen Kindern.

Ich hatte so etwas noch nie gesehen, aber ich hatte ja auch noch nie mit schwer traumatisierten kleinen Kindern zu tun gehabt. Farid und ich besprachen immer wieder, was wir für sie tun konnten. Wir waren keine Psychologen und hatten keine Ahnung, was in diesem Fall die »richtige« Behandlung war. Also verhielten wir uns wie immer – wir entschieden uns für den Umgang, der uns am besten erschien, und drückten die Daumen. Wir konnten nichts anderes tun, als ihr so viel Liebe und Zuwendung wie möglich zu geben und hoffen, dass sie irgendwie aus ihrer Starre erwachte. Ich bewunderte Liz dafür, wie sie mit dem Mädchen umging. Sie sprach mit ihr und hielt sie in den Armen, selbst wenn die Kleine wie versteinert dasaß. Ich sah Liz gern zu, wenn sie mit Leena zusammen war und ihr ihre Liebe schenkte, ohne etwas dafür zu erwarten.

Im Laufe dieser Woche verbrachten Liz und ich viel Zeit miteinander und stellten fest, dass wir einander wirklich gern hatten. Ich hatte früher einmal eine Fernbeziehung gehabt und zwei Stunden von meiner Freundin entfernt gewohnt. Die Beziehung hatte die Entfernung ausgehalten, weil unser Band stark genug war und nicht abriss, obwohl wir uns nur am Wochenende sahen und miteinander telefonierten. Aber mit Liz hatte ich nur etwas mehr als eine Woche verbracht. Jetzt flog sie zurück nach Washington D. C. und würde dort … ja, was eigentlich? … erzählen? Dass ihr Freund, dieser bettelarme Typ, dessen Stimme sie vor drei Wochen zum ersten Mal gehört hatte, neben einem Kinderheim in Nepal lebte, fünfzehntausend Kilometer und elf Zeitzonen entfernt, und keinerlei Anstalten machte, in die Staaten zurückzukommen?

Am Tag nach unserem Abschied schrieb ich eine E-Mail an meinen Kumpel Charlie, den ich von der Uni kannte. »Ich habe diesem Mädel, das ich gerade erst kennengelernt habe, keinen

Antrag gemacht. Aber ich verstehe jetzt, warum Leute heiraten: Sie haben Liz Flanagan getroffen.« Als Antwort schickte Charlie nur eine ganze Zeile von Frage- und Ausrufezeichen.

Liz und ich schrieben uns bestimmt ein Dutzend E-Mails am Tag. Wenn nicht gerade wieder ein dicker Affe meine Internetverbindung heruntergerissen hatte, telefonierten wir über Skype. Wegen der Zeitverschiebung rief ich sie jeden Morgen um halb acht an – mein Anruf war ihr Wecker. Während ihrer Mittagspause, wenn ich mich schlafen legte, telefonierten wir wieder. Oft sprachen wir bis zu drei Stunden am Tag miteinander. Das war unsere Beziehung.

Zwei Wochen nachdem Liz abgereist war, ging ich in Thamel in einen englischen Buchladen und kaufte mir eine Bibel. Genau wie die extreme Umgebung Farid zum Buddhismus geführt hatte, fühlte ich mich immer stärker zum Christentum hingezogen. Ich sagte Liz nichts davon – sie sollte nicht denken, dass ich es nur für sie tat. Stattdessen unterhielt ich mich am nächsten Tag mit Farid, nachdem ich am Abend zuvor lange aufgeblieben war, um in der Bibel zu lesen.

»Ich finde es gut, dass du dir eine Bibel gekauft hast, Conor«, meinte Farid, nachdem wir die Kinder zu Bett gebracht hatten und nach unten gegangen waren, um Tee zu kochen. »Ich weiß auch nicht, warum. Aber ich kenne dich inzwischen ganz gut, und es passt irgendwie.«

Ich freute mich über Farids Kommentar. Er war anders als alle anderen Menschen, die ich je kennengelernt hatte. Mit allem, was er sagte, brachte er seine Überzeugungen zum Ausdruck. Er schien sich nie Gedanken darüber zu machen, was andere denken könnten. Ihn interessierte nur die Wahrheit. Die Suche nach dieser Wahrheit hatte ihn zum Buddhismus geführt, wie er mir später am Abend erklärte.

»Ich habe nie verstanden, warum es so viel Leid gibt, Conor«, sagte er. »Schon in Frankreich nicht. Die Buddhisten erkennen dieses Leid an. Sie sehen einen Sinn im Leben. Alle versuchen, diesen – ich glaube, es heißt Kreislauf, oder? – diesen Kreislauf aus Tod und Wiedergeburt zu durchbrechen und ins Nirwana zu kommen, wie sie es nennen. Ich hatte nie eine Religion, ich habe nie darüber nachgedacht. Aber hier in Nepal, bei den Kindern, habe ich so viel Leid gesehen. Ich habe mich an die Frage erinnert. Warum leiden wir? Ich habe den Buddhismus kennengelernt und gewusst, dass er – für mich – Recht hatte. Die Antwort auf meine Frage war schon immer da, aber jemand hat eine Kerze angezündet und sie mir gezeigt.« Er schwieg eine Weile. »Macht das Sinn? Ich kann es auf Englisch nicht besonders gut erklären.«

»Du hast es perfekt erklärt.«

»Ist es für dich dasselbe? Mit dem Christentum?«

»Zum Teil«, antwortete ich. »Nur, dass ich das Christentum schon gekannt habe. Als Kind, als ich so alt war wie Raju und Rohan, bin ich in die Kirche gegangen. Ich habe immer gewusst, dass da was dran ist, dass es einen Gott gibt und dass das die Wahrheit ist. Aber die Leute um mich herum haben das nicht geglaubt. Ich habe keine Christen gekannt, und das hat mich beeinflusst. Bis ich nach Nepal gekommen bin. In Godavari, bei den Kleinen Prinzen, habe ich manchmal gebetet – habe ich dir davon erzählt?«

»Ja, das hast du mir erzählt.«

»Das hat sich irgendwie gut angefühlt, es hat mich getröstet. Dann habe ich Liz kennengelernt. Sie ist Christin. Das war für mich eine gute Gelegenheit, Gott wiederzuentdecken«, sagte ich und musste unwillkürlich lächeln. »Klingt komisch, oder? Der Anstoß, der mich wieder zum Christentum gebracht hat, ist eine Frau.«

Farid lachte. »Conor, ich kenne dich. Ich glaube, dass Gott dir Liz geschickt hat. Er hat gewusst, dass du auf ihn hörst, wenn sie dich besucht. Ich glaube nicht, dass er sauer ist.«

»Genau! Du lachst, aber genau das habe ich gedacht!«

»Ich lache nicht«, antwortete Farid und lächelte noch immer. »Wie gesagt, Conor, als du die Bibel gekauft hast, hast du genau das Richtige für dich getan. Ich glaube, wir haben beide ein Licht gesehen. Wir haben nur etwas anderes in dem Licht gesehen.«

Das gefiel mir. Und es gefiel mir, dass wir beide vollkommen überzeugt waren, die Wahrheit gesehen zu haben, und dass wir so offen darüber sprechen konnten. Unter diesem Dach waren ein Buddhist, ein Christ und zwei Dutzend Hindus vereint. Und wir konnten kaum glücklicher sein.

Am 3. Januar saßen Leena und ich zusammen und sahen den kleinen Jungen beim Fußballspielen zu. Die Tage waren warm genug, zumindest, solange man sich in der Sonne aufhielt. Und wenn man mit einer wilden Horde hinter einem Ball herrannte, war es natürlich umso wärmer. Es gibt kaum etwas Schöneres, als Kindern beim Fußballspielen zuzuschauen. Das Bild ist vermutlich in aller Welt dasselbe. Es bildet sich ein Knäuel um den Ball, ein Zeh tritt grunzend dagegen und der Ball fliegt heraus, die Kinder wirbeln die Köpfe herum, entdecken ihn, stürmen auf ihn los und bilden einen neuen Knäuel.

Ich konnte nicht erkennen, ob es Leena Spaß machte, dem

Spiel zuzusehen. Wie immer hatte sie keinerlei Notiz von mir genommen, als ich ins Haus kam, und sie hatte nicht reagiert, als ich sie hochhob, nach draußen trug und dort auf meinen Schoß setzte. Ich fühlte mich wie ein Kind, das eine Puppe durch die Gegend schleppte. Wenigstens sah sie dem Spiel zu. Jede Stimulation war gut, dachte ich. Ich wollte sie gerade auf meine Schultern setzen, als das Telefon klingelte. Es war Jacky.

»Hey, Jacky. Ich sitze gerade nebenan in Dhaulagiri House und schaue den Kindern beim Fußball …«

Er unterbrach mich. »Conor, du musst sofort kommen.« Er sagte mir, ich solle ihn an Kimdol chock treffen, einer ruhigen Kreuzung in der Nähe von Swayambhu.

Diese Barschheit war ungewöhnlich für Jacky. Ich ließ Leena bei ihrer großen Schwester und rannte die fünf Minuten bis zur Kreuzung. Mit seinen verfilzten grauen Haaren war Jacky zwischen den kleineren Nepalis und tibetanischen Mönchen nicht zu übersehen. Als er mich kommen sah, stieg er in ein Taxi. Ich sprang hinterher und der Fahrer, der schon wusste, wohin es ging, fuhr in Richtung Zentrum los.

»Wo fahren wir hin?«, keuchte ich.

»Gyan hat angerufen. Er hat Bishnu«, antwortete Jacky. »Aber wir müssen uns beeilen.«

Ich konnte es nicht glauben.

Gyans Büro im Sozialamt war wie immer überfüllt. Er saß an seinem Schreibtisch und ein Assistent beugte sich über seine Schulter. Der Mann deutete auf eine Stelle in einem Dokument, um Gyan bei einer Entscheidung zu helfen, die wahrscheinlich einschneidende Veränderungen für die Familie bedeutete, die vor ihm stand. Ich beneidete ihn nicht um seinen Job. Auch deshalb nicht, weil er so gut wie nichts verdiente; es handelte sich um einen sozialen Dienst, den er seinem Land schuldete, und ein Amt, das schon sein Vater vor ihm ausgeübt hatte. Das wurde von einem Mann in seiner Stellung erwartet. Er trug gewaltige Verantwortung.

Wir warteten einen Moment im Büro, dann bemerkte uns Gyan. Er sah mich an und zeigte auf eine Ecke. Dort, hinter dem Gedränge von aufgelösten Müttern und weinenden Kindern, stand ein Mann mit breiter Brust neben einem Stuhl. Es sah so aus, als weigere er sich aus Prinzip, sich hinzusetzen. Er hatte einen gepflegten Haarschnitt und trug sportliche westliche Kleidung, was ein Zeichen seines Wohlstands war. Ich drehte den Kopf ein wenig, um ihn besser zu sehen. Vor ihm, zu seinen Füßen, saß ein sechsjähriger Junge mit tibetanischen Gesichtszügen und glatter brauner Haut und sah auf den Boden.

Es war Bishnu.

Keine fünf Minuten später kam Gyan zu uns herüber und zog uns in den Flur. Schnell erklärte er uns die Situation: Bishnu hatte während der letzten zehn Monate als Haussklave gearbeitet. Golkka hatte ihn an ein Hotel verkauft, wo er täglich zwölf Stunden lang Geschirr gespült hatte. Dort hatte ihn ein Kunde des Hotels, ein Bankdirektor und für nepalesische Verhältnisse wohlhabender und einflussreicher Mann, gesehen und ihn dem Hotel für umgerechnet achtzig Dollar abgekauft. Seitdem hatte Bishnu im Haushalt dieses Mannes gearbeitet. Die Geschichte ähnelte der Kumars. Als ich Gyan fragte, wie er den Mann dazu gebracht hatte, in sein Büro zu kommen, antwortete er ausweichend, und ich hatte inzwischen gelernt, nicht nachzuhaken. Ich musste mich zwingen, ruhig zu bleiben, um nicht zu verlangen, dass der Mann verhaftet wurde, weil er den Jungen versklavt hatte. Jetzt ging es nur darum, den Jungen in unser Kinderheim zu bringen, wo er in Sicherheit war.

»Okay, wir können Bishnu im Taxi mitnehmen«, sagte ich. »Jacky, wartest du bitte auf mich, während ich eins rufe?«

»Warten Sie! Wir haben ein kleines Problem, Conor Sir«, sagte Gyan und legte eine Hand auf meinen Ellbogen. »Der Bankdirektor, der Mann, der da in der Ecke steht, will den Jungen nicht herausgeben.«

Ich schaute Gyan ungläubig an. »Er will ihn nicht herausgeben? Aber das ist doch gar kein Thema, Gyan! Sie können ihn doch dazu zwingen, oder nicht? Er ist doch schon hier, verdammt noch mal!«

»Ja, ich kann versuchen, ihn dazu zu zwingen. Aber ich kann ihn nicht verhaften lassen, nicht jetzt. Ich habe keinen Haftbefehl. Wenn ich versuche, ihn zu zwingen, dann geht er und verschwindet mit Bishnu. Er hat schon gesagt, dass es Bishnu bei ihm besser geht. Das Beste ist, wir überzeugen ihn, Bishnu freiwillig herzugeben.«

Gyan beobachtete meine Reaktion. Wir hatten das Spiel schon einmal durchgemacht. Ich musste ihm vertrauen. Es war schon erstaunlich, dass Gyan es überhaupt geschafft hatte, den Mann in sein Büro zu bekommen. Ich nahm an, er hatte dem Bankdirektor unverhohlen mit einem Besuch der Polizei gedroht, und diese öffentliche Bloßstellung wollte der Mann unbedingt vermeiden. Vermutlich hatte Gyan nicht die erforderlichen Papiere, um ihn zu verhaften oder dazu zu zwingen, Bishnu herauszugeben, aber er konnte gut bluffen. Ob es ihm allerdings gelang, den Mann dazu zu bringen, uns Bishnu zu überlassen, stand auf einem ganz anderen Blatt. Wir sollten herausfinden, wie weit Gyan mit seinem Bluff kam.

»Okay, Gyan. Wie du meinst«, seufzte ich.

Er ging wieder in sein Büro und bedeutete uns, auf ihn zu warten. »Ich rufe den Mann hierher. Bishnu bleibt drin.«

Eine Minute später kam er mit dem Bankdirektor nach draußen. Der Mann war gut fünf Zentimeter kleiner als ich, hatte aber bestimmt dreißig Zentimeter breitere Schultern. Es sah aus, als hätte er ein Joch unter der Jacke versteckt. Als Gyan uns vorstellte, verzog er keine Miene und ignorierte unseren Gruß. Vielmehr wandte er sich an Gyan, redete auf ihn ein und beklagte sich offenbar über die Einmischung von Ausländern. Gyan übersetzte nicht, sondern sprach ruhig auf den Mann ein. Ich wollte etwas einwerfen, aber ohne mich auch nur anzusehen, hob Gyan sacht die Hand und bedeutete mir, mich herauszuhalten. Alles, was ich in diesem Moment sagen konnte, würde den Mann nur noch wütender machen. Er sah sowieso schon so aus, als würde er gleich platzen. Wir wollten nur den Jungen und Gyan tat alles, um ihn zu bekommen.

Das Gespräch dauerte zehn Minuten. Die Familien, die im Büro warteten, wurden allmählich unruhig. Der Bankier schwankte zwischen relativer Gelassenheit und heftigen Wutausbrüchen. Jacky und ich versuchten herauszuhören, wohin das Gespräch tendierte. Gyan blieb als Einziger vollkommen ruhig, er sprach leise und hatte die Hand auf die Schulter des Mannes gelegt.

Nach einem für Gyans Verhältnisse langen Monolog schien der Mann zu zögern, dann nickte er kurz und grunzte. Er musterte Jacky und mich von oben bis unten. Er schien seine ursprüngliche Haltung aufgegeben zu haben, so viel war klar. Als

Gyan weitersprach, nickte er wieder, dann unterbrach er ihn mit einem einzigen Wort. Er ging ins Büro, half Bishnu vom Boden auf und kam wieder zurück in den Gang, wo wir warteten.

Gyan wandte sich uns zu. »Er überlässt Ihnen den Jungen. Aber er will sehen, in welchen Verhältnissen Bishnu lebt. Sie müssen ihn nicht in das Haus lassen, es reicht, wenn er es von außen sieht, damit er weiß, dass Sie auch noch andere Kinder haben und sich für Nepal engagieren und dass Sie Bishnu nicht ins Ausland bringen. Können Sie das akzeptieren?«

Ich fragte mich, warum dieser Mann so sehr darauf beharrte, den Jungen zu behalten. Bishnu war doch nur ein Haussklave, oder? Ich überlegte, ob wir wirklich das Richtige taten. Vor einem Jahr wäre ich vielleicht zu dem Schluss gekommen, dass wir dem Mann vertrauen konnten. Er schien sich ja wirklich für das Schicksal des Jungen zu interessieren. Es bestand immer die Möglichkeit, dass ich mich irrte. Vielleicht war Bishnu ja wirklich gut bei ihm aufgehoben. Vielleicht war das seine Chance, Pflegeeltern zu finden.

Aber dieses Risiko konnte ich nicht eingehen. Inzwischen hatte ich einfach zu viel gesehen. Ich hatte erlebt, wie nepalesische Ehepaare voller Stolz von einem armen Kind sprachen, das sie bei sich zu Hause aufgenommen hatten, nur um dann festzustellen, dass das Kind zwar tatsächlich sein Essen bekam und zur Schule ging, dass es aber nicht zur Familie gehörte, den ganzen Tag ohne Bezahlung kochte und putzte und kaum mehr als ein Haussklave war. War das falsch? Ging es den Kindern besser, wenn sie als Haussklaven arbeiteten, vielleicht sogar mit dem Segen der Eltern, die sie weggegeben hatten? War es besser, zur Schule zu gehen als bei der eigenen Familie zu leben? Diese Fragen musste ich mir in Nepal dauernd stellen. Wie Gyan sagte, es war ein schwieriges Land. Es gab keine einfachen Antworten.

Aber eines wusste ich sicher. Ich wusste, dass es Bishnu bei uns gut gehen würde. Vielleicht war dieser Mann ein liebevoller Pflegevater, der dem Jungen ein Zuhause gab. Vielleicht war er aber auch nur wütend, weil wir ihm etwas wegnahmen, das seiner Ansicht nach ihm gehörte. Dieses Risiko konnten wir nicht eingehen. Wir würden ihn mitnehmen. Dazu mussten wir uns auch auf Gyans Bedingung einlassen.

Ich sah Jacky an. »Findest du das okay? Kann er mitkommen und sich das Haus ansehen?«

»Wenn das die Bedingung ist, warum nicht?«

»Einverstanden«, sagte ich und drehte mich zu Gyan um. »Gehen wir. Und dann überlässt er uns den Jungen?«

»Ja, er überlässt euch Bishnu. Er weiß, dass er sonst Ärger bekommt.«

Ich bemerkte, dass der Mann zuhörte. Offenbar sprach er ein wenig Englisch.

Ich nahm Gyans Hand. »Danke, Gyan. Sie haben etwas sehr Gutes getan.«

»Sie auch, Conor Sir. Und Sie, Jacky Sir. Sie tun sehr viel Gutes für die Kinder.«

Ich sah Bishnu an, der überrascht zu mir aufsah. Der Mann blickte von mir zu Bishnu und sprach mich auf Englisch an. »Er sagt, dass er Sie kennt. Woher?«

»Wir haben uns vor einem Jahr kennengelernt«, antwortete ich und lächelte den Jungen an, der nun offen zurücklächelte. »Ich freue mich sehr, ihn wiederzusehen.«

Dann verließen wir vier – der Bankdirektor, Bishnu, Jacky

und ich – zusammen das Gebäude. Im Gehen nahm Gyan mich am Arm, zog mich beiseite und raunte mir zu: »Conor Sir, seien Sie vorsichtig. Das sehe ich oft. Ich glaube, er wird Ihnen den Jungen überlassen. Aber egal, was passiert, vertrauen Sie ihm nicht. Bishnu gehört nicht zu seiner Familie. Verstehen Sie?«

»Ich verstehe. Keine Sorge.« Ich klang zuversichtlicher, als ich mich fühlte.

Auf der Straße wartete die übliche Schlange alter Taxis. Der Bankdirektor bedeutete mir, dass er uns mit Bishnu auf seinem Motorrad folgen würde. Ich nickte und öffnete die Tür des Taxis. Als ich einsteigen wollte, bemerkte ich hinter mir einen anderen Jungen in Bishnus Alter. Er schien allein zu sein, weit und breit waren weder Eltern noch Geschwister zu sehen. Plötzlich wurde mir klar, dass der Junge mit mir ins Taxi steigen wollte. In der Hand hielt er einen kleinen, zerbeulten Koffer, kaum größer als eine Tupperdose.

Ich rief den Bankdirektor, der auf dem Motorrad saß und darauf wartete, dass wir voranfuhren.

»Dai, kennen Sie diesen Jungen? Ist er Ihr Sohn?«

Der Bankdirektor reckte den Hals, um die kleine Gestalt neben dem Taxi zu sehen. Der Junge war inzwischen auf die andere Seite gegangen und zog am Türgriff, um einzusteigen.

»Nein, den habe ich noch nie gesehen«, sagte er und zuckte die Schultern.

Mir war sofort klar, was passiert war; es war eigentlich nicht weiter verwunderlich. In Gyans Büro gingen so viele Menschen ein und aus, dass der Kleine offenbar den Falschen nachgelaufen war. Viele Kinder kamen mit entfernten Tanten, Onkels und Cousins, die plötzlich feststellten, dass sie die Vormundschaft für ein

Waisenkind hatten, das sie noch nie im Leben gesehen hatten. In der Verwirrung hatte der Junge offenbar den Bankier mit einem Verwandten verwechselt. Und im Büro suchte vermutlich gerade jemand panisch nach ihm. Ich bat Jacky, einen Moment zu warten, während ich den Jungen zu seiner Familie brachte.

Gyan saß wieder am Schreibtisch, umringt von zwei neuen Familien. Eine Mutter machte eine Szene, während die Wartenden murrten. Gelangweilte Kinder spielten zwischen den Beinen der Erwachsenen. Gyan sah, wie ich zur Tür hereinkam und lief sofort zu mir.

»Gyan, es tut mir wirklich leid. Dieser Junge ist uns nachgelaufen. Seine Eltern suchen ihn wahrscheinlich, wenn sie überhaupt bemerkt haben, dass er weg ist«, sagte ich und blickte mich nach einem Vater oder einer Mutter um.

Gyan lächelte traurig. »Nein, Conor Sir – Tilak kommt auch aus Humla. Wir haben ihn gefunden, er lebte allein. Er hat keine Eltern. Er muss Ihnen nachgelaufen sein, als er Sie mit dem anderen Jungen gesehen hat ... Können Sie ihn vielleicht mitnehmen?«

Das war eigentlich keine Frage. Der Junge hatte kein Zuhause. In Nepal gibt es kein soziales Netz und keine staatlichen Stellen, die sich um die Kinder kümmerten. Wenn wir die Möglichkeit hatten, für ein elternloses Kind zu sorgen, dann mussten wir das auch tun. Die Frau, die vor wenigen Augenblicken auf Gyan eingeschrien hatte, zog ihn nun am Arm und schien kurz davor, einen hysterischen Anfall zu bekommen.

Ich reichte dem Jungen die Hand. Er nahm sie ohne zu zögern und schien mir völlig zu vertrauen. Ich führte ihn durch den vergammelten Flur der Behörde und nach draußen, wo die anderen warteten. Jacky saß auf dem Beifahrersitz des Taxis.

Tilak (links) hatte kein Zuhause und lief mir hinterher, als er aus dem Sozialamt kam. Die Umbrella Foundation, gleich neben unserem Kinderheim, nahm Tilak auf.

»Jacky, das ist Tilak. Kann er mitkommen?«, fragte ich.

Jacky zuckte mit keiner Wimper. Auf diese Weise hatte die Umbrella Foundation fast zweihundert Kinder aufgenommen.

»*Mais bien sûr!*«, rief er Tilak begeistert zu, der natürlich kein Englisch verstand, geschweige denn Jackys eigentümliche Mischung aus Englisch und Französisch. »Komm, Tilak, setz dich zu mir!« Er hob den Jungen mitsamt Köfferchen auf den Vordersitz und seinen Schoß. Zu fünft fuhren wir zum Dhaulagiri House und den Häusern der Umbrella Foundation.

Tilak hatte ein neues Zuhause.

Mit Bishnu verlief die Sache nicht ganz so glatt. Nachdem wir dem Bankdirektor die Heime gezeigt hatten, gingen wir ins Büro der Umbrella Foundation, das im Haus neben Dhaulagiri House untergebracht war. Ehe wir den Raum betraten, bat ich Farid, die übrigen vier Kinder zu holen, die wir zusammen mit Bishnu an der Ringstraße gefunden hatten. Zwei Minuten später kamen Kumar, Samir, Dirgha und Amita über die Wiese gerannt. Vor Bishnu blieben sie stehen. Sie sagten kein Wort, sondern starrten ihn nur an, und er starrte zurück. Der Bankdirektor fragte die Kinder, ob sie Bishnu kannten. Die vier nickten. Der Mann schien nun noch erregter, so als spüre er, dass er Bishnu verlieren würde.

Farid nahm Bishnu an der Hand und führte ihn hinaus auf die Wiese, um mit den anderen Kindern zu spielen. Jacky und ich gingen mit dem Bankdirektor ins Büro.

Ich spürte sofort, dass es schwierig werden würde. Der Mann wollte sich nicht hinsetzen. Er ging auf und ab und schüttelte bei jedem unserer Worte den Kopf. Dann schlug er auf den Tisch, zeigte auf uns und fluchte auf Nepali. Jacky sah mich an – er kannte das Spiel. Auf Französisch bestätigte er meine Befürchtungen: Wir hatten ein Problem. Der Mann blieb stehen und sah mich an.

»Ich nehme den Jungen mit. Er gehört mir.« Er ging auf die Tür zu. Ich stellte mich mit dem Rücken vor die Tür.

»Dai«, sagte ich respektvoll und hob die Hände. »Es tut mir leid, aber das ist nicht möglich. Bishnu bleibt bei uns. Wir danken Ihnen, dass Sie sich so lange um ihn gekümmert haben. Aber er gehört hierher.« Ich schob einen Fuß zurück und drückte ihn fest gegen die Tür.

Der Bankdirektor spannte den Unterkiefer an. Dann schob er meine Hände beiseite, schnappte den Türgriff und zog daran. Die Tür öffnete sich einen Spaltbreit, dann stieß sie gegen meine Ferse. Ihm entglitt der Türgriff und er stolperte rückwärts. Zornig richtete er sich wieder auf und stürzte sich auf mich. Darauf war ich vorbereitet. Ich stieß mich von der Tür ab und drückte ihn gegen die Wand. Aber gegen seine Kraft und sein Gewicht konnte ich nichts ausrichten. Er packte mich am Hals und schleuderte mich gegen die Tür. Ich ließ ihn nicht los und er presste mich gegen den einzigen Ausgang. Aber ich hatte keine Ahnung, was er als Nächstes machen würde. Ich konnte ihn nicht ewig festhalten, und er war viel stärker als ich. Wenn er das Büro verließ – und daran bestand kein Zweifel – dann würde er sich Bishnu schnappen. Und sobald er den Jungen hatte, war es unmöglich, ihn aufzuhalten, ohne Bishnu in Gefahr zu bringen.

Jacky, der hinter ihm stand und versuchte, ihn wegzuzerren, ließ plötzlich los, sprang mit einem Satz zum Schreibtisch und griff nach seinem Handy. Mit einer Hand hielt er den Arm des Mannes fest, mit der anderen scrollte er panisch durch das Verzeichnis und wählte schließlich eine Nummer. Er hielt das Telefon fest, während der Mann sich wand und versuchte, uns abzuschütteln. Nach einer gefühlten Ewigkeit sagte Jacky: »Ja, hallo? Ja, Sir, hier ist Jacky Buk von der Umbrella Foundation … ja, genau … ja, danke, es geht mir gut. Aber wir haben hier eine schwierige Situation und ich brauche dringend Ihre Hilfe. Hier ist ein Mann, der eines unserer Kinder mitnehmen will.« Er keuchte.

Der Bankier schien den Anruf nicht zu beachten, er wollte nur zur Tür hinaus. Ich war dagegen wie hypnotisiert und fragte mich, wen um alles in der Welt Jacky just in diesem Moment anrufen könnte.

»Ja, Sir, das ist korrekt«, keuchte Jacky ins Telefon. »Ja, Sir, er ist hier, wir sprechen gerade mit ihm … Ja, Sir, ich gebe ihm das Telefon.« Er ließ den Arm des Direktors los und trat einen Schritt zurück. Dann klopfte er ihm auf den Rücken und hielt ihm das Handy hin.

»Sir, der Bürgermeister möchte Sie sprechen.«

Der Bankdirektor ließ mich los, drehte sich zu Jacky um, blickte von ihm zum Telefon und wieder zurück und versuchte offenbar zu erraten, ob das Ganze ein Trick war. Das hätte ich auch zu gern gewusst. Jacky hielt ihm immer noch das Telefon hin.

Bishnus erste Nacht in Dhaulagiri House. Er war das Letzte der sieben Kinder, die Farid und ich retteten.

Der Bankdirektor riss es ihm aus der Hand, drückte es sich ans Ohr und rief grimmig: »Hallo!« Er schwieg einige Sekunden lang, dann antwortete er auf Nepali. Nach den ersten Worten unterbrach ihn eine Stimme am anderen Ende, die so laut war, dass selbst ich sie noch hören konnte. Er starrte auf den Boden. Nach einigen Minuten verabschiedete er sich, schaltete das Telefon aus und legte es auf den Schreibtisch. Wortlos nahm er die Klinke in die Hand. Ich sah Jacky an, der mir bedeutete, Platz zu machen. Der Bankdirektor ging zu seinem Motorrad, setzte sich den Helm auf und fuhr davon, ohne sich noch einmal nach uns umzusehen. Wir sahen ihn nie mehr wieder.

Ich ging zurück ins Büro, wo Jacky sich eine Zigarette anzündete. Wir sahen uns an und fingen an, laut zu lachen.

»Du kennst den Bürgermeister von Kathmandu?«, fragte ich ihn und ließ mich auf einen Stuhl plumpsen. »Im Ernst?«

»*Bien sûr* – wir nehmen viele Kinder auf. Der Bürgermeister unterstützt unsere Arbeit«, antwortete er mit einem Lächeln. »Er hat mir vor ein paar Monaten seine Karte gegeben. Ich gebe zu, es war das erste Mal, dass ich ihn angerufen habe. Ich bin erstaunt, dass er abgenommen hat. Und froh. Das war eine gute Idee, findest du nicht?«

Ich schüttelte nur verwundert den Kopf. Jacky hatte Mut. Abends erzählte uns Gyan, der die Geschichte bereits gehört hatte, der Bürgermeister habe dem Bankdirektor gedroht, den Polizeichef anzurufen und sämtliche Polizisten der Stadt zur Umbrella Foundation zu schicken, wenn er nicht sofort das Büro verließe.

Meine Zweifel waren ausgeräumt. Wir waren ein gewisses Risiko eingegangen, als wir den Jungen aufgenommen hatten. Aber nach der Flucht des Mannes war ich überzeugt, dass er Bishnu nur als seinen Haussklaven gehalten hatte, sonst nichts. Bishnu war endlich in Sicherheit.

Ich ging nach draußen, wo Bishnu auf der Wiese saß und mit Dirgha und Amita ein kleines Haus baute. Bishnu hatte gesehen, wie der Mann fortgefahren war, aber er war sitzen geblieben und hatte nicht einmal reagiert. Er wandte sich wieder seinen alten Freunden von der Ringstraße zu und baute weiter sein Haus. Auch später erwähnte Bishnu den Mann mit keinem Wort, was nur ein weiterer Beweis war, dass er nicht mehr gewesen sein konnte als sein Haussklave.

Farid stand in der Nähe und sah den Kindern zu. Ich ging zu ihm hin.

»Das war nicht ganz einfach, oder? Ich habe euch schreien gehört«, sagte er.

»Nein, das war nicht einfach«, antwortete ich.

Wir sahen den Kindern zu, die versuchten, ein Dach aus schweren Zweigen auf die Steinmäuerchen zu setzen, die sie gerade aufgeschichtet hatten.

»Wir haben alle sieben Kinder gefunden«, sagte Farid langsam und vorsichtig, als würde er es selbst noch nicht glauben. »Hättest du das gedacht?«

»Ich war mir nicht sicher«, sagte ich wahrheitsgemäß. »Aber ich glaube, ich habe nie wirklich daran geglaubt.«

»Ich auch nicht«, gab Farid zu. »Ich habe es immer gehofft. Aber ich habe gedacht, es wäre unmöglich.«

Ich dachte einen Moment lang nach. »Weißt du, wer immer daran geglaubt hat?«, fragte ich dann. Er schüttelte den Kopf.

»Der einzige Mensch, der wirklich daran geglaubt hat, war Liz. Sie hat mir immer wieder gesagt, dass wir sie finden.«

Farid lächelte und drehte sich wieder zu den Kindern um, deren Häuschen in diesem Moment unter dem Gewicht der Zweige einstürzte.

7

Liz und ich schrieben uns weiter, bis zu zwanzig E-Mails am Tag. Ich war allerdings nicht der Einzige, der sich für Liz interessierte. Auch die Mädchen im Dhaulagiri House freuten sich, dass ich jeden Tag Neuigkeiten von Liz hatte. Sie fragten mich zwei oder dreimal pro Tag nach ihr, nicht ohne hintergründige Andeutungen zu machen, dass wir wohl mehr waren als Freunde. Das war ihr Lieblingsthema. Ich versicherte ihnen, wir seien natürlich nur gute Freunde – sonst wären wir ja verheiratet. Das schien mir eine überzeugende Lüge, denn in den Ohren der Nepalimädchen vom Dorf klang das nur logisch. Die wenigsten Frauen sahen ihren Ehemann, ehe sie mit ihm verheiratet wurden, von einer Beziehung ganz zu schweigen.

»Aber du *willst* Liz Schwester heiraten, Conor dai?«, krähten sie.

»Freunde, Mädels. Wir sind nur Freunde. Fragt Liz!«, antwortete ich. Dann schickte ich schnell eine E-Mail an Liz, um sie daran zu erinnern, den Kindern in ihren E-Mails zu schreiben, dass wir nur Freunde waren. Die Kinder liebten ihre E-Mails und durchsuchten sie nach den kleinsten Hinweisen auf unsere Romanze.

»Natürlich, Conor, ich vergesse es nicht. Du hast mich erst gestern daran erinnert. Und vorgestern. Und vorvorgestern.«

Die Kleinen Prinzen ließen sich nicht so leicht aufs Glatteis führen. Sie kannten mich inzwischen zu gut, und ich konnte ihnen nichts verheimlichen, selbst wenn ich wollte. Ich versuchte es mit derselben Erklärung, aber die Jungen lachten nur, als hätten sie den besten Witz in der Geschichte Nepals gehört.

»Bruder, deine Lüge ist schlecht! Wir haben amerikanische Filme gesehen. Wir wissen, in deinem Land wird niemand verheiratet«, erklärte Santosh und wischte sich die Tränen aus den Augen. »Wir kennen Liz. Sie ist sehr schön. Du bist verliebt, Bruder!«

Ich stritt alles ab. Aber es stimmte, seit ich Liz im Januar zum Flughafen gebracht hatte, hatte ich alles getan, um sie wieder zurückzuholen. Ich tastete mich vorsichtig heran, weil ich natürlich wusste, dass sie sich eine Woche Urlaub nehmen, ein Ticket kaufen und um die halbe Welt fliegen müsste. Also machte ich kleine Andeutungen, erzählte ihr, was die Mädchen anstellten und wie sehr sie sie vermissten und wie viel wärmer es doch im März schon geworden wäre. Sie antwortete fröhlich, aber sie schrieb mir nie, dass sie mich besuchen würde.

Ich zog Viva ins Vertrauen. Viva war eine Mischung aus einer älteren Schwester und einer Mutter für mich geworden. Sie wusste, dass ich verrückt nach Liz war. Sie hatte es gesehen, als wir uns im Januar ein paar Mal zum Tee getroffen hatten. Ich fragte sie, was wohl im Kopf von Liz vorging.

»Conor, ich bin immer wieder erstaunt, wie dumm Männer sind«, sagte sie in ihrem breiten nordirischen Dialekt und stellte ihre Tasse ab. »Verdammt noch mal, sag ihr doch einfach, dass sie dich besuchen soll. Frauen wollen erobert werden und nicht, dass jemand um ihre Gefühle herumtanzt. Du willst, dass sie dich besucht? Sei ein Mann. Besser noch, sei ein französischer Mann. Stimmt's, Jacky?«

»*Ah oui*«, murmelte Jacky und zog an seiner Zigarette.

»Bitte sie zu kommen. Fordere es, mit ganzem Herzen. Mein Gott, wie kann es sein, dass du so etwas nicht weißt!«

Und das tat ich dann auch. In meiner nächsten E-Mail schrieb ich ihr, wie sehr ich mich freuen würde, wenn sie mich besuchte. Ich wisse, wie lang und teuer der Flug war, und überhaupt, aber ich wolle sie sehen. Am nächsten Tag antwortete sie mir, sie habe meine E-Mail bekommen und suche schon Flüge heraus. Ich ließ nicht locker, bis sie sich auf einen Termin festgelegt hatte: Mitte April. Sie schrieb mir, dass sie gern kommen würde. Im Stillen bedankte ich mich bei Viva.

Ich ging ins Dhaulagiri House und teilte Farid die gute Nachricht mit. Als ich wieder ging, traf ich Leena im Flur, die wie immer allein war und zur Tür hinausstarrte. Sie trug ihre rotbraune Wollmütze. Das Haus blieb erstaunlich kühl, egal, wie warm oder kalt es draußen war. Die Mütze war ihr viel zu groß, aber es war schwer, Kleiderspenden zu bekommen, die den Kindern genau passten. Das Gummiband war für einen sehr viel größeren Schädel gedacht und oben zusammengebunden, und die Mütze ragte von ihrem Kopf wie ein Kegel oder Pömpel. Die Versuchung war einfach zu groß. Als ich an ihr vorüberging, pumpte ich die Mütze auf ihrem Kopf auf und ab und machte dazu ein Sauggeräusch.

Sie kicherte.

Ich erstarrte. Es war der erste Laut, den Leena von sich gegeben hatte. Ich drehte mich um, um zu sehen, ob es jemand anders gehört hatte. Aber wir waren allein im Flur. Als ich wieder zu ihr hinuntersah, hatte sie sich bewegt. Nicht nur das. Es dauerte einen Moment, bis ich kapierte, was passierte. Ganz langsam rannte sie von mir weg und blickte dabei über die Schulter zurück, als wollte sie, dass ich hinter ihr herrannte. Also nahm ich die Verfolgung auf. Sie lachte quiekend und rannte los. Zehn Minuten lang rannten wir durch das ganze Haus. Farid kam aus seinem

Leena, das Mädchen, das fünf Monate kein Wort sprach, in Dhaulagiri House: endlich glücklich.

Zimmer und musste zweimal hinsehen, als sie an ihm vorbeidüste. Ich hob Leena hoch, trug das lächelnde und kichernde Mädchen zu Farid und legte sie ihm in die Arme.

Farid machte große Augen. »Ich bin platt«, sagte er und schüttelte den Kopf.

»Platt«, wiederholte ich.

Von einem Tag auf den anderen hatte Leena ihren Panzer gesprengt, einfach so. Sie war ein glückliches kleines Mädchen.

Im Mai 2007 unternahm ich eine weitere Expedition. Ich hatte sie auf die Zeit nach dem Besuch von Liz gelegt, weil ich wusste, dass wir zwei Wochen lang keinen Kontakt haben würden. Unsere sieben Tage im April waren schnell vergangen, und der Abschied war niederschmetternd gewesen. Unsere kurzen gemeinsamen Augenblicke waren wunderbar, aber die Ewigkeiten dazwischen waren deprimierend. Bei ihrem Besuch im April hatten wir uns entschieden, es zusammen zu versuchen. So schwer es über die Entfernung war, wir wollten versuchen, unsere Beziehung aufrechtzuerhalten.

Und nun brach ich wieder auf, um weitere Familien zu finden, diesmal in dem Bezirk Nuwakot nördlich von Kathmandu.

Wie in Humla hatte ich viel Zeit, meinen eigenen Gedanken nachzuhängen. Ich dachte an mein letztes Gespräch mit Liz vor ihrer Abreise. Wir waren beide angespannt gewesen. Alles, was wir hatten, um unsere Beziehung aufrechtzuerhalten, waren E-Mails und Telefongespräche über eine knisternde Internetverbindung. Wir wussten nicht, wann wir uns das nächste Mal wiedersehen würden. Und jetzt verschwand ich zwei Wochen lang komplett von der Bildfläche. Wir waren beide überrascht, wie sehr wir es vermissten, nicht mehr täglich miteinander sprechen zu können. Auf meinen langen Märschen durch Nuwakot erlaubte ich mir, von ihr zu träumen, unsere Gespräche im Geiste durchzuspielen und darüber nachzudenken, was wir wohl unternehmen könnten, wenn sie wieder nach Nepal kam, wann immer das auch sein würde. Sie hatte fast keinen Urlaub mehr.

Ich war verliebt. Ich dachte dauernd an sie. Ich vermisste sie. Sie war mein bester Freund. Aber ich sah sie so selten. Lange grübelte ich darüber nach, wie sie mich besuchen könnte oder ich sie. Unterm Strich lebten wir fünfzehntausend Kilometer auseinander und ich hatte keine Ahnung, wie wir diese Entfernung überwinden sollten. Schlimmer noch, ich hatte Angst, dass sie genauso denken könnte. Ich wusste, dass andere Männer bei ihr

Schlange standen. Männer mit Geld und guten Jobs in Washington. Ich wusste, dass sie ihnen einen Korb gegeben hatte, und sie sagte mir immer wieder, wie gern sie mit mir zusammen wäre und nicht mit ihnen. Aber sie waren da und ich nicht. Mir dämmerte, dass Liebe allein nicht immer genug ist. An diesem Tag ging ich langsamer als sonst und war nicht in der Lage, diese ernüchternde Erkenntnis abzuschütteln.

Zwei Wochen später war ich wieder in Kathmandu. Gegen Ende meiner Mission hatte ich eine Entscheidung getroffen, über die ich mit Farid sprechen wollte. Wir trafen uns in dem Teeladen, in dem wir die meiste Zeit verbrachten, wenn wir nicht gerade in Dhaulagiri House waren. Ich berichtete ihm von meiner Reise und den siebzehn Familien, die ich ausfindig gemacht hatte. Farid hörte mir geduldig zu. Bevor er mir antwortete, sah er mir ins Gesicht.

»Das war ein großer Erfolg, Conor. Siebzehn Familien. Du solltest dich freuen«, sagte er. Wir kannten uns nun schon seit fast zwei Jahren und er wusste, wenn etwas nicht mit mir stimmte.

»Das ist es nicht. Ich freue mich, die Reise ist gut gelaufen. Aber ich glaube, ich brauche eine Pause. Ich habe mir überlegt, dass ich gern eine Weile in die Staaten zurückgehen würde, vielleicht für sechs Wochen. Wir haben da Benefizveranstaltungen, bei denen ich mithelfen könnte«, sagte ich. »Aber was denkst du? Es wäre vermutlich zu viel, wenn du dich allein um alles kümmern musst, oder?«

Er dachte nicht lange nach. »Du musst auf jeden Fall gehen, Conor! Wir gönnen uns so wenige Pausen. Und du erinnerst dich, dass ich letzten Monat Urlaub gemacht habe?«

Er hatte eine Bergtour in die Himalaja-Region Khumbu, die Heimat des Mount Everest, unternommen, um dort zwei Wochen unter Buddhisten zu leben und sich in dieser spektakulären Landschaft in die Meditation zu vertiefen.

»Du brauchst eine Pause«, fuhr er fort. »Besuch deine Familie! Und wahrscheinlich willst du vor allem Liz sehen, oder?«

»Genau. Ich glaube, wir haben einiges zu besprechen.«

»Dann geh! Hier geht alles klar. Wir haben hier unsere Abläufe und unsere Leute. Die Kinder sind versorgt. Ich übernehme das gern allein. Du warst ja am Anfang auch allein hier. Du brauchst mal eine Pause. Und Liz freut sich auch, wenn sie dich sieht.«

»Hoffentlich«, antwortete ich und holte tief Luft. »Ich will ihr nämlich einen Heiratsantrag machen.«

8

Nach sechs Wochen in den Staaten kam ich nach Nepal zurück. Im Rucksack hatte ich Fotos von mir und Liz vom Tag meines Heiratsantrags. Die Kinder überschlugen sich schier, als ich ihnen davon erzählte.

»Sie sagt wirklich Ja, Bruder? Sicher?«, fragte Anish.

»Ganz sicher, Anish.«

»Und ihr Vater? Und ihre Mutter? Sie sagen auch Ja?«

»Ja, Anish. Alle haben Ja gesagt. Ihre Mutter hat Ja gesagt, ihr Vater hat Ja gesagt, Liz hat Ja gesagt. Wir heiraten.«

Nur Priya und Yangani, die beiden Mädchen, fragten nach, wie ich ihr den Antrag gestellt hätte. Ich erzählte ihnen, ich hätte zuerst bei ihrem Vater um ihre Hand angehalten und sie dann auf dem Bauernhof ihrer Eltern hinunter zum Steg geführt, ihren Lieblingsplatz.

»Du sitzt auf deinem Knie, Bruder? So?«, fragte Priya, kniete sich auf den Boden und hielt einen unsichtbaren Ring hoch. Das hatte sie wahrscheinlich in einem Film gesehen.

»Ja, genau so. Und ich habe sie gefragt, ›Elizabeth Lyons Flanagan, willst du mich heiraten?‹«

Die Mädchen quietschten.

»Vergiss die Sache mit dem Hund nicht«, warf Farid ein. Er kannte die Geschichte inzwischen fast auswendig. Vom Sofa aus sah er zu, wie ich die Kinder unterhielt.

Emma, der Hund von Liz, war uns bis zum Steg hinunter gefolgt, auf dem ich Liz meinen Antrag machte. Irgendwo zwischen Elizabeth und Flanagan hatte Emma beschlossen, es sei ein perfekter Moment für einen Bauchplatscher in den See. Einen Meter neben uns klatschten vierzig Kilo Hund aufs Wasser und durchnässten uns von oben bis unten. Liz lachte so laut, dass ich nicht mitbekam, was sie nun eigentlich geantwortet hatte. Das war natürlich der Teil, der den Kindern am besten gefiel. Ich musste es ihnen gleich zweimal erzählen.

Farid und ich verbrachten ein paar Tage in Godavari bei den Kleinen Prinzen. Ich hatte sie vermisst. Aber dann musste ich mich wieder an die Arbeit machen. Unsere Suche nach den Familien ging weiter.

Farid und ich wurden immer besser darin, Familien in abgelegenen Regionen aufzuspüren. Wir wussten inzwischen, wie man Suchmannschaften zusammenstellte, welche Ausrüstung wir brauchten und welche Fragen wir stellen mussten. Aber diese

Familien wieder mit den Kindern zusammenzubringen, das war ein anderes Paar Schuhe. Die Eltern waren überglücklich, ihren Sohn oder ihre Tochter wiederzufinden. Doch wenn sie erfuhren, dass ihr Kind gut versorgt wurde, schienen sie plötzlich wenig daran interessiert, es wieder nach Hause zu holen. Nepal ist ein entsetzlich armes Land und die Versorgung einer Familie eine echte Herausforderung.

Ich verstand die Sicht der Eltern, aber sie brachten uns in eine schwierige Lage. Wir wollten das Beste für die Kinder, und die Kinder wollten dringend nach Hause. Wir waren überzeugt, dass sie ein Recht darauf hatten, bei ihren Familien und in ihrer Dorfgemeinschaft aufzuwachsen, und diese Überzeugung teilten wir mit der UNICEF und den meisten anderen Kinderschutzorganisationen. Wir hatten NGN gegründet, um dieses Recht zu schützen. Es gab allerdings auch eine Menge guter Gründe, warum ein Kind nicht nach Hause zurückkehren konnte. Zum Beispiel konnte ein Elternteil sich ein zweites Mal verheiratet haben; in Nepal akzeptierten die Stiefeltern nur selten Kinder aus einer früheren Ehe ihrer neuen Partner. In einigen Fällen hatten wir den Verdacht, dass die Kinder von einem Onkel oder Cousin missbraucht worden waren. In anderen Fällen erfuhren wir, dass die Eltern mit dem Schlepper gemeinsame Sache gemacht hatten. Unter diesen Umständen war das Kind bei seiner Rückkehr in Gefahr.

Ein Thema, das wir vielleicht in den Griff bekommen konnten, waren finanzielle Probleme. Wir hofften, Familien zusammenführen zu können, wenn wir arme Eltern mit einem monatlichen Stipendium unterstützten, das es ihnen ermöglichte, ihre Kinder wieder aufzunehmen. Das käme uns billiger als die Unterbringung eines Kindes in Dhaulagiri House. Als einmal eine

Mutter ihren Sohn besuchte und andeutete, dass sie ihn zwar gern mit nach Hause nehmen würde, aber Schwierigkeiten hatte, Essen und Schulbildung zu bezahlen, ermittelten wir, wie viel Geld sie benötigte und boten ihr eine monatliche Unterstützung an. Der Junge kehrte zu seiner Familie zurück und wir behielten die Situation genau im Auge.

Trotzdem mussten wir bald feststellen, dass diese Lösung nicht funktionierte. Wenn wir eine Familie in dieser Situation unterstützten, belohnten wir genau die Leute, die ihre Kinder einem Schlepper mitgegeben hatten. Damit ermunterten wir nur die Nachbarn, ihre Kinder ebenfalls in die Stadt zu schicken, in der Hoffnung, es würde auf wunderbare Weise in die Obhut einer internationalen Hilfsorganisation gelangen. Die Mehrheit der Kinder verschwand zwar spurlos, aber die Nachbarn sahen nur das Kind, das tatsächlich wohlbehalten zurückgekommen war und dessen Familie auf geheimnisvolle Weise belohnt wurde.

Die Rückführung der Kinder war schwerer, als wir gedacht hatten.

Einen Durchbruch hatten wir, wie so oft, in unserem Teeladen.

Farid und ich sprachen über Solo Khumbu, eine Region im Norden Nepals, Heimat des Mount Everest und anderer Achttausender. Farid hatte einige Reisen dorthin unternommen, um in buddhistischen Dörfern zu leben, in denen er in den Sternenhimmel blicken und mit den Mönchen meditieren konnte. Ich beschrieb ihm einen Gletscher, den ich in der Nähe des Basislagers des Mount Everest gesehen hatte, eine gewaltige Masse aus Eis und Fels, die nicht zu bewegen, aber zugleich nicht aufzuhalten war.

»Es ist ein bisschen wie unsere Arbeit«, meinte Farid halb lachend, halb seufzend.

»Was, nicht zu bewegen?«

»Genau«, antwortete er. Dann dachte er eine Weile nach und fügte hinzu: »Aber auch nicht aufzuhalten. Hier bewegt sich einfach alles sehr viel langsamer, als wir es gewöhnt sind, Conor. Manchmal können wir den Fortschritt nicht sehen. Aber vielleicht ist die ›Nepali-Zeit‹ die richtige.«

Den Begriff »Nepali-Zeit« hörte ich bestimmt einmal pro Tag, meist aus dem Mund eines Nepali, der zu spät dran war, und adressiert an einen Ausländer, der nicht verstand, warum sich der Nepali nicht an den vereinbarten Termin gehalten hatte. Nepali-Zeit bedeutete einfach, dass in Nepal die Uhren langsamer gingen. Vermutlich gibt es in vielen Ländern der Welt einen ähnlichen Ausdruck.

Farids Bemerkung war so einfach wie tiefsinnig. Wir sprachen meist verächtlich von der Nepali-Zeit und sahen den Begriff als bloße Entschuldigung für Faulheit. Oft stimmte das natürlich. Aber vielleicht steckte tatsächlich mehr dahinter. Vielleicht war das die Geschwindigkeit, mit der die Dinge hier ihren Gang nehmen mussten. Wir hatten gedacht, die Rückführung der Kinder sei eine einfache Angelegenheit – entweder konnten die Kinder zu ihren Familien zurückkehren oder nicht. Aber vielleicht war die Sache ja komplizierter. Vielleicht gaben wir ja zu früh auf. Was wäre, wenn wir die Eltern bei ihrem Besuch nicht drängen würden, ihre Kinder mitzunehmen, sondern, wie Farid vorschlug, den Prozess verlangsamten? Was wäre, wenn wir die Eltern einfach die Kinder besuchen ließen und sie nicht unter Druck setzten, die Kinder mitzunehmen?

Erstaunlicherweise funktionierte das besser. Wir verzeichneten nach wie vor nur wenige Erfolge und mussten die Beziehung mit den Eltern über Wochen hinweg pflegen, aber es war die Anstrengung wert. Puspika und Pradip, zwei Kinder in Dhaulagiri House, erhielten innerhalb von acht Wochen nicht weniger als sechs Besuche von ihrer Mutter. Beim siebten Mal fragte sie, ob sie ihre Kinder mit nach Hause nehmen dürfte. Wir halfen den Familien, sich nach den Jahren der Trennung wieder anzunähern.

Ganz allmählich kehrten immer mehr Kinder nach Hause zurück. Kunja und Agrim, zwei Cousins aus Dhaulagiri House, die ihrer Mutter über einen Zeitraum von mehreren Monaten einige zweiwöchige Besuche abgestattet und in der Zeit die Dorfschule besucht hatten, konnten schließlich nach Hause zurückkehren. Wir suchten weiter nach Familien. Es ist so schwer, in Nepal von A nach B zu kommen, dass Farid in einer Woche oft nur zwei oder drei Familien ausfindig machen konnte. Die Arbeit war aufreibend. Aber die Ergebnisse waren sämtliche Mühen wert.

»Wann geht dein Flug?«, fragte Farid. Es war ein Morgen Ende September und am Himmel war kein Wölkchen zu sehen. Die Regenzeit war offiziell zu Ende.

»Um fünf«, sagte ich. Ich konnte mir noch gar nicht richtig vorstellen, dass ich Nepal verlassen würde.

Liz und ich hatten überlegt, ob es möglich wäre, dass sie zu mir nach Kathmandu zog. Wir hatten sogar schon ein Haus neben Dhaulagiri House gefunden, Liz hatte ihren Hund geimpft und einen Mieter für ihre Wohnung in Washington D. C. gefunden. Aber es war einfach zu schwierig. Liz hatte in Kathmandu keine Arbeit gefunden, und zu Hause hatte sie einen guten

Job. Und vielleicht war es auch für NGN besser, wenn ich in den Staaten lebte, weil ich von dort aus effektiver Spenden sammeln konnte. Wir hatten ausgezeichnete Mitarbeiter in Nepal, die sich um die Kinder kümmern konnten. Das Problem war nur, dass ich so weit weg von den Kindern sein würde.

Meine größte Sorge war, einen Nachfolger für mich als Leiter von NGN in Nepal zu finden. Es musste jemand sein, der gut mit Farid auskam, der unsere Vorstellungen teilte und den die Kinder mochten. Wir hatten keine Ahnung, wer das sein könnte.

Dann rief mich Farid eines Tages aus heiterem Himmel an und bat mich, in den Teeladen zu kommen. Der Teeladen gehörte Tibetern und hatte nur ein einziges Gericht auf der Speisekarte: Momos. Diese Momos erinnerten mich ein bisschen an chinesische Klöße: Es waren gedämpfte Teigbällchen, die mit Gemüse oder – was wir lieber aßen – Wasserbüffelfleisch gefüllt waren. Als ich kam, saß er schon an unserem Stammplatz, einem gefährlich wackeligen Tisch auf der Veranda, und trank Tee. Dabei blickte er hinaus auf die ruhige Straße um den Swayambhu, in der Nähe unseres Kinderheims, und sah den tibetanischen Mönchen zu, die um eine Gebetsmühle von der Größe eines Kleinwagens herumgingen. Sie drehten die Mühle erst dreimal im Uhrzeigersinn, dann gingen sie um den Stupa oder zurück in ihr Kloster direkt neben meiner Wohnung. Auf dem Tisch wartete eine dampfende Tasse Zitronentee, die Farid schon für mich bestellt hatte.

»Conor, ich hoffe, ich erwische dich mit diesem Thema nicht auf dem falschen Fuß«, sagte er zur Einleitung.

Ich setzte mich, nippte vorsichtig an meinem Tee, dann nahm ich einen Löffel groben braunen Zucker aus einer offenen Schale auf dem Tisch und rührte um.

»Welches Thema?«, fragte ich.

»Ich werde dir jetzt beweisen, was das Karma alles für dich tun kann«, erwiderte er trocken.

Ich setzte meine Tasse ab. Die Frau stellte zwei Teller Büffel-Momos auf unseren Tisch. Farid nahm einen von seinem Teller und steckte ihn in den Mund.

Am Tag zuvor hatte Farid mir erzählt, dass er sich lange mit Anna Howe unterhalten hatte. Anna, die uns geholfen hatte, Amita zu finden, und die mich mit D. B. zusammengebracht und meine Reise nach Humla ermöglicht hatte, war in engem Kontakt zu uns geblieben. Farid hatte sich mit ihr angefreundet. Anna war seit Jahren praktizierende Buddhistin und über ihre gemeinsamen Überzeugungen waren die beiden Freunde geworden.

Anna wolle die ISIS Foundation verlassen, erzählte mir Farid. Die Arbeit mit den Kindern machte ihr zwar großen Spaß, aber sie wolle lieber für eine kleinere Organisation arbeiten. Sie wolle in Nepal bleiben, doch sie fürchte, dass es nicht einfach sein würde, den richtigen Job zu finden. In einer idealen Welt würde sie für eine Organisation wie NGN arbeiten, meinte sie zu Farid, genau die Organisation, zu deren Erfolg sie so viel beigetragen hatte.

»Kennst du zufällig so eine Organisation, Conor?«, fragte Farid. »Eine, die vielleicht eine Leiterin wie Anna suchen könnte?« Er lächelte.

Ich konnte es kaum glauben und dachte erst, ich hätte mich verhört. Dann setzte ich meine Tasse ab und rief sofort Anna an, um sie zu fragen, ob sie tatsächlich daran interessiert sei, mit uns zusammenzuarbeiten und meinen Posten zu übernehmen. Sie klang genauso erfreut wie ich und sagte, es sei ein unglaublicher Segen und sie fühle sich geehrt, meine Nachfolge zu übernehmen.

Nach einem kurzen Gespräch legte ich auf. Farid und ich schwiegen eine Weile.

»Das ist umwerfend«, sagte ich schließlich.

»Umwerfend«, bestätigte Farid.

Das war drei Wochen zuvor gewesen. Seither hatten Anna, Farid und ich viel Zeit miteinander verbracht. Sie hatte uns am Morgen begleitet, meinem letzten Morgen in Nepal, an dem ich mich von den Kindern in Dhaulagiri House verabschiedete.

Während der Abschiedszeremonie in Dhaulagiri House saß ich auf einem Stuhl, um Tikka und Blumen in Empfang zu nehmen. Zuerst kamen unsere Mitarbeiter. Unsere Hauseltern Ganesh und Tevaka wünschten mir eine gute Reise. Dann verabschiedeten sich Moti und Sunita, unsere beiden Koch- und Putz-Didis. Schließlich kamen die Kinder an die Reihe. Sie stellten sich in einer Reihe vor mir auf. Einige waren schüchtern, drückten mir Blumen in die Hand und tupften mir eilig ein bisschen Tikka auf die Stirn, ehe sie kichernd wegrannten. Sie hatten eine Menge Spaß – es war ein Fest für sie. Die meisten wussten nicht, was es bedeutete, dass ich das Land verließ.

Nach einem Gruppenbild mit Farid brach ich auf. Auf dem Weg zur Hauptstraße traf ich Amita. Mit ausgestreckten Armen stand sie in der Gasse und versperrte mir den Weg. Ich stand schweigend vor ihr und wartete, dass sie mir die Erlaubnis gab zu gehen. Ihr grimmiger Blick wich allmählich einem widerwilligen Lächeln. Ich hob sie hoch und umarmte sie. Dann sprangen mich Kumar, Samir, Dirgha und Bishnu an, diese geliebten Kinder, mit denen alles begonnen hatte. Schließlich stürmten die anderen heran zu einer spontanen, riesigen Gruppenumarmung mit sechzig Armen, die endete, als ich unter dem schieren Gewicht der Kinder zusammenbrach.

Auf dem Weg zur Straße kamen wir an meiner Wohnung vorbei. Farid und ich wollten zusammen nach Godavari fahren, wo ich mich von den Kindern verabschieden sollte. Ich sagte Farid, ich wolle mich nur schnell duschen, ehe wir losfuhren.

»Damit würde ich bis nach dem Besuch bei den Kleinen Prinzen warten, Conor«, riet Farid. »Die Tikka, die dir die Kinder ins Gesicht schmieren – das wird eine hässliche Sache.«

»Sie werden mir diesmal bestimmt nicht das ganze Gesicht mit Tikka vollschmieren«, versicherte ich Farid. »Sie nehmen nur ein bisschen auf den Finger wie die Kinder in Dhaulagiri House, das war's.«

Farid lächelte. »Natürlich. Du hast Recht, Conor.«

Als Raju mir eine Handvoll Tikka auf die Schläfe klatschte, sah ich, dass er auch die andere Hand voll Reis und Farbe hatte.

»Raju, nein. Nein. Nicht mehr. Genug Tikka, Raju.«

Verwirrt hielt er inne. »Glück, Conor Bruder!«

»Ich habe schon so viel Glück. Das erste Tikka ist Glück. Ich brauche keine zwei.« Aus dem Augenwinkel sah ich, wie sich Santosh mit einer Handvoll Tikka anschlich. Ich wirbelte herum.

»Santosh! Nein! Im Ernst, kein Tikka mehr!«, sagte ich, so streng ich konnte.

»Noch kein Tikka auf der Backe, Bruder!«, protestierte Santosh. »Großes Unglück!«

»Aber es hat doch auf der Backe nichts verloren, Santosh! Es soll nur ein kleiner Klecks auf die Stirn! Würdest du das mit einem Nepali machen? Ihm das ganze Gesicht mit Tikka vollschmieren? Würdest du das mit Hari machen?«

»Du reist weit, Conor Bruder! Du brauchst mehr Glück!«

Ich stand auf und ging ins Bad, um mich im Spiegel anzuschauen. Meine Stirn war dick mit der roten Paste bekleistert. Mit einem Lappen wischte ich einen Teil ab.

»Nicht abwischen, Bruder!« Santosh stand hinter mir. »Du sehr hübsch! Und viel Glück!«

»Nein, bitte!«

»Das ist wahr, Bruder!«

Ich drehte mich um. Er lächelte und bleckte seine weißen Zähne.

»Ich weiß nicht, warum ich das mit mir machen lasse. Die Leute im Bus werden mich auslachen.«

»Weil wir Spaß sind, Bruder! Du hast nicht viel Spaß in Amerika«, rief Santosh und bewunderte die rote Schmiere in meinem Gesicht. »Du kommst bald wieder mit deiner Frau, Liz Schwester. Du schläfst bei uns im Zimmer, kein Problem!«

»Ich komme nicht hierher, um hier zu leben, nur zu Besuch. Liz und ich kommen in drei Monaten, im Januar. Aber nur für zwei Wochen«, erklärte ich ihm.

»Besser, du kommst mit deiner Frau, Conor Bruder!«, erklärte mir Santosh. »Liz Schwester ist viel schöner als du! Ich kann dich nicht anschauen!« Er tat so, als würde er die Stirn in Falten legen. »Vielleicht mehr Tikka …«

Ich legte ihm den Arm um die Schulter und wir gingen zurück ins Wohnzimmer. Die übrigen Kinder waren verschwunden. Sie warteten in einer langen Reihe, die von der Haustür bis zum blauen Tor reichte. Farid organisierte die Angelegenheit fachmännisch, lachte mit ihnen und stellte sie in der richtigen Reihenfolge auf, von den Jüngsten bis zu den Ältesten. Jedes Kind hielt gelbe und weiße Blumen, die sie mir auf dem Weg nach draußen geben wollten. Wie die Orgelpfeifen standen sie in einer Reihe und plapperten wie immer aufgeregt durcheinander. Es schien, als ginge ihnen nie der Gesprächsstoff aus, obwohl sie die letzten fünf Jahre buchstäblich jede Minute miteinander verbracht hatten, nicht nur in diesem Kinderheim, sondern auch im Haus des Schleppers, der sie aus Humla nach Kathmandu gebracht hatte. Einige hatten ihr halbes Leben zusammen verbracht.

Aber ich konnte noch nicht gehen. Den Arm noch immer um Santoshs Schulter gelegt, drehte ich eine letzte Runde durch das Haus. Santosh legte den Arm um mich und streckte sich, um meine Schulter zu erreichen. Als ich ihn drei Jahre zuvor kennengelernt hatte, war er neun Jahre alt gewesen und nicht annähernd groß genug, um meine Schulter zu erreichen. Plötzlich schien er einen Sprung zu machen von dem neunjährigen Jungen, den ich durch das Krankenhaus getragen hatte, zu dem zwölfjährigen Jungen, der nun neben mir stand.

Zusammen gingen wir nach draußen in die Sonne und an den Anfang der Reihe der Kinder. Santosh rannte los, um seine Blumen zu schnappen und sich zwischen Dawa und Bikash zu zwängen. Bikash, der Letzte in der Reihe, war ebenfalls plötzlich zu einem jungen Mann geworden und überragte die übrigen Kinder um einen ganzen Kopf. Er war fünfzehn – alt genug, um zu heiraten oder als Mitarbeiter im Haus zu arbeiten. Raju war der Erste in der Reihe. Er streckte seine Blumen in die Luft, den Kopf gesenkt, und sang leise vor sich hin. Erst jetzt bemerkte ich, dass er nicht mehr der Junge war, der sich an meinen Hals gehängt hatte, als ich vor drei Jahren zum ersten Mal zum Tor des Kinderheims hereingekommen war. Dieser Junge, dieser Raju, war inzwischen sieben oder acht Jahre alt. Sein Gesicht war schmaler, seine Arme länger und seine Stimme kräftiger, selbst in diesem gemurmelten Lied.

Nuraj stieß Raju den Ellenbogen in die Rippen. Raju schreckte hoch und sah erst jetzt, dass ich vor ihm stand. »Conor Bruder!«, schrie er. »Blumen, Conor Bruder!«

Ich nahm sie in Empfang und ging weiter die Reihe entlang. Während mir die anderen Kinder ihre Blumen gaben, sah ich, wie sie sich vor meinen Augen veränderten. Ich ließ die Bilder los, die ich noch von ihnen hatte, als kleine Kinder, die erst vor Kurzem aus den Händen von Golkka befreit worden waren und noch klein und unterernährt waren. Sie hätten nicht altern sollen, denn eigentlich hätte ich gar nicht mehr hier sein sollen. Vor drei Jahren war ich zum ersten Mal durch dieses Tor gekommen, und sie waren mir damals so fremd gewesen, dass ich sie nur an ihren Kleidern auseinanderhalten konnte.

Ich ging durch das Tor, selbst ein anderer, und den Weg hinauf. Die Kinder winkten wie wild und riefen meinen Namen, als ich mit einem Arm voll Blumen und einem Pfund Tikka im Gesicht zur Straße ging. Doch sie blieben im Hof, denn es war Samstag, und sie mussten sich fertig machen, um zum Tempel zu gehen, ihre Kleider zu waschen und im Becken zu planschen.

Farid begleitete mich zur Straße. Er wollte noch ein paar Tage in Godavari bleiben. Zusammen warteten wir auf den Minibus, der mich nach Kathmandu und zum Flughafen bringen sollte. Wir schwiegen eine Weile und starrten nur in die Richtung, aus der jeden Moment der Bus kommen musste.

»Ich erinnere mich noch, wie ich vor der Revolution zum Flughafen gekommen bin. Genau hier habe ich gestanden«, sagte Farid schließlich. »Aber es war Generalstreik und es ist kein Bus gefahren. Ich musste zehn Stunden zum Flughafen gehen, mit meinem Rucksack. Erinnerst du dich an diesen Riesenrucksack? Es waren schlimme Zeiten. Du warst gerade nach Amerika geflogen. Auf der Straße wurde gekämpft. Es war kurz nachdem die Maoisten einen Anschlag auf den Busbahnhof von Ratna Park verübt hatten. Die Polizei hat auf Demonstranten geschossen. Überall auf den Straßen war Gewalt, die Polizei hat alle verhaftet, die sich nicht an die Sperrstunde gehalten haben. Ich wusste nicht, was ich tun sollte. Ich musste viele Stunden zum Flughafen gehen und wollte nicht, dass sie mich verhaften oder für einen Rebellen halten und auf mich schießen. Also habe ich einen Zettel auf meinen Rucksack geklebt. Ich habe mir eine Seite aus einem Malbuch der Kinder gerissen und den großen Stift benutzt, den die Kinder so mögen – wie heißt der noch mal?«

»Textmarker.«

»Genau. Ich habe den blauen Textmarker genommen, in großen Zeichen geschrieben und den Zettel auf meinen Rucksack geklebt, damit alle – die Polizei und die Maoisten – es sehen konnten und wussten, wer ich war. Oder *was* ich war. Dann bin ich stundenlang gelaufen. Ich habe gedacht, ich würde nie mehr nach Hause kommen. Aber ich hab's irgendwie geschafft, nach Frankreich zu kommen. Ich habe damals nicht gedacht, dass ich noch mal wiederkomme.«

Wie vor knapp zwei Jahren blickte er die Straße hinunter. Wie damals waren keine Autos zu sehen und der Flughafen schien unmöglich weit weg. Er hatte vermutlich gedacht, dass unser

Abschied von Nepal endgültig war. Doch dann kam es zu einer Revolution, die sieben Kinder verschwanden, und plötzlich waren unsere Biografien unentwirrbar mit diesem Königreich in den Bergen verstrickt.

Der weiße Minibus bog um die Ecke. Farid hob den Arm, um ihn für mich anzuhalten. Die Bremsen quietschten und der Bus kam langsam zum Stehen. Ich setzte meinen Rucksack auf. Farid reichte mir die Hand, ich umarmte ihn und klopfte ihm auf den Rücken. Farid war kein Freund von Abschieden. Der Bus hielt vor mir.

»Was hast du eigentlich damals auf den Zettel geschrieben?«, fragte ich ihn. »Den Zettel auf deinem Rucksack?«

Er lächelte. »Tourist.«

Epilog

Im Herbst 2008 bekam ich eine E-Mail von Farid.

»Wir bringen die Kleinen Prinzen zurück nach Humla«, schrieb er.

Das war seit vier Jahren unser Traum gewesen. Zuerst sollten nur neun Kinder ihre Familien besuchen, um zu sehen, ob sie sich nach so vielen Jahren in der Stadt und fern ihrer Familien wieder einleben würden. Doch Humla war inzwischen sicher und die Kinder hatten zwei Wochen Ferien.

Die Kinder waren aufgeregt, als ihre kleine Propellermaschine auf der Landebahn von Simikot aufsetzte. Die meisten hatten den größten Teil ihres kurzen Lebens in Kathmandu verbracht. Aber nachdem sie ein paar Stunden lang den Karnali entlang in Richtung ihrer Dörfer gewandert waren, verwandelten sie sich in Humli-Kinder. Sie aßen Beeren, knackten heruntergefallene Walnüsse auf Steinen und rannten vom Pfad in die Wiesen, befeuert von ihrer überbordenden Begeisterung. Als sie einen Tag später auf den steilen Terrassen in der Ferne das Dorf Ripa mit seinen Lehmhütten sahen, kamen die Erinnerungen zurück. Sie kicherten, als sie sich vorstellten, wie sie ihre Familien überraschen würden, die keine Ahnung hatten, dass ihre verlorenen Kinder nur ein paar Stunden entfernt waren.

Das ganze Dorf geriet in Aufruhr. Die älteren Kinder sahen ihre Eltern und Freunde wieder und es flossen viele Tränen. Die jüngeren waren ängstlicher und hatten aufgehört zu kichern. Sie wollten sich an die Menschen erinnern, die sie weinend in den Arm nahmen, einen fremden Dialekt sprachen und ihr Gesicht und ihre Kleider berührten, doch sie waren noch zu klein gewesen, als sie verschleppt worden waren. Ihre Familien waren Fremde.

Doch die Bande waren stark. Nach einem Tag waren die Kinder, ältere und jüngere, wieder Dorfkinder. Sie folgten ihren Eltern über die trockenen Felder, die im Frühjahr bepflanzt werden würden, und in den Wald, wo sie Kräuter suchten. Ihre Hände waren zarter als die ihrer Brüder und Schwestern, aber sie waren größer und stärker als selbst ihre ältesten Geschwister, die in der Zeit der Dürre groß geworden waren. Sie schliefen nicht auf den Strohmatratzen des Kinderheims, sondern auf dem harten Lehmboden, unter selbst genähten Decken und an ihre Mütter gekuschelt. Hier gab es kein Licht, das ausgeschaltet werden musste, und niemand ermahnte sie, wenn sie im Dunkeln weiterschnatterten. Wenn das Feuer ausging, schliefen sie ein.

Am Ende der zwei Wochen wollte keiner der Kleinen Prinzen seine Familie verlassen. Doch obwohl sie fürs Erste nach Godavari zurückkehrten, war eine Veränderung in ihnen vorgegangen. Sie waren entschlossener und lernten eifriger. Sie wollten nicht mehr Astronauten oder Fußballer werden, sondern als Ärzte und Lehrer in ihre Dörfer zurückkehren. Sie gehörten nach Humla, wo sie das Land bestellen, heiraten, Familien gründen, ihre Dörfer aufbauen und ihre jahrhundertealten Traditionen fortführen wollten.

Am Ende der Geschichte machte Farid eine Pause und ließ sie wirken. Ich hatte in den letzten zwanzig Minuten schweigend zugehört. Es war März 2009, und zum ersten Mal seit Monaten telefonierten wir wieder miteinander. Ich hatte damals seinen Bericht gelesen, aber erst als er mir die Geschichte in seinem vertrauten französischen Akzent erzählte, wurde sie wirklich lebendig.

»Das ist unglaublich, Farid. Ich bin sprachlos. Ich wünschte, ich hätte dabei sein können«, sagte ich schließlich.

»Ja, das hätte dir bestimmt sehr gefallen, Conor … Aber wir müssen noch über etwas anderes sprechen. Wir hatten ja schon überlegt, das Kinderheim nach Simikot zu verlegen, damit die Kinder in Humla sein können. Das sollten wir auf jeden Fall tun. Aber nach dieser Tour können vielleicht auch ein paar Kinder zu ihren Familien zurück.« In seiner Begeisterung sprach er schneller. »Kannst du dir das vorstellen, Conor? Stell dir vor, wie das wäre, wenn diese Eltern ihre Kinder wiederhaben? Wenn sie wieder eine Familie werden?«

Ich blickte hinüber auf die andere Seite des Wohnzimmers. Dort saß Liz in einem breiten Sessel in unserer Wohnung in New York City, die Beine über die eine Armlehne gelegt, den Kopf auf der anderen, und sah mit einem schläfrigen Lächeln zu mir herüber. Auf ihrer Brust lag unser drei Wochen alter Sohn Finn und räkelte sich an ihrer Schulter, als wolle er sie nie loslassen.

»Ja, ich glaube, das kann ich mir vorstellen.«

Dank

Dieses Buch entstand, weil einige Kinder in Nepal mich in ihre Welt aufnahmen. Sie waren meine Schützlinge, meine Freunde, meine Übersetzer, meine Lehrer und oft genug auch meine einzige Unterhaltung in Nepal. Sie bleiben meine Brüder und Schwestern, und ich stehe für immer in ihrer Schuld. Bei diesem Abenteuer war Farid Ait-Mansour ein gleichberechtigter Partner. Ich habe nie einen Mann kennengelernt, der ein so großes Bedürfnis hatte, den benachteiligten Menschen zu helfen. Farid ist mein Held.

Ich danke dem Team bei William Morris für die Leidenschaft, die Begeisterung und die harte Arbeit, mit der sie dieses Buch möglich gemacht haben. Vor allem danke ich meiner Lektorin Laurie Chittenden, die das Herz der Geschichte erkannte und mir geholfen hat, das Beste aus ihr und mir herauszuholen.

Meine Agentin Trena Keating war von Beginn an eine phänomenale Fürsprecherin, Lektorin und Freundin und versicherte mir auf Schritt und Tritt, dass es, wirklich und ganz ehrlich, Menschen gibt, die dieses Buch lesen würden.

Meine Mutter und der Rest meiner Familie waren unglaublich großzügig und liehen mir Geld, damit ich in Nepal bleiben konnte, auch nachdem ich meine Ersparnisse aufgezehrt hatte. Mein Vater, der Dichter Eamon Grennan, half mir während der Überarbeitung mit seiner Magie, und meine Stiefmutter Rachel Kitzinger, selbst eine vollendete Autorin, überließ mir ihre Wohnung, damit ich in Ruhe arbeiten konnte. Itay Banayan und andere Kommilitonen von der Stern School of Business an der New

York University halfen mir jedes Semester aufs Neue, die Kurse zu überstehen, weil sie wussten, dass ich an diesem Buch arbeite.

Aber ich hätte dieses Buch nie schreiben können ohne die Liebe, die Unterstützung und die lektorale Betreuung meiner Frau Liz. Möge jeder Autor mit einer solchen Partnerin gesegnet sein.

Über Next Generation Nepal

Durch den Kauf dieses Buchs haben Sie bereits einen Beitrag geleistet, um den Kindern, die Sie auf diesen Seiten kennengelernt haben, ein neues Leben zu ermöglichen. Aus den bisherigen Autorenhonoraren konnten wir in Humla ein Heim einrichten und dafür sorgen, dass diese Kinder heute wieder bei ihren Familien leben können. Ein Teil der Verkaufserlöse des Buchs, das Sie in den Händen halten, wird zum Kauf von Lebensmitteln, Schulmaterialien und der Suche nach weiteren Familien von verschleppten Kindern in Nepal verwendet.

Wenn Sie spenden oder mehr über Next Generation Nepal erfahren möchten, besuchen Sie unsere Website www.nextgenerationnepal.org. Wir danken Ihnen für Ihre Unterstützung.

Von einem der auszog, die Welt zu entdecken

Carsten Stormer
DAS LEBEN IST EIN WILDES TIER
Wie ich die Gefahr suchte und mich selber fand
16 Seiten
mit zahlreichen Abbildungen
ISBN 978-3-404-60837-9

Zu sorgenfrei, zu sicher, zu vorhersehbar liegt seine Zukunft vor ihm. Die Attribute der Zivilisation, wie 40-Stunden-Woche und Lebensversicherung, schnüren ihm die Luft ab. Stattdessen lockt am Horizont die weite Welt. Carsten packt seinen Rucksack und zieht los. Sein Ziel: dorthin, wo möglichst wenig Tourismus aber viel Abenteuer ist. Außergewöhnliche Menschen und beeindruckende Geschichten kreuzen seinen Weg. Er beginnt zu schreiben und zu fotografieren – und findet so seine Aufgabe und seinen Platz im Leben.

Über mexikanische Turbo-Taxameter, selbstgebrannten Fusel in Kenia und Flirten auf japanisch

Matthias Eckoldt / Matthias Baxmann
WOANDERS IST AUCH ALLTAG
Auslandskorrespondenten über die Tücken in der Fremde
272 Seiten
ISBN 978-3-404-60819-5

Wenn Auslandskorrespondenten mal nicht über die große Politik sprechen, sondern über ihren Alltag vor Ort, erfährt man die wirklich wichtigen Dinge: Busfahren in Los Angeles sollte man unbedingt vermeiden, denn es macht einen zum Loser. Gibt es einen Blechschaden auf Buenos Aires Highways, kann man hemmungslos wüste Beschimpfungen ausstoßen, aber anhalten ist nicht nötig. Und öffentliche Toiletten sind in Japan sehr zu empfehlen, da wird selbst der Klogänger vollautomatisch gereinigt. - Überraschend, erhellend und unterhaltsam - das Alltagsleben rund um den Globus ist vertraut und fremd zugleich.

Bastei Lübbe

Mein Paradies hat einen Namen – Europa

Zekarias Kebraeb / Marianne Moesle
HOFFNUNG IM HERZEN, FREIHEIT IM SINN
Vier Jahre auf der Flucht nach Deutschland.
Aufgeschrieben von Marianne Moesle
368 Seiten
ISBN 978-3-404-60167-7

Eritreas Jugend kennt keine Zukunft: Mit Bussen werden die Abiturienten direkt nach der Zeugnisausgabe ins Militärlager gebracht, um dort unter Drill und Folter zu zerbrechen. Um dem zu entgehen, gibt es für den 17-jährigen Zekarias Kebraeb nur einen Ausweg: die Flucht nach Europa.

Vier Jahre dauert der Höllentrip, den Zekarias nur knapp überlebt. Er erleidet Hunger, Durst und Elend auf seinem Weg durch den afrikanischen Busch, die Sahara und übers Mittelmeer. In Italien angekommen, wähnt er sich am Ziel. Doch er stößt auf Ablehnung und Widerstand durch Polizei und Behörden. Wieder muss er fliehen, und der Wunsch, ein normales Leben in Freiheit zu führen, rückt abermals in weite Ferne …

Bastei Lübbe